CMP BOOKS
机工汽车

CALCP
中国汽车低碳行动计划
China Automobile Low Carbon Action Plan

5
YEARS

中国汽车低碳行动计划丛书

面向碳中和的
汽车行业低碳发展
战略与转型路径

（CALCP 2022）

中汽数据有限公司　组编

冯屹　等著

机械工业出版社
CHINA MACHINE PRESS

本书在全面核算汽车全生命周期碳排放的基础上，研究提出汽车行业低碳转型路径，并对转型路径减排潜力进行了量化分析，最后提出科学合理的中国汽车低碳发展战略与转型路径建议。本书通过对汽车全生命周期碳排放的核算及对转型路径减排潜力的分析，支撑汽车行业分解及落实双碳目标、制定切实可行的长期规划方案和管理政策、引导汽车行业开展碳减排等工作。

本书适用于汽车生命周期评价、碳足迹研究及碳达峰碳中和相关规划等汽车行业有关人员学习参考，也可作为普通高等院校汽车相关专业师生的参考书。

图书在版编目（CIP）数据

面向碳中和的汽车行业低碳发展战略与转型路径：CALCP 2022 / 中汽数据有限公司组编；冯屹等著 .—北京：机械工业出版社，2022.8
（中国汽车低碳行动计划丛书）
ISBN 978-7-111-71174-2

Ⅰ.①面… Ⅱ.①中… ②冯… Ⅲ.①汽车工业 – 节能 – 研究 – 中国
Ⅳ.① F426.471

中国版本图书馆 CIP 数据核字（2022）第 121819 号

机械工业出版社（北京市百万庄大街 22 号　邮政编码 100037）
策划编辑：王　婕　何士娟　责任编辑：王　婕　丁　锋　何士娟
责任校对：梁　静　刘雅娜　责任印制：郜　敏
北京瑞禾彩色印刷有限公司印刷
2022 年 9 月第 1 版第 1 次印刷
169mm × 239mm · 22.25 印张 · 2 插页 · 339 千字
标准书号：ISBN 978-7-111-71174-2
定价：299.00 元

电话服务　　　　　　网络服务
客服电话：010-88361066　机　工　官　网：www.cmpbook.com
　　　　　010-88379833　机　工　官　博：weibo.com/cmp1952
　　　　　010-68326294　金　书　网：www.golden-book.com
封底无防伪标均为盗版　机工教育服务网：www.cmpedu.com

编 委 会

　　2022 年，新冠肺炎疫情仍然深刻而广泛地冲击着世界各国，对产业结构、经济政策、公众健康、居民日常行为方式产生重大影响，同时，气候变化带来了与之相互叠加的危机。在过去几十年间，日益增多的极端气候事件严重危害生物的健康和生存，也让应对气候变化成为人类最为重大和紧迫的难题之一。

　　联合国政府间气候变化专门委员会（IPCC）指出，气候变化是全球各国面临的现实挑战，人类活动造成的温室气体排放致使全球气候正以前所未有的速度变暖，采取减缓和适应气候变化的行动刻不容缓。2015 年，全球近 200 个国家和地区达成了应对气候变化的《巴黎协定》，共同致力于尽快实现全球温室气体排放达峰，并在 21 世纪下半叶实现温室气体零排放。2021 年召开的联合国格拉斯哥气候大会一致认为，全球气候变化已经不是未来的挑战，而是现实的危机。

　　为实现《巴黎协定》确定的目标，积极应对气候危机，各主要国家正在制定或已提交各自的中长期低排放发展战略，从各方面强化行动，推动绿色低碳转型。作为《巴黎协定》的签署国，我国于 2020 年 9 月向世界宣布力争 2030 年前二氧化碳排放达到峰值，努力争取 2060 年前实现碳中和目标。截至 2021 年 10 月，全球共 143 个缔约方更新了其自主贡献，占 2019 年全球碳排放总量的 94.1%，有 132 个国家宣布了碳中和目标，占全球 88% 的碳排放、90% 的国内生产总值（GDP）和 85% 的人口。

　　在气候变化和全球能源、资源趋紧的约束下，低碳经济成为国际贸易的大趋势。有观点认为，中国自20世纪90年代以来承接了第四次国际产业转移，加上近几十年以出口导向型经济为主，是造成中国碳排放总量巨大最直接也是最主要的原因。

进入21世纪后，我国经济社会快速发展，能源消费呈现出大幅度增长的态势，由2004年的23.0亿t标准煤上升至2020年的49.8亿t标准煤。我国长期以煤炭等化石能源为主的能源结构造成了严重的大气污染等生态环境问题，也导致了能源领域的二氧化碳排放总量持续增加。其中，电力行业碳排放占能源领域碳排放的40%左右，每年消耗全国约50%的煤炭。

我们应当看到，我国的低碳发展转型仍然任重道远。一是制造业在国际产业价值链中处于中低端水平，产品能耗、物耗高，增值率低，经济结构调整和产业升级任务艰巨；二是煤炭消费占比高，单位能源的二氧化碳排放强度比世界平均水平高约30%，能源结构优化任务艰巨；三是单位国内生产总值的能耗较高，是世界平均水平的1.5倍，是发达国家的2~3倍，建立绿色低碳的经济体系任务艰巨。

应对气候变化是人类共同的事业，也是我国可持续发展的内在需要。习近平总书记强调，实现"双碳"目标，不是别人让我们做，而是我们自己必须要做。截至2020年底，我国单位国内生产总值二氧化碳排放量比2005年下降了48.4%，超过了我国向国际社会承诺的40%~45%的目标。同时，2020年我国经济总量突破100万亿元大关，人均国内生产总值连续两年超过1万美元，全年贫困地区农村居民人均可支配收入12588元，实际增长5.6%，551万农村贫困人口全部实现脱贫。由此可见，应对气候变化的政策行动不但不会阻碍经济发展，还能培育新的产业和市场，扩大就业，改善民生，发挥协同增效的综合效益。因此，我们要保持战略定力，始终坚持绿色低碳循环发展的理念，推动和引领气候治理和绿色低碳转型。

目前，我国各领域、各行业都在加速绿色低碳转型和创新，这已成为全球发展的大趋势，汽车行业也不例外。世界汽车大国都以绿色低碳为抓手，加强战略谋划，强化政策支持，推动产业升级，维护产业链、供应链的稳定，提高技术创新水平，抢占未来竞争的高地。自改革开放以来，我国汽车产业一直是非常重要的投资和引资的产业。尤其是加入世界贸易组织（WTO）后，我国汽车产业快速增长，即使在金融危机的大背景下，我国汽车市场销量依然逆势增长。发展至今，我国在成为世界规模最大的汽车市场的同时，也在低碳绿色发展方面做了大量工作，包括大幅提高生产制造效率、持续增加可回收材料用量、开发普及小排量汽车、快速提高燃油经济性、推动电动汽车和氢燃料电池汽车发展、发展二手车交易市场和汽车回收业务等。其中，较为重要的是提高燃油经济性、实施更严格的汽车尾气排放标准和持续推动产品的电动化转型。习近平总书记指出，发展新能源汽车是我国从汽车大国迈向汽车强国的必由之路。

对于当前的中国，要在短短 30 年的时间内力争实现发达国家远未能实现的减排速度，2030 年至 2060 年间我国年均减排需达 9%。据世界资源研究所统计数据，发电和供热、制造业和建筑业、交通运输 3 个领域产生的碳排放占比已经超过了我国碳排放总量的 72%。汽车产业不仅同时涉及上述三个领域，与国民经济生活息息相关，而且作为国民经济支柱产业之一，当前我国汽车年产量已突破 2600 万辆，汽车产业碳排放约占全国的 8%。综上所述，我国汽车产业是加速"碳中和"以及节能减排必不可少的一员，国内汽车产业有义务成为绿色低碳经济工作的推进者，这既加速了汽车产业向新能源转型的步伐，也意味着空前的挑战和难得的机遇。

碳中和背景下，我国汽车产业面临的挑战可以总结成三个方面：第一，规模大、关注度高。汽车产业是集大成的产业，产业要发展，就面临着碳排放的压力。汽车产业链非常长，减碳具有代表性的意义。第二，面临国际经贸机制与市场竞争环境的快速变化。第三，汽车产业要完成控碳目标，需上下游的协同配合，上游涉及冶金、电子、机械、化工等多个行业，下游涉及物流、运输、租赁等领域，是一个关系国计民生的庞大体系，对汽车的温室气体排放管理工作将起到至关重要的溢出效应。现阶段，"新四化"发展趋势下的汽车早已从"沙发+四个轮子"升级到"一台移动的电脑+一个移动的储存装置"，汽车产业想要做好控碳的工作，不能紧盯着产业本身不放。要解决上游能源问题，如果说能源产业不转型，制造业基本上不大可能做到低碳。要解决全产业链、全生命周期的问题，从产品制造到最后报废的全生命周期，供应链上所有的行业都要减碳，而这不仅要考虑制造、生产、物流，还要考虑使用环节的减碳。

本书基于全生命周期思想，立足汽车全产业链，数据翔实、论据充足、结论发人深省，对于如何加强汽车产业链碳中和解决方案的上下游联动与系统集成提供了很好的借鉴，同时，也为汽车产业双碳之路指明了前进的方向。这项工作对于汽车产业及其上下游产业都具有举足轻重的作用，为我国汽车产业的碳减排路径分析提供了科学基础，为汽车产业碳中和战略制定提供了决策依据，将有助于推动我国汽车产业绿色低碳高质量发展，以及向世界应对气候变化贡献中国智慧和讲好"中国故事"。

2022 年 5 月 11 日

大量科学证据表明人类活动产生的温室气体，尤其是工业革命以来排放的大量温室气体是造成目前全球气候异常的重要原因。为应对气候变化，《巴黎协定》明确规定到 21 世纪末把全球平均气温升幅较工业革命前控制在 2℃以内，并努力把升幅控制在 1.5℃以内。为实现温度控制目标，各缔约方应在公平的基础上，在 21 世纪下半叶实现温室气体源的人为排放与汇的清除之间的平衡，即"碳中和"。2020 年 9 月 22 日，我国国家主席习近平郑重宣布中国二氧化碳排放力争于 2030 年前达到峰值，努力争取 2060 年前实现碳中和。这一目标简称"30·60"双碳目标。

为实现宏伟的碳中和目标，作为我国国民经济的支柱性产业，汽车产业的碳排放具备碳排放总量增长快、全产业链带动性强等重要特征。我国"30·60"双碳目标的提出，是我国积极参与国际气候治理、彰显大国担当的实际需要，也是汽车产业转型升级、实现绿色低碳高质量发展的重要契机。在我国各产业迈向净零排放的过程中，汽车产业应该充分发挥其引领和带动作用，选择合适的路径，牵引和推动整个汽车产业链上下游的脱碳进程，从而实现我国自主汽车品牌的由大转强。

"十四五"是汽车产业转型升级和绿色低碳发展的关键战略窗口期。2021 年，我国汽车保有量突破 3 亿辆，是全球第一大汽车生产国和消费市场，汽车产业已进入从高速增长向高质量发展转型的关键时期，汽车产业的碳减排对我国能否顺利实现碳达峰至关重要。汽车产业在积极推进绿色低碳发展的同时，也面临着一些机遇和挑战。例如，乘用车企业有什么样的减碳路径可供选择？什么阶段应该切换路径？转型效果是怎样的？商用车企业又如何制定市场化战略、减碳目标及路径？汽车产业如何成为"30·60"双碳目标的出色实践者？

为推动汽车产业减排降碳，中汽数据有限公司（以下简称"中汽数据"）多年来持续开展汽车碳排放管理研究。自 2018 年起，中汽数据组织成立世界汽车生命周期联合研究工作组（World Automotive Life Cycle Assessment Working Group, WALCA），发起"中国汽车低碳行动计划（China Automobile Low Carbon Action Plan, CALCP）"以来，已连续五年核算并发布了超过 15000 款乘用车车型的汽车全生命周期碳排放研究成果。

2022 年，中汽数据联合 20 家国内外机构，开展《中国汽车低碳行动计划（2022）》的研究工作。在该研究中，首先，基于汽车生命周期评价模型（CALCM）对 2021 年我国境内销售的乘用车、商用车，开展单车、企业和车队全生命周期的碳排放核算，分析和公示我国现阶段汽车企业和产品的生命周期碳排放水平。其次，聚焦汽车行业碳中和，从不同角度提出了电力清洁化转型、车辆电动化转型、燃料脱碳化转型、材料低碳化转型、生产数字化转型、交通智慧化转型、出行共享化转型、资源循环化转型、捕集利用和封存、产品生态化转型十大转型路径，分别设置了基准情景、汽车行业 2060 年前碳中和情景和汽车行业 2050 年前碳中和情景三个情景，在此基础上，充分讨论了不同情景下不同路径的碳减排潜力。最后，基于研究结果和双碳目标下汽车行业面临的国内外挑战，为我国汽车行业低碳发展提出了政策措施和战略要点建议，以期支撑国家碳排放政策制定，促进企业低碳技术研发和应用，引领汽车行业向碳中和目标迈进，共筑更高质量、更有效率、更可持续的未来。同时，中汽数据还支撑了《乘用车生命周期碳排放核算技术规范》的编写工作，标准草案见二维码。

乘用车生命周期碳排放核算技术规范

本书由冯屹担任编委会主任，张鹏、赵冬昶、徐树杰、赵明楠担任编委会副主任。编委会执行主任孙锌负责本书总体思路和要点确定、全书修订及协调组织工作，吴金龙具体负责统稿。其中，第 1 章由张红杰撰写；第 2 章由张红杰、李建新撰写；第 3 章由李家昂、钱冰、季长兴、刘焕然、李建新撰写；第 4 章由吴金龙、马翠梅、石丽娜、潘荔、康医飞、孟大海、薛兴宇、钟绍良、刘颖昊、任嘉祥、吴博、骆曼、樊平、刘树文、朱瑾、莫科凡、郭辉、王若鑫、刘晶、张晓玲、韩鹏、陈琨、郑馨竺、任悦、张宇平、梁希、刘牧心、夏菖佑、宋昌素、王震撰写；第 5 章由雷振鲁、李建新撰写；第 6 章由卢林峰撰写；第 7 章由张铜柱、孙枝鹏、卢林峰、张红杰撰写。徐国强、郭德卿、刘春辉、张妍、张廷、宿睿也参与了本书部分内容的撰写，并为本书提供了相应的数据支持和企业调研支持。

（本书所有数据截止时间为 2022 年 4 月 28 日）

本书编委会

2022 年 5 月

目 录
CONTENTS

第❸章　　/37
2021 年中国汽车生命周期碳排放研究结果

第❹章　　/105
面向碳中和的汽车行业低碳转型路径分析

第5章　　/207

未来汽车行业碳减排潜力分析

第6章　　/265

双碳目标下汽车行业面临的机遇

第1章　概　　述

1.1　全球气候变化对汽车产业的影响

1.1.1　全球气候变化的现状及变化趋势

IPCC 第六次评估报告显示[1]，工业化以来，全球气温增幅显著增强。如图 1-1 所示，过去十年，即 2011—2020 年，是有记录以来最热的十年，全球地表温度相对于 1850—1900 年增加了 1.09℃（0.95~1.2℃）。其中，2020 年全球平均地表温度相对于 1880—1900 年上升了（1.2±0.1）℃，是有记录以来最热的三年之一[2]。

IPCC 通过对过去导致全球气温变化的人为因素和自然因素模拟发现，人类活动对气候变暖的影响起绝对主导作用。从图 1-2 可以看出[3]，1980—2019 年期间除个别年份二氧化碳排放量略有下降，二氧化碳排放量整体呈上升趋势，年均增加约 0.45Gt，增幅较大，2010 年实现增量 1.89Gt。2020 年因新冠疫情的影响，二氧化碳排放量经历短暂下降。然而，受到 2021 年经济复苏、能源市场变化和不利的天气等因素的影响，二氧化碳排放量大幅度增加，在

2020 年的基础上增长了 6%，约为 2.04Gt，是 1979 年以来的最大增量。该值相对于疫情前的 2019 年也有所增加，完全抵消了疫情带来的减排影响。

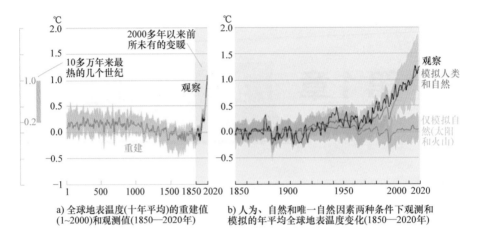

a) 全球地表温度(十年平均)的重建值 (1~2000)和观测值(1850—2020年)

b) 人为、自然和唯一自然因素两种条件下观测和模拟的年平均全球地表温度变化(1850—2020年)

图 1-1　全球地表温度值及年度变化

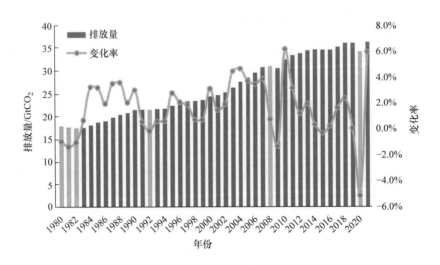

图 1-2　1980—2021 年能源燃烧和工业过程中二氧化碳排放量的年度变化

　　截至目前，全球共有 193 个缔约方签署了《巴黎协定》并递交了第一次国家自主决定贡献（National Determined Contributions，NDC），其中有 13 个缔约方提了第二次 NDC 文件。各国在《巴黎协定》下提出的 NDC 目标和行动计划距离实现 2℃温控目标尚有较大差距，到 2030 年还有 120 ~ 150 亿 t 二氧化碳当量（CO_2e）的年减排缺口[4]。按此测算，到 21 世纪末全球温升中值数可达 2.7℃，低于 2℃的概率不足 5%，高于 3℃的概率大于 25%[5]。若未来温室气体排放量继续上升，气候变化上升的趋势将会进一步加剧。持续的全球气温上升将导致更加频繁和严重的极端事件，包括寒潮、热浪、洪水、干旱、野火、风暴等。因此迫切需要各国落实并提出减排目标，进一步强化气候行动。IPCC 第六次评估报告第三工作组报告研究表明[6]，控制全球温升，未来几年是关键。在第三工作组评估的情景中，如果要将全球变暖控制在不超过工业化前 2℃以内，需要大约在 21 世纪 70 年代初实现全球二氧化碳净零排放，即"碳中和"；而如果要将全球变暖控制在不超过工业化前 1.5℃以内，则需要在 21 世纪 50 年代初实现全球二氧化碳净零排放。目前，为控制全球气候变化，包括中国在内的约 131 个国家以不同的形式提出碳中和目标，约占全球碳排放量的 88%，占全球经济总量的 90% 左右[7]。

1.1.2　我国汽车行业温室气体排放现状

　　从总量来看，我国 2020 年碳排放量约为 102 亿 t，占全球碳排放量的比例为 29.7%[8]。较高的碳排放水平对我国"30·60"双碳目标的实现造成了较大的减排压力。交通行业碳排放因总量高、增速快、产业链长等特点，已成为我国温室气体减排的重要一环。作为全球最大的汽车制造国，我国汽车产销量连续 13 年位居全球首位，2021 年分别完成产销量 2608.2 万辆和 2627.5 万辆[9]。截至 2022 年 3 月底，全国机动车保有量达 4.02 亿辆，汽车保有量达到 3.07 亿辆[10]。随着产销量及保有量的增加，汽车行业碳排放增长迅速，对交通行业的碳排放贡献日益增加，如图 1-3 所示。2019 年道路交通碳排放量近 8 亿 t，占到我国碳排放总量的 8% 左右，交通行业的 85% 以上[11]。

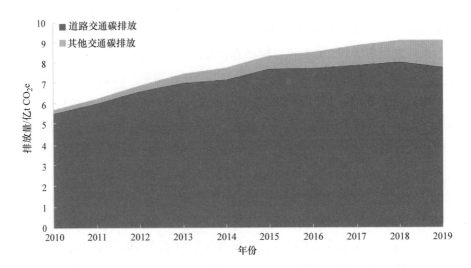

图 1-3 2010—2019 年交通行业碳排放量

汽车行业碳排放逐渐成为交通行业乃至我国碳排放的重要来源之一。若考虑到汽车上游产业链产生的碳排放，汽车行业碳排放对我国碳排放总量贡献更大。汽车行业能源需求和碳排放量的快速增加加剧了日益严重的能源危机和生态环境危机，给我国经济社会的可持续发展带来巨大挑战。有效控制汽车行业碳排放总量，对推动交通行业绿色低碳转型，从而对我国"双碳"目标实现具有重要意义。

1.1.3 气候变化对我国汽车产业结构的影响

为促进汽车行业低碳高质量发展，我国正在加快推广新能源汽车研发及应用，2009 年以来，中央财政开始大力支持新能源汽车推广应用，包括对新能源汽车实施车辆购置补贴、车辆购置税减免等优惠政策。另外，工信部、财政部等部门联合发布《乘用车企业平均燃料消耗量与新能源汽车积分并行管理办法》，构建双积分挂钩管理机制，落实了企业平均燃料消耗管理要求，形成新能源汽车产业长效发展机制。2022 年 1 月 21 日，国家发改委等部门联合印发《促进绿色消费实施方案》，提出大力推广新能源汽车，包括逐步取消各地新能源车辆购买限制，推动落实免限行、路权等支持政策，加强充换电、新型储能、加氢等配套基础设施建设等举措。新能源汽车车辆购置补贴、车购税减免、双积分政策、基础保障等一系列利好政策的实施，促使我国新能源汽车迅速打开市场。

与此同时，汽车企业正在加速新能源汽车技术研发，将电动化作为未来发展的主要战略之一，加快新能源汽车产品布局，不断提高新能源汽车市场投入份额。传统车企探索在原有车型的基础上增加混动版本和纯电版本。在"绿智潮玩"战略中，长城汽车公司提出在纯电动、氢能、混动三大领域进行饱和式精准投入，预计 2025 年前，全体系推出 50 余款新能源车型，销量占比达 80%。广汽集团发布的"绿净计划"指出，2025 年自主品牌新能源汽车销量占比达 50%，2030 年全集团新能源汽车销量占比达 50%。2022 年 4 月 3 日，比亚迪汽车公司正式宣布，自 3 月起停止燃油汽车的整车生产，未来在汽车板块将专注于纯电动和插电式混合动力汽车业务。另外，造车新势力的出现也在不断推动新能源汽车发展，例如蔚来汽车、小鹏汽车、理想汽车、哪吒汽车等。

在补贴政策扶优扶强导向推动、企业积极响应的基础上，我国新能源汽车产业迎来快速发展期，新能源汽车产品供给质量持续提升，技术水平明显进步，产品实用性大幅提升。根据中国汽车工业协会的统计数据显示，近年来新能源汽车市场份额迅速攀升。2021 年新能源汽车销量创历史新高，突破 300 万辆大关，全年同比累积增长达到 157.5%。如图 1-4 所示，2020 年 1 月至 2022 年 2 月的大部分月份，新能源汽车月度市场渗透率同比增长均超 100%，2021 年 9 月实现了 214% 的大幅度增长。相对于以往年份的不足 10%，2021 年全年新能源汽车市场渗透率提升至 13.4%。2022 年 1—2 月新能源汽车市场实现良好开端，市场渗透率分别为 17.1% 和 19.2%。整体上，我国汽车产业结构正逐步由传统能源汽车向新能源汽车转移。根据《节能与新能源汽车技术路线图 2.0》预测[12]，未来我国新能源汽车市场渗透率将进一步提升，预计到 2025 年，新能源汽车市场渗透率将达到 20%，2030 年将达到 40% 左右，2050 年新能源汽车将成为市场主流。

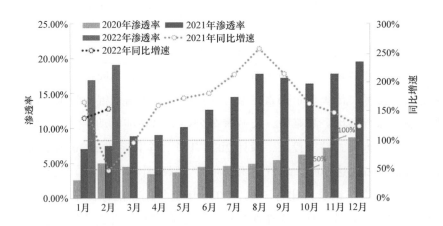

图 1-4　2020 年 1 月至 2022 年 2 月新能源汽车月度市场渗透率

1.1.4　气候变化对我国汽车进出口的影响

1）碳排放管理政策要求推动电动化发展。双碳背景下，各国纷纷加严汽车行业碳排放管理。2019 年欧盟发布最新的乘用车和轻型商用车碳排放标准，2020 年正式实施[13]。该标准规定，2021 年碳排放目标值乘用车为 95g/km，轻型商用车为 147g/km，企业平均 CO_2 排放每超过目标值 1g/km，需要为该年份登记的每一辆新车交付 95 欧元的罚款，同时，明确 2025 年乘用车和轻型商用车 CO_2 排放减少 15% 的目标，以及 2030 年乘用车和轻型商用车 CO_2 排放分别减少 37.5% 和 31%。2021 年 7 月 14 日，欧盟提出了乘用车和轻型商用车碳排放标准的修订草案[14]，该草案建议进一步提高乘用车和轻型商用车 2030 年的减排目标，并增加了 2035 年减排 100% 的目标，以更好地实现气候目标。2021 年 12 月，美国环保署（EPA）连同美国国家公路交通安全管理局（NHTSA）为 2023 年及以后车型年的小汽车和轻型货车制定了

新的燃油经济性和 CO_2 排放标准[15]，在 2020 年出台的 SAFE 标准⊖ 的基础上进一步加严了 CO_2 排放目标要求。自 2013 年新加坡陆路交通管理局（Land Transport Authority，LTA）出台实施车辆碳排放计划（Carbon Emissions-based Vehicle Scheme，CEVS）以来，相应计划已经过多次修订。2018 年，新加坡将污染物排放纳入监管范围内，CEVS 更改为车辆排放计划（Vehicular Emissions Scheme，VES），将按照碳排放和污染物表现最差的指标确定车辆等级，决定给予回扣或征收附加费。2021—2022 年实施修订的 VES 计划，在之前的基础上，进一步提高了奖惩力度，A1 级、A2 级获得奖励，B 级车为奖惩分界线，C 级车将获得惩罚。为有效地减少汽车的温室气体排放，大幅提高汽车的燃油效率，2022 年 2 月，新西兰针对乘用车和轻型商用车发布了一系列汽车能效和 CO_2 排放的法律法规，包括《陆路运输（清洁车辆）法修订（2022）》《陆路运输（清洁车辆税费抵扣方案罚款）法规（2022）》《陆路运输规则—车辆能效和排放数据（2022）》等。在传统油耗管控的基础上，我国正在加快构建汽车行业碳排放管理体系，包括碳排放核算标准、公示制度等。不断加严的碳排放标准促使传统汽车企业纷纷寻求有效的减排措施，电动化成为主要路径之一。

2）我国新能源汽车技术整体较为成熟。我国对发展新能源汽车比较重视，具备一定的先发优势和规模优势，新能源整车技术、动力电池技术基本达到国际先进水平，续驶里程取得了较大的进步，呈现逐年递增的趋势。2020 年，我国纯电动乘用车的平均续驶里程达到 394km，相对于 2018 年增加了 34.9%。续驶里程在 400km 以上的纯电动乘用车占比快速提升，从 2018 年的 2.6% 快速增至 2020 年的 58.7%[16]。同时，整车性能、安全性、智能化应用等方面已经取得了全面进步，配套的充电桩等基础设施以及管理规范在逐步完善。多元化替代燃料动力系统研发，氢能与燃料电池产业链加速布局，不断满足居民出行需求。《新能源汽车产业发展规划（2021—2035年）》指出，未来将继续提高技术创新能力，深化"三纵三横"研发布局。以纯电动汽车、插电式混合动力（含增程式）汽车、燃料电池汽车为"三纵"，布局整车技术创新链。以动力电池与管理系统、驱动电机与电力电子、

⊖　SAFE 标准指美国提出的 Safer Affordable Fuel-Efficient (SAFE) Vehicles Rule。

网联化与智能化技术为"三横",构建关键零部件技术供给体系。总的来说,我国新能源汽车具有较强的市场竞争优势,国内外消费者市场认可度日益提高。

在这种发展趋势下,我国汽车产品出口形势较好,尤其是新能源汽车,绕开了国际上对传统能源汽车设置的贸易壁垒,成为拉动出口增长的新动能。2021年,我国共出口汽车201.5万辆,同比增长100%。其中,新能源汽车出口达到31万辆,同比增长304.6%,新能源乘用车出口30万辆,同比增长329.5%,新能源商用车出口1万辆,同比增长59.6%[9]。欧洲成为我国新能源汽车出口的主要增量市场,主要集中于比利时、英国、德国、法国、挪威、意大利、西班牙、葡萄牙等发达国家,中国自主品牌新能源汽车在欧洲市场初露竞争力,包括上汽 MG ZS、MG EHS、飞凡 Marvel R、MG5,比亚迪唐EV,蔚来 ES6、ES8,小鹏 G3、小鹏 P7,东风达契亚春天 Step One 和 Step Two 等新能源汽车品牌。

1.2　汽车行业碳中和共识及应对措施

国际车企纷纷提出了各自的碳中和目标,主要涉及工厂、产品和企业三个层面,实现碳中和的时间点均在2050年之前。例如,戴姆勒提出2039年之前建立一支碳中和的新汽车车队;大众提出2050年实现整个集团层面的全面碳中和;沃尔沃提出,2040年之前,将公司发展成为全球气候零负荷标杆企业;长城计划2045年全面实现碳中和;广汽集团提出,2050年前(挑战2045年)实现产品全生命周期的碳中和。为了实现碳中和目标,各车企围绕原材料、供应链、生产制造、物流、产品、回收等全生命周期提出了应对措施,见表1-1。

表 1-1 汽车全生命周期中和措施举例

材料	供应商	生产制造	物流	产品	回收
• 可再生材料 • 高能效材料 • 轻量化材料 • 可再生能源生产的零部件/材料 • 生物基材料 • 高强度材料 • 降低原材料需求 • 增加铝、钴、镍的循环材料用量要求	• 将 CO_2 指标作为选择供应商的重要标准 • 使用可再生能源生产的电池 • 对电池供应商提出铝、镍、钴的可再生材料份额要求 • 原料环保可回收作为采购选择的一大依据 • 应用区块链技术实现电池原材料全球可追溯应用 • 推进供应商可持续性培训及自我评价 • 供应商环境对策，向二级供应商（Tier2）展开	• 可再生能源电力使用：外购或自生产 • 生产工艺或技术优化 • 提高材料利用率，减少材料和零部件使用量 • 余热收集 • 碳抵消：购买碳信用额，抵消制造过程中产生的排放 • 控制工序排放和促进循环利用 • 推进运营环境管理体系 • 成立专门节能改善小组	• 优化物流网络：缩短行驶里程；公转铁，空转铁；使用多用途载重车，增加货车装载率，减少运输次数，供应商近地化 • 减少包装材料：轻量化包装材料；包装材料 100% 可降解；循环使用；循环周转箱共享和租赁计划 • 清洁能源车型运输：运输车辆的电动化	• 打造新能源动力系统，涵盖纯电技术、混动技术、替代燃料电池技术以及高压燃料电池等技术路径 • 提升传统燃料效率 • 促进新能源汽车的生产 • 提高电池能量密度	• 提高产品中使用二次原料透明度 • 研发高压电池的新回收技术：促进镍、钴、锂等材料回收；易拆解设计 • 构建报废汽车处理网络 • 构建电池生态系统

1.3 我国汽车全产业链关键问题识别

1）清洁电力占比及区域布局亟需提升和完善。 目前，我国电力结构以火电为主，火电占总发电量比例超过 60%，导致我国电力生产过程中产生的碳排放较高。从全生命周期的碳排放视角出发，考虑到电池生产过程中的碳排放和电力产生的碳排放，新能源汽车的减排效果相对有限。只有当能源结构和电网中可再生能源占比较高时，新能源汽车才能发挥较大碳减排作用。我国当前电力的清洁程度限制了新能源汽车的碳减排潜力。2020 年，我国绿色电力发电量仅占社会总发电量的 27%，在绿色电力购买上，企业仍面临供不应求的现状 [17]。而且，我国 60% 以上绿色电力集中于人口和工业分布较稀疏的西部地区，例如四川、云南、甘肃、贵州等。我国绿色电力交易市场正处于试点阶段，企业获取绿色电力的交易市场、技术条件还未完全成熟，导致绿色电力难以进行跨区域直接交易，企业更加难以进行绿色电力的购买和使用，有待于出台更完善的实施细则、配套方案。绿色电力供应不足、供需不匹配，导致企业在绿色电力购买中面临困境，无法通过购买绿色电力减少产品生产过程中的碳排放，增加了企业减排压力。

2）替代燃料生产过程碳排放及成本较高。 氢能是一种清洁脱碳、应用场景丰富的二次能源，具有储量丰富、热值高、可存储、来源广泛等优点，有望在推动能源转型及提高能源系统灵活性方面发挥关键作用。目前，我国最常见的制氢方式是以煤炭、天然气为主的化石能源重整制氢和以焦炉煤气、氯碱尾气为代表的工业副产气制氢。而我国电解水制氢规模处于兆瓦级，规模经济效应尚未发挥，生物质制氢仍处于实验和开发阶段，尚未达到工业规模制氢要求。

氢能的生产及运输消耗资源和能源，其直接和间接排放温室气体与制氢及运输方式的选择相关度极高。经中汽数据测算，在当前以煤化工和氢气长管拖车运输为主的情景下，每千克氢的生产和储运约排放 26.8kg 的温室气体。据中国氢能联盟预测，到 2050 年化石能源制氢、生物制氢以及可再生能源制氢占比分别为 20%、10%、70%，氢的运输以高压、液态氢罐和管道运输共同完成。

由此可见，氢能是否低碳关键在于制氢方式和运输方式的选择，即提高可再生能源电解水制氢占比、发展气态管道运输、优化运氢距离等技术路线。而无论是可再生能源电解水制氢还是气态管道运输，均需要投入大量人力物力。根据《中国车用氢能产业发展报告 2021》[18] 测算，煤制氢成本约 6.77~12.14 元 /kg，商业用电电解水制氢成本高于 40 元 /kg，可再生能源电解水制氢受自然资源禀赋影响，约为 20 元 /kg，而工业副产氢虽成本较低，但产氢规模有限，无法成为未来稳定的大规模供给来源。因此，合理平衡可再生能源电解水成本，提高制氢、运氢技术成熟度是氢是否具备低碳效益的关键因素。

3）汽车企业碳排放管理能力尚需加强。欧美等发达国家的碳排放管理历史较长，具有完善的碳排放标准体系，例如欧盟的乘用车和轻型商用车二氧化碳排放标准、美国的 GHG 和 CAFE 标准等。不同于发达国家完善的碳排放标准体系，我国目前只有以燃料消耗量和污染物为监管对象的标准体系，缺乏统一的碳排放标准体系，无法对汽车行业碳排放管理形成有效引导。国内企业碳排放管理起步较晚，尚未积累足够的碳排放管理经验，产品存在较大的政策合规风险以及市场风险。在双碳战略和国际形势的双重影响下，加强汽车企业碳排放核算及管理能力对于提高产品低碳竞争优势、打造低碳汽车产品尤为重要。

4）动力电池回收监督管理机制有待完善。欧盟发布的《欧盟电池与废电池法》草案中对动力电池及其关键原材料的回收利用比例、再生材料利用量提出了强制要求，未满足最低要求的电池不允许进入欧盟市场或在欧盟市场使用，这将对我国汽车产品及电池产品出口提出挑战。另外，随着新能源汽车的发展，镍钴锂等关键原材料竞争加剧。我国锂、钴、镍资源严重缺乏，进口依赖度较高，外部的不确定因素同样加剧了我国的锂、钴、镍资源供应风险，限制了我国新能源汽车的发展。动力电池回收利用管理体系的完善将有效促进关键原材料及零部件的回收利用，在节能减排、缓解资源紧张、应对国际贸易壁垒等方面具有重要作用。目前，中国动力电池回收利用管理制度还缺乏强制约束力，再生原材料使用量的认证和废旧动力电池回收利用碳减排核算机制还未建立，亟需加快完善政策配套措施。

1.4 本书的研究框架与整体思路

本书深入结合汽车行业发展态势和汽车产品自身特点，提出汽车生命周期碳排放核算方法，并披露汽车产品、企业和行业的碳排放数据，在此基础上，提出汽车行业面向碳中和的十大转型路径，包括但不限于：电网脱碳化转型、车辆电动化转型、燃料脱碳化转型、材料低碳化转型、生产数字化转型（能效提升）、交通智慧化转型、出行共享化转型、资源循环化转型、捕集利用和封存、产品生态化转型。此外，本书结合十大路径在不同情景下的转型效果，对未来汽车产品及汽车行业碳减排潜力进行了定量分析，并提出了面向碳中和的汽车行业低碳发展战略与政策保障。研究内容与结构框架如图 1-5 所示。

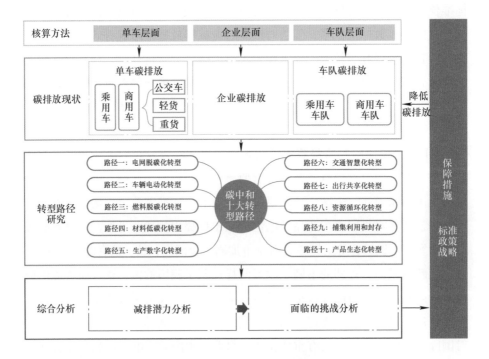

图 1-5　研究内容与结构框架

参考文献

[1] Intergovernmental Panel on Climate Change（IPCC）. IPCC_AR6_WGI：Climate Change 2021 The Physical Science Basis [Z]. 2021.

[2] World Meteorological Organization（WMO）. State of the Global Climate 2020 [Z]. 2020.

[3] IEA. Global Energy Review：CO_2 Emissions in 2021. 1900-2021 [Z]. 2021.

[4] United Nations Environment Program. Emissions gap report 2019 [Z]. 2019.

[5] 清华大学气候变化与可持续发展研究院 .《中国长期低碳发展战略与转型路径研究》综合报告 [R]. 北京：中国环境出版集团，2021.

[6] Intergovernmental Panel on Climate Change（IPCC）. IPCC_AR6_WGIII：Climate Change 2022 Mitigation of Climatc Changc [Z]. 2022.

[7] Energy & Clinate Intelligence Unit. Net Zero Tracker [EB/OL]. (2022-06-06) [2022-06-12]. https：//zerotracker.net/.

[8] BP 中国 . BP Statistical Review of World Energy [Z]. 2021.

[9] 中国汽车工业协会 . 最全 PPT 看懂中汽协产销数据 [EB/OL]. (2022-01-12) [2022-06-12]. https：//mp.weixin.qq.com/s/t6sSfdyHqWbiuGaSqFTB2A.

[10] 公安部交通管理局 . 全国机动车保有量突破 4 亿辆 一季度新注册登记新能源汽车 111 万辆 同比增加 138.20% [EB/OL]. (2022-04-07) [2022-06-16]. https：//mp.weixin. qq.com/s/XJcAEIgb-LhtHpgiGor10g.

[11] 世 界 资 源 研 究 所 . Transport Emissions & Social Cost Assessment：Methodology Guide [Z]. 2017.

[12] 中国汽车工程学会 . 节能与新能源汽车技术路线图 2.0 [M]. 北京：机械工业出版社，2021.

[13] European Union. Regulation（EU）2019（631）setting CO_2 emission performance standards for new passenger cars and for new light commercial vehicles [Z]. 2019.

[14] European Union. amending Regulation（EU）2019/631 as regards strengthening the CO_2 emission performance standards for new passenger cars and new light commercial vehicles in line with the Union's increased climate ambition [Z]. 2021.

[15] Environmental Protection Agency. Revised 2023 and Later Model Year Light-Duty Vehicle Greenhouse Gas Emissions Standards [Z]. 2021.

[16] 王震坡，梁兆文，等 . 中国新能源汽车大数据研究报告 [M]. 北京：机械工业出版社，2021.

[17] 国家统计局能源统计司 . 中国能源统计年鉴 2019[M]. 北京：中国统计出版社，2019.

[18] 中国汽车技术研究中心有限公司，北汽福田汽车股份有限公司 . 中国车用氢能产业发展报告（2021）[M]. 北京：社会科学文献出版社，2021.

HAPTER

第2章 汽车生命周期碳排放核算方法

2.1 汽车生命周期碳排放核算模型

2.1.1 目的和范围的确定

1. 功能单位

本研究的目的是核算中国境内生产的乘用车和商用车的生命周期碳排放。研究对象为乘用车和商用车，商用车包括公交车、轻型货车和重型货车。按燃料类型分为单一燃用汽油或柴油的车辆、不可外接充电式混合动力车、插电式混合动力电动车、纯电动车、天然气车、燃料电池车。具体的核算车型及对应的简称见表 2-1。

本研究中，乘用车的功能单位为一辆乘用车生命周期内行驶 1km 提供的运输服务，生命周期行驶里程按 1.5×10^5km 计算。货车以一辆货车生命周期内行驶 1km 载荷 1t 货物提供的运输服务为功能单位。轻型货车生命周期行驶里程按 6×10^5km 计算，重型货车生命周期行驶里程按 7×10^5km 计算。公交车以一辆车生命周期内行驶 1km 载荷 1 人提供的运输服务为功能单位，生命周期行驶里程按 4×10^5km 计算。

表 2-1　核算车型范围及相应简称

| 类型 | 乘用车 | 商用车 | | | | | |
| | | 公交车 | 客车 | 轻型货车 | 单体车 | 自卸车 | 牵引车 |
					重型货车		
单一燃用汽油的车辆（汽油车）	汽油乘用车		汽油客车	汽油轻货			
单一燃用柴油的车辆（柴油车）	柴油乘用车	柴油公交车	柴油客车	柴油轻货	柴油重型单体车	柴油重型自卸车	柴油重型牵引车
不可外接充电式混合动力车（常规混）	常规混乘用车		常规混客车	常规混轻货	常规混重型单体车	常规混重型自卸车	常规混重型牵引车
插电式混合动力电动车（插电混）	插电混乘用车	插电混公交车					
纯电动车	纯电动乘用车	纯电动公交车	纯电动客车	纯电动轻货	纯电动重型单体车	纯电动重型自卸车	纯电动重型牵引车
天然气车		天然气公交车	天然气客车		天然气重型单体车	天然气重型自卸车	天然气重型牵引车
氢燃料电池车	氢燃料乘用车	氢燃料公交车	氢燃料客车	氢燃料轻货		氢燃料重型自卸车	氢燃料重型牵引车

注：灰色单元格表示对应的车型不纳入本研究碳排放核算范围。

本研究根据 IPCC 国家温室气体清单指南，碳排放的核算对象包括二氧化碳、甲烷、氧化亚氮、氢氟碳化物、全氟碳化物、六氟化硫和三氟化氮在内的温室气体排放。

2. 系统边界

本研究所评价的汽车生命周期系统边界包括车辆周期和燃料周期在内的全生命周期阶段。其中，车辆周期包括材料生产、整车生产、维修保养（轮胎、铅酸蓄电池、液体的更换以及制冷剂的逸散）等阶段；材料生产阶段包括两个部分，一是原生材料获取及加工过程，二是循环材料生产加工过程。燃料周期，即"油井到车轮（Well to Wheels，WTW）"，包括燃料的生产和运输（Well to Pump，WTP）和燃料的使用（Pump to Wheels，PTW）两个阶段。对于燃油汽车和天然气汽车，WTP 包括原油开采、提炼加工和运输等过程；对于电动汽车和燃料电池汽车，WTP 包括电力（火电、水电、风电、光伏发电和核电等）和氢燃料的生产和传输等过程。

原材料和零部件等的运输过程，零部件的加工制造，生产用设备制造、厂房建设等基础设施不包括在边界范围内。汽车生命周期碳排放核算的系统边界图如图 2-1 所示。

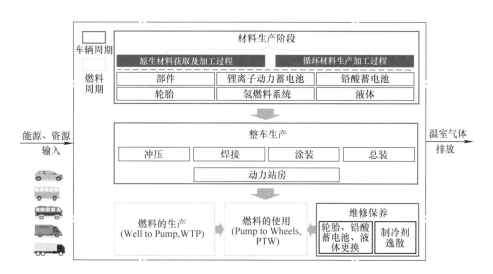

图 2-1　汽车生命周期碳排放核算系统边界图

2.1.2 汽车清单数据

1. 车辆周期清单数据

本研究以车用材料为核算对象，将整车分为部件、轮胎、铅酸蓄电池、锂离子动力蓄电池、氢燃料系统和液体六个部分，考虑到材料碳排放和重量占各部分比重及数据的可核查性，共核算 27 种材料，见表 2-2。

表 2-2　核算范围内的材料汇总

编号	材料类别	编号	材料类别
1	钢铁	15	镍钴锰酸锂
2	铸铁	16	锰酸锂
3	铝及铝合金	17	石墨
4	镁及镁合金	18	电解液：六氟磷酸锂
5	铜及铜合金	19	润滑剂
6	热塑性塑料	20	制动液
7	热固性塑料	21	冷却液
8	橡胶	22	制冷剂
9	织物	23	洗涤液
10	陶瓷 / 玻璃	24	硅胶
11	铅	25	碳纤维
12	硫酸	26	树脂
13	玻璃纤维	27	铂
14	磷酸铁锂		

车辆周期部件、轮胎、铅酸蓄电池、锂离子动力蓄电池、氢燃料系统和液体的重量占比及各自的材料组成占比、材料碳排放因子、整车生产碳排放因子等数据来自 CALCM-2021。部件、轮胎、铅酸蓄电池、锂离子动力蓄电池、氢燃料系统和液体的重量占比及各自的材料组成占比数据来源于中汽数据有限公司拆解的 90 余款主流车型的产量加权的平均值。

此外，本研究中车辆周期核算汽车行驶过程中轮胎更换、铅酸蓄电池更换、液体更换和制冷剂逸散的碳排放以及整车冲压、焊接、涂装、总装和动力站房等生产制造过程的碳排放。轮胎、铅酸蓄电池、液体更换，制冷剂逸散次数见附表一。

如附表二所列，本研究中车用材料、能源、燃料及整车生产等的碳排放数据来源于中国汽车生命周期数据库（China Automotive Life Cycle Database，CALCD），代表中国平均水平数据。CALCD 是中国第一个本土化的汽车生命周期数据库，涵盖 2 万多条汽车全产业链产品相关的生命周期清单过程数据，包括基础材料、能源、运输和加工等基础过程数据，以及汽车关键零部件、动力蓄电池生产和回收、整车制造过程、运输、汽车使用和报废回收等过程数据及核心模型，清单数据类别包括资源消耗、能源消耗、环境污染物排放、温室气体排放、经济成本等方面。

2. 燃料周期清单数据

本研究中乘用车的燃料消耗量（除电耗外）和电耗数据分别是基于 WLTC 工况、CLTC 工况的测试数据。燃料生产的碳排放因子数据来源于中国汽车生命周期数据库（CALCD），代表中国平均水平，见附表三。其中，电力碳排放因子基于 2017 年中国能源结构（煤电 64.7%、水电 18.6%、可再生能源发电 6.5%、核电 3.9%、天然气发电 3.2%、油电 3.1%），按照全国平均水平进行测算。

燃料使用的碳排放采用 GB 27999—2019 中的 CO_2 转换系数，汽油按 2.37kgCO_2e/L 计算，柴油按 2.60kgCO_2e/L 计算；电力使用过程中碳排放按 0 计算。

2.2 单车生命周期碳排放核算方法

2.2.1 车辆周期碳排放核算方法

车辆周期碳排放量按式（2-1）进行计算，目前暂不考虑零部件加工阶段碳排放和运输阶段碳排放。

$$C_{\text{Vehicle}} = C_{\text{Material}} + C_{\text{Production}} + C_{\text{Replacement}} \qquad （2-1）$$

式中　　C_{Vehicle}——车辆周期碳排放量（kgCO_2e）；

C_{Material}——材料生产阶段的碳排放量（kgCO_2e）；

$C_{\text{Production}}$——整车生产的碳排放量（kgCO_2e）；

$C_{\text{Replacement}}$——维修保养（轮胎、铅酸蓄电池、液体更换及制冷剂逸散）的碳排放（$kgCO_2e$）。

1. 材料生产阶段

材料生产阶段碳排放量应按式（2-2）进行计算，计算结果圆整（四舍五入）至小数点后两位。

$$C_{\text{Materials}} = C_{\text{Parts}} + C_{\text{Lead acid battery}} + C_{\text{Li-Ion battery}} + C_{\text{Fuel Cell System}} + C_{\text{Tyres}} + C_{\text{Fluids}} \quad （2\text{-}2）$$

式中　$C_{\text{Materials}}$——材料生产阶段的碳排放量（$kgCO_2e$）；

C_{Parts}——部件碳排放量（$kgCO_2e$）；

$C_{\text{Lead acid battery}}$——铅酸蓄电池碳排放量（$kgCO_2e$）；

$C_{\text{Li-Ion battery}}$——锂离子动力蓄电池碳排放量（$kgCO_2e$）；

$C_{\text{Fuel Cell System}}$——氢燃料系统碳排放量（$kgCO_2e$）；

C_{Tyres}——轮胎碳排放量（$kgCO_2e$）；

C_{Fluids}——液体碳排放量（$kgCO_2e$）。

汽车部件（整车除去轮胎、电池、氢燃料系统和液体的部分）碳排放量可按式（2-3）或式（2-4）进行计算，计算结果圆整（四舍五入）至小数点后两位。

$$C_{\text{Parts}} = \sum (M_{\text{Part material } i} U_{\text{Material } i} \times \text{CEF}_{\text{Part material } i}) \quad （2\text{-}3）$$

$$C_{\text{Parts}} = \sum (M_{\text{Part pr-material } i} U_{\text{Part material } i} \times \text{CEF}_{\text{Part pr-material } i} + M_{\text{Part re-material } i} U_{\text{Part material } i} \times$$
$$\text{CEF}_{\text{Part re-material } i}) \quad （2\text{-}4）$$

式中　　C_{Parts}——部件碳排放量（$kgCO_2e/kg$）；

$M_{\text{Part material } i}$——部件材料 i 的重量（kg）；

$U_{\text{Material } i}$——材料 i 的使用系数，制造过程中使用的材料占车辆中含量的百分比，目前暂不考虑损耗，即使用系数为 100%；

$\text{CEF}_{\text{Part material } i}$——部件材料 i 的碳排放因子（$kgCO_2e/kg$）；

$M_{\text{Part pr-material } i}$——部件原生材料 i 的重量（kg）；

$M_{\text{Part re-material } i}$——循环材料 i 的重量（kg）；

$\text{CEF}_{\text{Part pr-material } i}$——部件原生材料 i 的碳排放因子（$kgCO_2e/kg$）；

$\text{CEF}_{\text{Part re-material } i}$——循环材料 i 的碳排放因子（$kgCO_2e/kg$）。

铅酸蓄电池碳排放量计算公式见式（2-5）或式（2-6），计算结果圆整（四舍五入）至小数点后两位。

$$C_{\text{Lead acid battery}} = \sum (M_{\text{Lead acid material } i} U_{\text{Material } i} \times \text{CEF}_{\text{Lead acid material } i}) \quad (2\text{-}5)$$

$$C_{\text{Lead acid battery}} = \sum (M_{\text{Lead acid pr-material } i} U_{\text{Material } i} \times \text{CEF}_{\text{Lead acid pr-material } i} +$$
$$M_{\text{Lead acid re-material } i} U_{\text{Material } i} \times \text{CEF}_{\text{Lead acid re-material } i}) \quad (2\text{-}6)$$

式中　$C_{\text{Lead acid battery}}$——铅酸蓄电池碳排放量（$kgCO_2e$）；

$\quad M_{\text{Lead acid material } i}$——铅酸蓄电池材料 i 的重量（kg）；

$\quad U_{\text{Material } i}$——材料 i 的使用系数，制造过程中使用的材料占车辆中含量的百分比，目前暂不考虑损耗，即使用系数为 100%；

$\quad \text{CEF}_{\text{Lead acid material } i}$——铅酸蓄电池材料 i 的碳排放因子（$kgCO_2e/kg$）；

$\quad M_{\text{Lead acid pr-material } i}$——铅酸蓄电池原生材料 i 的重量（kg）；

$\quad M_{\text{Lead acid re-material } i}$——铅酸蓄电池循环材料 i 的重量（kg）；

$\quad \text{CEF}_{\text{Lead acid pr-material } i}$——铅酸蓄电池原生材料 i 的碳排放因子（$kgCO_2e/kg$）；

$\quad \text{CEF}_{\text{Lead acid re-material } i}$——铅酸蓄电池循环材料 i 的碳排放因子（$kgCO_2e/kg$）。

纯电动车、插电混车和常规混车、燃料电池车的锂离子动力蓄电池碳排放量可单独计算，汽油车或柴油车的动力蓄电池重量按 0 计算。计算公式见式（2-7）~式（2-9），计算结果圆整（四舍五入）至小数点后两位。

$$C_{\text{Li-Ion battery}} = \sum (M_{\text{Li-Ion material } i} U_{\text{Material } i} \times \text{CEF}_{\text{Li-Ion material } i}) \quad (2\text{-}7)$$

$$C_{\text{Li-Ion battery}} = \sum (M_{\text{Li-Ion pr-material } i} U_{\text{Material } i} \times \text{CEF}_{\text{Li-Ion pr-material } i} + M_{\text{Li-Ion re-material } i} U_{\text{Material } i} \times$$
$$\text{CEF}_{\text{Li-Ion re-material } i}) \quad (2\text{-}8)$$

$$C_{\text{Li-Ion battery}} = R_{\text{Li-Ion battery}} \times \text{CEF}_{\text{Li-Ion battery}} \quad (2\text{-}9)$$

式中　$C_{\text{Li-Ion battery}}$——锂离子动力蓄电池碳排放量（$kgCO_2e$）；

$\quad M_{\text{Li-Ion material } i}$——锂离子动力蓄电池材料 i 的重量（kg）；

$\quad U_{\text{Material } i}$——材料 i 的使用系数，制造过程中使用的材料占车辆中含量的百分比，目前暂不考虑损耗，即使用系数为 100%；

$\quad \text{CEF}_{\text{Li-Ion material } i}$——锂离子动力蓄电池材料 i 的碳排放因子（$kgCO_2e/kg$）；

$\quad M_{\text{Li-Ion pr-material } i}$——锂离子动力蓄电池原生材料 i 的重量（kg）；

$CEF_{\text{Li-Ion pr-material } i}$——锂离子动力蓄电池原生材料 i 的碳排放因子（$kgCO_2e/kg$）；

$M_{\text{Li-Ion re-material } i}$——锂离子动力蓄电池循环材料 i 的重量（kg）；

$CEF_{\text{Li-Ion re-material } i}$——锂离子动力蓄电池循环材料 i 的碳排放因子（$kgCO_2e/kg$）；

$C_{\text{Li-Ion battery}}$——锂离子动力蓄电池能量（$kW \cdot h$）；

$CEF_{\text{Li-Ion battery}}$——锂离子动力蓄电池包的碳排放因子（$kgCO_2e/kW \cdot h$）。

燃料电池电动车的氢燃料系统碳排放量可单独计算，计算公式见式（2-10）和式（2-11），计算结果圆整（四舍五入）至小数点后两位。

$$C_{\text{Fuel Cell System}}= \sum (M_{\text{Fuel Cell System } i} U_{\text{Material } i} \times CEF_{\text{Fuel Cell System } i}) \qquad （2\text{-}10）$$

$$C_{\text{Fuel Cell System}}= \sum (M_{\text{Fuel Cell pr-material } i} U_{\text{Material } i} \times CEF_{\text{Fuel Cell pr-material } i} +$$
$$M_{\text{Fuel Cell re-material } i} U_{\text{Material } i} \times CEF_{\text{Fuel Cell re-material } i}) \qquad （2\text{-}11）$$

式中　$C_{\text{Fuel Cell System}}$——氢燃料系统碳排放量（$kgCO_2e$）；

$M_{\text{Fuel Cell System } i}$——氢燃料系统材料 i 的重量（kg）；

$U_{\text{Material } i}$——材料 i 的使用系数，制造过程中使用的材料占车辆中含量的百分比，目前暂不考虑损耗，即使用系数为 100%；

$CEF_{\text{Fuel Cell System } i}$——氢燃料系统材料 i 的碳排放因子（$kgCO_2e/kg$）；

$M_{\text{Fuel Cell pr-material } i}$——氢燃料系统原生材料 i 的重量（kg）；

$CEF_{\text{Fuel Cell pr-material } i}$——氢燃料系统原生材料 i 的碳排放因子（$kgCO_2e/kg$）；

$M_{\text{Fuel Cell re-material } i}$——氢燃料系统循环材料 i 的重量（kg）；

$CEF_{\text{Fuel Cell re-material } i}$——氢燃料系统循环材料 i 的碳排放因子（$kgCO_2e/kg$）。

轮胎碳排放量可单独计算，计算公式见式（2-12）或式（2-13），计算结果圆整（四舍五入）至小数点后两位。

$$C_{\text{Tyres}}= \sum (M_{\text{Tyre material } i} U_{\text{Material } i} \times CEF_{\text{Tyre material } i}) \qquad （2\text{-}12）$$

$$C_{\text{Tyres}}= \sum (M_{\text{Tyre pr-material } i} U_{\text{Material } i} \times CEF_{\text{Tyre pr-material } i} + M_{\text{Tyre re-material } i} U_{\text{Material } i} \times$$
$$CEF_{\text{Tyre re-material } i}) \qquad （2\text{-}13）$$

式中　C_{Tyres}——轮胎碳排放量（$kgCO_2e$）；

$M_{\text{Tyre material } i}$——轮胎（5 条，含 1 条备胎）材料 i 的重量（kg）；

$U_{\text{Material } i}$——材料 i 的使用系数，制造过程中使用的材料占车辆中含量的百分比，目前暂不考虑损耗，即使用系数为 100%；

$\text{CEF}_{\text{Tyre material } i}$——轮胎材料 i 的碳排放因子（$\text{kgCO}_2\text{e/kg}$）；

$M_{\text{Tyre pr-material } i}$——轮胎（5 条，含 1 条备胎）原生材料 i 的重量（kg）；

$M_{\text{Tyre re-material } i}$——轮胎（5 条，含 1 条备胎）循环材料 i 的重量（kg）；

$\text{CEF}_{\text{Tyre pr-material } i}$——轮胎原生材料 i 的碳排放因子（$\text{kgCO}_2\text{e/kg}$）；

$\text{CEF}_{\text{Tyre re-material } i}$——轮胎循环材料 i 的碳排放因子（$\text{kgCO}_2\text{e/kg}$）。

液体碳排放量计算公式见式（2-14），计算结果圆整（四舍五入）至小数点后两位。

$$C_{\text{Fluids}} = \sum \left(M_{\text{Fluid material } i} \times \text{CEF}_{\text{Fluid material } i} \right) \qquad （2\text{-}14）$$

式中 C_{Fluids}——液体碳排放量（kgCO_2e）；

$M_{\text{Fluid material } i}$——液体材料 i 的重量（kg）；

$\text{CEF}_{\text{Fluid material } i}$——液体材料 i 的碳排放因子（$\text{kgCO}_2\text{e/kg}$）。

2. 零部件加工阶段

零部件加工阶段碳排放量应按式（2-15）进行计算，计算结果圆整（四舍五入）至小数点后两位。

$$C_{\text{Part production}} = \sum \left(E_r \times \text{CEF}_r + E_r \times \text{NCV}_r \times \text{CEF}'_r \right) + M_{\text{CO}_2} \qquad （2\text{-}15）$$

式中 $C_{\text{Part production}}$——零部件加工阶段碳排放量（$\text{kgCO}_2\text{e}$）；

E_r——能源或燃料 r 的外购量（$\text{kW}\cdot\text{h}$、m^3 或 kg 等）；

CEF_r——能源或燃料 r 生产的碳排放因子（$\text{kgCO}_2\text{e/kW}\cdot\text{h}$、$\text{kgCO}_2\text{e/m}^3$ 或 $\text{kgCO}_2\text{e/kg}$）；

CEF'_r——能源或燃料 r 使用的碳排放因子（$\text{tCO}_2\text{e/GJ}$），电力生产的 CEF' 为 0；

NCV_r——能源或燃料 r 的平均低位发热量（GJ/t、$\text{GJ}/10^4\text{m}^3$）；

M_{CO_2}——焊接过程中产生的 CO_2 逸散的量（kgCO_2e）。

3. 整车生产阶段

整车生产阶段碳排放量应按式（2-16）进行计算，计算结果圆整（四舍五入）至小数点后两位。

$$C_{\text{Production}} = \sum (E_r \times \text{CEF}_r + E_r \times \text{NCV}_r \times \text{CEF}'_r) + M_{\text{CO}_2} \qquad (2\text{-}16)$$

式中　$C_{\text{Production}}$——整车生产阶段碳排放量（$kgCO_2e$）；

　　　　E_r——能源或燃料 r 的外购量（$kW \cdot h$、m^3 或 kg 等）；

　　　　CEF_r——能源或燃料 r 生产的碳排放因子（$kgCO_2e/kW \cdot h$、$kgCO_2e/m^3$ 或 $kgCO_2e/kg$）；

　　　　CEF'_r——能源或燃料 r 使用的碳排放因子（tCO_2e/GJ）；

　　　　NCV_r——能源或燃料 r 的平均低位发热量（GJ/t、$GJ/10^4 Nm^3$），已根据《中国能源统计年鉴 2019》进行调整；

　　　　M_{CO_2}——焊接过程中产生的 CO_2 逸散的量（$kgCO_2e$）。

4. 维修保养阶段

维修保养（轮胎、铅酸蓄电池、液体更换及制冷剂逸散）的碳排放按式（2-17）进行计算。

$$C_{\text{Re placement}} = C_{\text{Tyres } r} + C_{\text{Lead acid battery } r} + C_{\text{Fluids } r} \qquad (2\text{-}17)$$

由于轮胎更换（2 次，每次 4 条）产生的碳排放量应按式（2-18）进行计算，计算结果圆整（四舍五入）至小数点后两位。

$$C_{\text{Tyres } r} = C_{\text{Tyres}} \times \frac{4}{5} \times 2 \qquad (2\text{-}18)$$

式中　$C_{\text{Tyres } r}$——使用阶段由于轮胎（4 条）更换产生的碳排放量（$kgCO_2e$）；

　　　　C_{Tyres}——轮胎生产的碳排放量（$kgCO_2e$）。

由于铅酸蓄电池更换产生的碳排放量应按式（2-19）进行计算，计算结果圆整（四舍五入）至小数点后两位。

$$C_{\text{Lead acid battery} r} = C_{\text{Lead acid battery}} N_{\text{Lead acid battery}} \qquad (2\text{-}19)$$

式中　$C_{\text{Lead acid battery} r}$——使用阶段由于铅酸蓄电池更换产生的碳排放量（$kgCO_2e$）；

　　　　$C_{\text{Lead acid battery}}$——铅酸蓄电池生产产生的碳排放量（$kgCO_2e$）；

　　　　$N_{\text{Lead acid battery}}$——生命周期内铅酸蓄电池更换次数。

由于液体更换及制冷剂逸散（1 次）产生的碳排放量应按式（2-20）进行计算，计算结果圆整（四舍五入）至小数点后两位。

$$C_{\text{Fluids} r} = \sum (M_{\text{Fluid material } i} \times \text{CEF}_{\text{Fluid material } i} \times R_{\text{Fluid material } i}) + M_{\text{Refrigerant}} \times \text{GWP}_{\text{Refrigerant}} \qquad (2\text{-}20)$$

式中　　C_{Fluidsr}——使用阶段由于液体更换及制冷剂逸散（1 次）产生的碳排放量（$kgCO_2e$）；

　　$M_{\text{Fluid material } i}$——液体材料 i 的重量（kg）；

　　$M_{\text{Refrigerant}}$——制冷剂的重量（kg）；

　　$CEF_{\text{Fluid material } i}$——液体材料 i 的碳排放因子（$kgCO_2e/kg$）；

　　$R_{\text{Fluid material } i}$——生命周期内液体材料 i 的更换次数；

　　$GWP_{\text{Refrigerant}}$——制冷剂的全球增温潜值。

5. 运输阶段

运输阶段碳排放量应按式（2-21）进行计算，计算结果圆整（四舍五入）至小数点后两位。

$$C_{\text{transport}} = \sum C_{\text{transport}, p} = \sum_p \sum_k (M_p d_p \times CEF_{\text{transport}, k}) \qquad (2\text{-}21)$$

式中　　$C_{\text{transport}}$——运输阶段的碳排放（$kgCO_2e$）；

　　M_p——运输过程 p 的运输的材料 / 半成品 / 零部件等的重量（kg）；

　　d_p——运输过程 p 的运输距离（km）；

　　$CEF_{\text{transport}, k}$——第 k 种运输方式的碳排放因子，即运输工具行驶 1km 载荷 1t 货物所产生的碳排放，包括燃料上游的生产以及运输过程中燃料的使用的碳排放（$kgCO_2e/tkm$）。

2.2.2　燃料周期碳排放核算方法

燃料周期碳排放量按式（2-22）进行计算。

$$C_{\text{Fuel}} = C_{\text{Fuel production}} + C_{\text{Fuel use}} \qquad (2\text{-}22)$$

式中　　C_{Fuel}——燃料周期碳排放量（$kgCO_2e$）；

　　$C_{\text{Fuel production}}$——燃料生产阶段的碳排放量（$kgCO_2e$）；

　　$C_{\text{Fuel use}}$——燃料使用阶段的碳排放量（$kgCO_2e$）。

1. 燃料生产阶段

汽油车、柴油车、常规混车、纯电动车、氢燃料电池电动车燃料生产的碳排放量应按式（2-23）进行计算，计算结果圆整（四舍五入）至小数点后两位。

$$C_{\text{Fuel production}} = \text{FC} \times \text{CEF}_{\text{Fuel}} \times L/100 \qquad (2\text{-}23)$$

式中　$C_{\text{Fuel production}}$——燃料生产的碳排放量（$kgCO_2e$）；

　　　　FC——燃料消耗量（L/100km 或 kW·h/100km），汽油乘用车、柴油乘用车、汽油轻货、柴油轻货的燃料消耗量采用按 GB/T 19233 进行测定的测定值，柴油公交、柴油重货的燃料消耗量采用按 GB/T 27840 进行测定的测定值，天然气公交车、天然气重货的燃料消耗量采用按 GB/T 29125 进行测定的测定值，常规混乘用车、常规混轻货的燃料消耗量采用按 GB/T 19753 进行测定的测定值，常规混公交车、常规混重货的燃料消耗量采用按 GB/T 19754 进行测定的测定值，纯电动车的耗电量采用按 GB/T 18386 进行测定的测定值，燃料电池公交车、燃料电池轻货、燃料电池重货燃料消耗量采用按 GB/T 35178 进行测定的测定值；

　　　CEF_{Fuel}——燃料生产的碳排放因子（$kgCO_2e$/L 或者 $kgCO_2e$/kW·h）；

　　　　L——生命周期行驶里程。

插电混乘用车的燃料生产的碳排放量应按式（2-24）进行计算，计算结果圆整（四舍五入）至小数点后两位。

$$C_{\text{Fuel production}} = \text{FC}_{\text{State B}} \times L/100 \times \left(1 - \sum_{i=1}^{c} \text{UF}_c\right) \times \text{CEF}_{\text{Gasoline}} + \text{EC}_{\text{State A}} \times L/100 \times$$

$$\sum_{i=1}^{c} \text{UF}_c \times \text{CEF}_{\text{Electricity}} \qquad (2\text{-}24)$$

式中　$C_{\text{Fuel production}}$——燃料生产的碳排放量（$kgCO_2e$）；

　　　$\text{FC}_{\text{State B}}$——插电混乘用车 B 状态油耗（L/100km），采用按 GB/T 19753 进行测定的测定值；

　　　　L——插电混乘用车生命周期行驶里程，按 1.5×10^5km 计算；

　　$\sum_{i=1}^{c} \text{UF}_c$——截止到 c 个试验循环的纯电利用系数累计值，按 GB/T 19753 计算；

　　　$\text{CEF}_{\text{Gasoline}}$——汽油生产的碳排放因子（$kgCO_2e$/L）；

$EC_{State\ A}$——插电混乘用车 A 状态电耗（kW·h/100km），采用按 GB/T 19753 进行测定的测定值；

$CEF_{Electricity}$——电力生产的碳排放因子（kgCO$_2$e/kW·h）。

2. 燃料使用阶段

汽油车、柴油车、常规混车、纯电动车、氢燃料电池电动车燃料使用过程的碳排放量应按式（2-25）进行计算，计算结果圆整（四舍五入）至小数点后两位。

$$C_{Fuel\ use} = FC \times K_{CO_2} \times L/100 \qquad (2\text{-}25)$$

式中　$C_{Fuel\ use}$——燃料使用过程的碳排放量（kgCO$_2$e）；

　　　FC——燃料消耗量（L/100km 或 kW·h/100km），汽油乘用车、柴油乘用车、汽油轻货、柴油轻货的燃料消耗量采用按 GB/T 19233 进行测定的测定值，柴油公交、柴油重货的燃料消耗量采用按 GB/T 27840 进行测定的测定值，天然气公交车、天然气重货的燃料消耗量采用按 GB/T 29125 进行测定的测定值，常规混乘用车、常规混轻货的燃料消耗量采用按 GB/T 19753 进行测定的测定值，常规混公交车、常规混重货的燃料消耗量采用按 GB/T 19754 进行测定的测定值，纯电动车的耗电量采用按 GB/T 18386 进行测定的测定值，燃料电池公交车、燃料电池轻货、燃料电池重货燃料消耗量采用按 GB/T 35178 进行测定的测定值；

　　　K_{CO_2}——转换系数（参考 GB 27999—2019），对于燃用汽油的车型为 2.37kg/L，燃用柴油的车型为 2.60kg/L，纯电动和氢燃料车按 0 计算；

　　　L——乘用车生命周期行驶里程，按 1.5×10^5km 计算。

插电混乘用车燃料使用过程的碳排放量应按式（2-26）进行计算，计算结果圆整（四舍五入）至小数点后两位。

$$C_{Fuel\ use} = FC_{State\ B} \times L/100 \times \left(1 - \sum_{i=1}^{c} UF_c\right) \times K_{CO_2} \qquad (2\text{-}26)$$

式中　$C_{Fuel\ use}$——燃料使用过程的碳排放量（kgCO$_2$e）；

$\mathrm{FC}_{\mathrm{State\ B}}$——插电混乘用车 B 状态油耗（L/100km），采用按 GB/T 19753
进行测定的测定值；

L——乘用车生命周期行驶里程，按 $1.5 \times 10^5 \mathrm{km}$ 计算；

$\sum\limits_{i=1}^{c}\mathrm{UF}_c$——截止到 c 个试验循环的纯电利用系数累计值，按 GB/T
19753 计算；

$K_{\mathrm{CO_2}}$——转换系数，对于燃用汽油的车型为 2.37kg/L。

2.2.3　生命周期单位行驶里程碳排放

汽车生命周期单位行驶里程碳排放量应按式（2-27）进行计算，计算结果圆整（四舍五入）至小数点后两位。

$$C = (C_{\mathrm{Vehicle}} + C_{\mathrm{Fuel}}) / L \times 1000 \qquad (2\text{-}27)$$

式中　C——汽车生命周期单位行驶里程的碳排放量（$\mathrm{gCO_2e/km}$）；

C_{Vehicle}——车辆周期碳排放量（$\mathrm{kgCO_2e}$）；

C_{Fuel}——燃料阶段碳排放量（$\mathrm{kgCO_2e}$）；

L——汽车生命周期行驶里程（km）。

2.3　企业平均生命周期碳排放核算方法

企业碳排放核算采用销量加权平均的方法，见式（2-28）。某企业的年度平均碳排放量用该企业各车型的碳排放量与各车型对应的销量乘积之和除以该企业乘用车年度生产量计算得出。

$$C_{\mathrm{Enterprise}} = \frac{\sum C_i V_i}{\sum V_i} \qquad (2\text{-}28)$$

式中　$C_{\mathrm{Enterprise}}$——企业平均碳排放量（$\mathrm{gCO_2e/km}$）；

i——乘用车车型序号；

C_i——第 i 个车型的碳排放量（$\mathrm{gCO_2e/km}$）；

V_i——第 i 个车型的年度销量。

2.4 汽车车队生命周期碳排放核算方法

汽车行业的碳减排对于我国实现双碳目标至关重要。汽车行业是道路交通碳排放的主要贡献者，根据统计，2020 年我国交通领域碳排放总量占全国碳排放的 9% 左右，其中道路交通碳排放占比达到 87%[1]。与欧美等发达国家相比，我国交通领域碳排放在国内碳排放总量中占比较低[2]，为我国第三大碳排放源。但是，当前我国千人汽车保有量水平较低[3]，汽车保有量未来仍有较大增长空间，若不采取有效措施，碳排放将随着保有量而不断增长。汽车行业新能源化是应对气候问题的大势所趋，新能源汽车，特别是纯电动汽车，在使用阶段不直接产生二氧化碳排放[4]，能够有效降低交通领域碳排放。但是有研究表明，新能源汽车虽然能够降低汽车行驶所造成的直接碳排放，但有部分碳排放由燃料的燃烧过程转移到上游燃料的生产以及汽车上游供应链[5]。

为了更好地分析新能源汽车的减排效应以及促进汽车产品的低碳化设计，生命周期评价方法提供了一种系统而全面的碳排放核算方式[6]，目前已有很多研究应用该方法分析不同燃料类型汽车产品的碳足迹[7]。生命周期评价方法虽然能够较好地分析不同燃料类型汽车产品的碳足迹，但是难以解决宏观层面汽车行业的碳排放评估。为了解决此类问题，通常采用搭建车队模型的方法进行评估。所谓车队即将所有的车辆视为一个整体，同时车队具有动态特性，基于每年加入车队的新售出的车辆，以及每年离开车队的退役车辆，车队的结构每年会发生变化[8]。通常车队模型的搭建思路分为自上而下与自下而上两种，其中，自上而下的方法侧重于汽车行业与其他领域的关系，自下而上的方法则更能体现汽车行业自身技术的进步[9]。早期，由于我国汽车燃料类型主要以传统燃料为主，有关利用自下而上的车队模型评价汽车行业碳排放的研究主要关注车辆的使用阶段，即由于化石燃料燃烧直接产生的碳排放[10]。国外有关车队模型的研究已将车辆制造阶段的碳排放纳入评价范围，即将生命周期评价的方法应用于车队整体[11]。本研究采用生命周期的视角，采用自下而上的方法，搭建了中国汽车生命周期评价车队模型（CALCM-Fleet）。CALCM-Fleet 模型包含乘用车车队和商用车车队两个部分，其中乘用车车队模型涵盖轿车、SUV、MPV、交叉型乘用车四种车辆类型，汽油、柴油、常规混合动力、插电式混合动力、纯电动、氢燃料电池六种燃料类型；商用车车车队包含单体货车、自卸货车、牵引货车、公交、客车五种车辆类型，柴油、汽油、天然气、混合动力、纯电动、氢燃料电池六种燃料类型。

2.4.1 乘用车车队生命周期碳排放核算方法

乘用车车队年度碳排放总量采用如下方法计算：

$$C_{pf,y} = C_{pf,f,y} + C_{pf,v,y}$$

式中　C_{pf}——年度乘用车车队生命周期碳排放总量（tCO_2e/ 年）；

$\quad\ \ C_{pf,f}$——乘用车车队燃料周期碳排放总量（tCO_2e/ 年）；

$\quad\ \ C_{pf,v}$——乘用车车队车辆周期碳排放总量（tCO_2e/ 年），下标 y 表示年份。

对于燃料周期的碳排放总量 $C_{pf,f}$，有

$$C_{pf,f} = \sum_s \sum_{pw} \sum_a \text{Stock}_{p,y,s,pw,a} \times C_{ps,f,s,pw,a}$$

式中　Stock_p——年度乘用车保有量（辆）；

$\quad\ \ C_{ps,f}$——单个乘用车一年内行驶阶段产生的碳排放总量（tCO_2e/ 年），下标 s 为车辆类型，下标 pw 为燃料类型，下标 a 为车龄。

对于单个乘用车一年内行驶阶段产生的碳排放总量 C_{ps}，有

$$C_{ps,f,y,s,pw,a} = \text{VKT}_{ps,y,s,pw,a} \times \text{FC}_{ps,y,s,pw,a} \times \text{EF}_{y,pw}$$

式中　VKT_{ps}——单个乘用车的年行驶里程；

$\quad\ \ \text{FC}_{ps}$——燃料消耗量（$L/100km$、$kW \cdot h/100km$、$kg/100km$）；

$\quad\ \ \text{EF}$——对应燃料的全生命周期碳排放因子（$kg\ CO_2e/L$、$kg\ CO_2e/kW \cdot h$、$kg\ CO_2e/kg$）。

对于插电式混合动力乘用车，对应行驶阶段碳排放总量采用以下方式计算。

$$C_{ps,f,y,s,phev,a} = \text{VKT}_{ps,y,s,phev,a} \times [\text{FC}_{ps,y,s,pw,a,sa} \times \text{EF}_{y,g} \times (1 - \text{UF}_{ps,y,s,a,sa}) +$$
$$\text{EC}_{ps,y,s,a,sb} \times \text{EF}_{y,e} \times \text{UF}_{ps,y,s,a,sa}]$$

式中　UF——插电式混合动力乘用车的纯电利用系数，下标 sa 为其 A 状态电耗，sb 为其 B 状态油耗，g 和 e 分表代表汽油和电。

乘用车车队年度车辆周期碳排放主要由当年车辆制造环节产生，为简化

计算，假设当年新售出的车辆均在当年生产，则乘用车车队车辆周期年度碳排放总量可以用如下方式表示：

$$C_{pf, v, y} = \sum_s \sum_{pw} \text{Sale}_{p, y, s, pw} \times C_{ps, v, y, s, pw}$$

式中　Sale_p——年度乘用车销量（辆）；

　　　$C_{ps, v}$——单个乘用车当年生产阶段产生的碳排放总量（tCO₂e/ 年）。

单个乘用车车辆生产制造所产生碳排放的计算方法与 CALCM 模型中车辆周期的计算方法一致。对于 $C_{ps, v}$ 可采用以下方法计算：

$$C_{ps, v, y, s, pw} = C_{ps, mat, y, s, pw} + C_{ps, prod, y, s, pw} + C_{ps, maint, y, s, pw} + C_{ps, esa, y, s, pw}$$

式中　$C_{ps, mat}$、$C_{ps, prod}$、$C_{ps, maint}$ 和 $C_{ps, esa}$——当年单个乘用车原材料获取产生的碳排放（tCO₂e）、整车生产产生的碳排放（tCO₂e）、车辆维护产生的碳排放（tCO₂e）以及制冷剂逸散产生的碳排放（tCO₂e），计算方法参考乘用车单车模型中 $C_{Material}$、$C_{Production}$、$C_{maintain}$ 和 C_{escape} 的计算方法。

与单车碳足迹计算不同的是，车队层面碳排放计算涉及保有量和销量的变化，对于保有量和销量，存下如下关系：

$$\text{Stock}_{p, y} = \sum_s \sum_{pw} \sum_a \text{Stock}_{p, y-1, s, pw, a} + \text{Sale}_{p, y, s, pw} - \text{Scrappage}_{p, y, s, pw, a}$$

式中　Scrappage_p——当年从乘用车车队中退役的车辆（辆）。

以上表达式的含义为 y 年的乘用车保有量等于前一年保有量减去当年退役的车辆，再加上当年新售的车辆。当年的退役车辆由车辆的生存规律决定，对于相同车辆类型、不同燃料类型的车辆，假设其生存规律一致（例如，假设轿车、汽油车和纯电动汽车的生存规律一致）。

$$\text{Scrappage}_{p, y} = \sum_s \sum_a \text{Stock}_{p, y-1, s, a} \times (1 - SR_{p, s, a})$$

其中 SR_p 为乘用车的生存率，即处于特定车龄的车辆，在下一年继续服役的概率。

对于乘用车车队未来的保有量情况，本文采用千人保有量模型计算[12]。在该模型中，认为乘用车的千人保有量主要与我国的经济发展情况有关，随着我国人均国民生产总值（GDP）的提升，每千人的汽车保有量将随着提升。

$$\text{Stock}_{p, y} = \text{VO}_{p, y} \times \text{Pop}_y / 1000$$

$$\text{VO}_{p, y} = \text{VO}_{p, \max} \times e^{(-be^{-cE_y})}$$

式中　　VO_p——当年乘用车的千人保有量水平（辆／千人），即每 1000 人拥有的乘用车数量；

　　　　Pop_y——当年的人口总数（人）；

　　　　$VO_{p,\,max}$——饱和千人保有量水平（辆／千人），本文假设为 350 辆／千人；

　　　　b、c——拟合参数，根据历史数据拟合得到；

　　　　E_y——当年人均 GDP（元／人）。

在得到每年的报废乘用车数量以及未来保有量的预测值后，便可倒推计算得到每年乘用车的销量，不同燃料类型乘用车的数量由该燃料类型车辆的市场份额决定。

$$Sale_{p,\,y,\,s} = Stock_{p,\,y,\,s} - Stock_{p,\,y-1,\,s} + Scrappage_{p,y,s}$$

$$Sale_{p,\,y,\,s,\,pw} = Sale_{p,\,y,\,s} \times MS_{p,\,y,\,s,\,pw}$$

式中　MS_p——该燃料类型的乘用车占当年销量的比例。

2.4.2　商用车车队生命周期碳排放核算方法

商用车车队年度碳排放总量的计算方式与乘用车车队的计算逻辑基本一致，同样采用了全生命周期的计算方法，但由于商用车种类众多，且不同级别车型燃料消耗率差异较大，为了便于计算，本文的讨论范畴仅限于保有量占比较大的货运车辆与客运车辆，对于特殊用途的专用车辆，例如清洁车、消防车等，由于基础数据缺乏且在保有量中占比较小，因此不在本文的讨论范围之内。

对于商用车车队年度的碳排放总量，采用如下方法计算：

$$C_{cf,\,y} = C_{cf,\,f,\,y} + C_{cf,\,v,\,y}$$

式中　C_{cf}——年度商用车车队生命周期碳排放总量（tCO_2e／年）；

　　　　$C_{cf,\,f}$——商用车车队燃料周期碳排放总量（tCO_2e／年）；

　　　　$C_{cf,\,v}$——商用车车队车辆周期碳排放总量（tCO_2e／年），下标 y 表示年份。

对于燃料周期的碳排放总量 $C_{cf,\,f}$，有

$$C_{cf,\,f} = \sum_s \sum_{pw} \sum_a Stock_{c,\,y,\,s,\,pw,\,a} \times C_{cs,\,f,\,y,\,s,\,pw,\,a}$$

式中　$Stock_c$——年度商用车保有量（辆）；

$C_{cs,f}$——单个商用车一年内行驶阶段产生的碳排放总量（$tCO_2e/$年），
下标 s 为车辆类型，下标 pw 为燃料类型，下标 a 为车龄。

对于单个乘用车一年内行驶阶段产生的碳排放总量 C_{ps}，有

$$C_{cs,f,y,s,pw,a} = VKT_{cs,y,s,pw,a} \times FC_{cs,y,s,pw,a} \times EF_{y,pw}$$

式中　VKT_{cs}——单个商用车的年行驶里程；

FC_{cs}——燃料消耗量（$L/100km$、$kW \cdot h/100km$、$kg/100km$）；

EF——对应燃料的全生命周期碳排放因子（$kg\ CO_2e/L$、$kg\ CO_2e/$
$kW \cdot h$、$kg\ CO_2e/kg$）。

同样假设当年新售出的商用车车辆均在当年生产，则商用车车队车辆周期年度碳排放总量可以用如下方式表示：

$$C_{cf,v,y} = \sum_s \sum_{pw} Sale_{c,y,s,pw} \times C_{cs,v,y,s,pw}$$

式中　$Sale_c$——年度商用车销量（辆）；

$C_{cs,v}$——单个商用车生产阶段产生的碳排放总量（$tCO_2e/$年）。

单个商用车车辆生产制造所产生的碳排放的计算方法与前文商用车生命周期碳排放计算模型中车辆周期的计算方法一致。对于 $C_{cs,v}$ 可采用以下方法计算：

$$C_{cs,v,y,s,pw} = C_{cs,mat,y,s,pw} + C_{cs,prod,y,s,pw} + C_{cs,maint,y,s,pw} + C_{cs,esa,y,s,pw}$$

式中　$C_{cs,mat}$、$C_{cs,prod}$、$C_{cs,maint}$ 和 $C_{cs,esa}$——当年单个商用车原材料获取产生的碳排放量以及整车生产产生的碳排放量，计算方法参考商用车单车模型中 $C_{Material}$、$C_{Production}$、$C_{Maintain}$ 和 C_{Escape} 的计算方法。

对于商用车的保有量和销量，同样存下如下关系：

$$Stock_{c,y} = \sum_s \sum_{pw} \sum_a Stock_{c,y-1,s,pw,a} + Sale_{c,y,s,pw} - Scrappage_{c,y,s,pw,a}$$

其中 $Scrappage_c$ 为当年从商用车车队中退役的车辆。当年的退役车辆由车辆的生产规律决定，对于相同车辆类型、不同燃料类型的商用车车辆，假设其生存规律一致。

$$Scrappage_{c,y} = \sum_s \sum_a Stock_{c,y-1,s,a} \times (1 - SR_{c,s,a})$$

其中 SR_c 为商用车的生存率。

商用车保有量的增长逻辑与乘用车有着较大区别，其中货运车辆与客运车辆的计算方式也有所不同[13]。对于货运车辆，一般认为其保有量主要受国家经济驱动，保有量的增长是为了支持由于经济增长而增加的货运需求，一般不存在饱和概念，通常采用弹性系数的方法计算。在得到每年的报废商用车数量以及未来保有量的预测值后，便可倒退计算得到每年商用车的销量，不同燃料类型商用车的数量由该燃料类型车辆的市场份额决定。

$$\text{Stock}_{c, y, \text{truck}} = \text{Stock}_{c, y-1, \text{truck}} \times (1 + \Delta \text{AGGR} \times E_{\text{truck}})$$

式中　ΔAGGR——GDP 的年增长率；

$\quad\quad E_{\text{truck}}$——货车保有量的弹性系数，定义如下：

$$E_{\text{truck}} = \frac{(\text{Stock}_{c,y,\text{truck}} - \text{Stock}_{c,y-1,\text{truck}})}{\text{Stock}_{c,y-1,\text{truck}}} \Big/ \frac{(\text{GDP}_y - \text{GDP}_{y-1})}{\text{GDP}_{y-1}}$$

对于客运车辆，其保有量主要用于满足居民的公共出行需求，为简化计算，假设客运车辆的保有量与人口呈线性关系。

$$\text{Stock}_{c, y, \text{bus\&coach}} = a \times \text{Pop}_y + b$$

其中 a、b 分别为拟合参数。

同样，商用车销量通过保有量的预测值以及报废车辆数求得

$$\text{Sale}_{c, y, s} = \text{Stock}_{c, y, s} - \text{Stock}_{c, y-1, s} + \text{Scrappage}_{c, y, s}$$

$$\text{Sale}_{c,y,s,pw} = \text{Sale}_{c, y, s} \times \text{MS}_{c, y, s, pw}$$

式中　MS_c——该燃料类型的商用车占当年销量的比例。

参考文献

[1] HE X, OU S, GAN Y, et al. Greenhouse gas consequences of the China dual credit policy[J]. Nature Communications, 2020, 11（1）: 5214.

[2] IEA. Greenhouse Gas Emissions from Energy Data Explorer [R]. IEA : Paris, 2021. https : //www.iea.org/articles/greenhouse-gas-emissions-from-energy-data-explorer

[3] HUO H, WANG M, JOHNSON L, et al. Projection of Chinese Motor Vehicle Growth, Oil Demand, and CO₂ Emissions Through 2050[J]. Transportation Research Record : Journal of the Transportation Research Board, 2007, 2038 : 69-77.

[4] ZHOU G, OU X, ZHANG X . Development of electric vehicles use in China :

A study from the perspective of life-cycle energy consumption and greenhouse gas emissions[Z]. 2013.

[5] KIM H C, WALLINGTON T J, ARSENAULT R, et al. Cradle-to-Gate Emissions from a Commercial Electric Vehicle Li-Ion Battery : A Comparative Analysis[J]. Environmental Science and Technology, 2016, 50 (14): 7715-7722.

[6] International Organization for Standardization. Environmental Management; Life Cycle Assessment; Principles and Framework: ISO 14040 : 2006 [S].

[7] WU Z, WANG M, ZHENG J, et al. Life cycle greenhouse gas emission reduction potential of battery electric vehicle[J]. Journal of Cleaner Production, 2018, 190 (20): 462-470.

[8] HELD M . Lifespans of passenger cars in Europe : empirical modelling of fleet turnover dynamics[Z]. 2021.

[9] GARCIA R REIRE, F F. A review of fleet-based life-cycle approaches focusing on energy and environmental impacts of vehicles[J]. Renewable & Sustainable Energy Reviews, 2017, 79 (11): 935-945.

[10] HAN H, WANG H, OUYANG M . Fuel conservation and GHG (Greenhouse gas) emissions mitigation scenarios for China's passenger vehicle fleet[J]. Energy, 2011, 36 (11): 6520-6528.

[11] MILOVANOFF A, KIM H C, KLEINE R D, et al. A Dynamic Fleet Model of U.S Light-Duty Vehicle Lightweighting and Associated Greenhouse Gas Emissions from 2016 to 2050[J]. Environmental Science & Technology, 2019, 53 (4): 2199-2208.

[12] WU T, ZHANG M, OU X . Analysis of Future Vehicle Energy Demand in China Based on a Gompertz Function Method and Computable General Equilibrium Model[J]. Energies, 2014, 7 (11): 7454-7482.

[13] PENG T, OU X, YUAN Z, et al. Development and application of China provincial road transport energy demand and GHG emissions analysis model[J]. Applied Energy, 2018, 222 : 313-328.

HAPTER

第 3 章 2021 年中国汽车生命周期碳排放研究结果

3.1 乘用车单车生命周期碳排放研究结果

本部分根据前述的乘用车单车生命周期碳排放核算方法,使用 2021 年乘用车销量数据(未含进口车型),测算了 2021 年在售乘用车的生命周期碳排放量。其中,由于部分车型的关键数据存在缺失,因此这些车型未纳入计算范围,最终纳入核算的车型为来自 115 家汽车企业的 981 款车型,涉及 5313 款不同配置的乘用车,占 2021 年乘用车总销量的 98.7%。下面将对不同燃料类型、不同级别的车辆以及车辆不同生命周期阶段的碳排放量进行分析。

3.1.1 不同燃料类型乘用车单车生命周期碳排放研究结果

根据单车碳排放的核算方法,将单一燃用汽油或柴油的乘用车、不可外接充电式混合动力乘用车、插电式混合动力电动乘用车和纯电动乘用车(以下分别简称"汽油乘用车""柴油乘用车""常规混乘用车""插电混乘用车"和"纯电动乘用车")这 5 种不同燃料类型乘用车销量加权取平均值,计算 2021 年不同燃料类型乘用车平均单位行驶里程的碳排放。由于乘用车油耗、电耗测试标准的更新，为使计算数据更具有代表性和前瞻性，汽油乘用车、柴油乘用车、常规混乘用车的NEDC[⊖] 工况油耗数据、纯电动乘用车的NEDC工况电耗数据分别折算为现行的 WLTC[⊜] 工况油耗、现行的 CLTC-P[⊜] 工况电耗，插电混乘用车的条件 B 油耗数据及条件 A 电耗数据^⑱ 也分别折算成对应工况数据。折算系数由大量实车检测数据平均而来，具体系数为 WLTC 工况油耗 =1.147×NEDC 工况油耗，CLTC-P 工况电耗 =1.03×NEDC 工况电耗。因插电混乘用车的测试工况变化较大，因此其结果与其他燃料类型车型不具有可比性，仅作展示。

如图 3-1 所示，5 种不同燃料类型乘用车中，柴油乘用车平均碳排放最高，明显高于其他燃料类型，为 369.1gCO₂e/km；汽油乘用车平均碳排放次之，为 264.5gCO₂e/km；常规混乘用车碳排放为 220.8gCO₂e/km；插电混乘用车碳排放为 213.3gCO₂e/km；纯电动乘用车碳排放最低，为 149.6gCO₂e/km。

与《中国汽车低碳行动计划研究报告（2021）》中的数据相比，在车型油耗、电耗工况切换以及制冷剂碳排放因子升高（制冷剂碳排放因子按照《IPCC 第六次评估报告》中的数据更新）等因素的影响下，汽油乘用车、柴油乘用车、常规混乘用车、插电混乘用车和纯电动乘用车的平均碳排放均升高。其中，常规混乘用车碳排放增幅为 12.3%，汽油乘用车碳排放增幅为 9.3%，柴油乘用车碳排放增幅为 11.4%，插电混乘用车碳排放增幅为 1.0%，纯电动乘用车碳排放增幅为 2.3%。

相比于传统的汽油乘用车和柴油乘用车，常规混乘用车、插电混乘用车和纯电动乘用车具有碳减排潜力。其中，纯电动乘用车碳减排潜力最大，相较于汽油乘用车和柴油乘用车分别减排 43.4% 和 59.5%；插电混乘用车碳减排潜力次之，相较于汽油乘用车和柴油乘用车分别减排 19.4% 和 42.2%，常规混乘用车相较于汽油乘用车和柴油乘用车分别减排 16.5% 和 40.2%。

⊖ 新欧洲循环测试（New European Driving Cycle，NEDC）。

⊜ 全球统一轻型车辆测试循环（Worldwide harmonized light vehicles test cycle，WLTC）。

⊜ 中国乘用车行驶工况（China light-duty vehicle test cycle-passenger car，CLTC-P）。

⑱ 2021 年销售的插电式乘用车的能量消耗量大部分仍是 NEDC 工况数据。然而，由于测试工况的改变，新版的能量消耗量测试标准中已没有条件 A、条件 B 的表述，且新、旧标准间没有对应的工况折算系数。因此本报告采用折中的方法，将条件 A 电耗数据、条件 B 油耗数据分别折算成对应工况，用来近似表示新测试标准下的插电式乘用车能量消耗量。

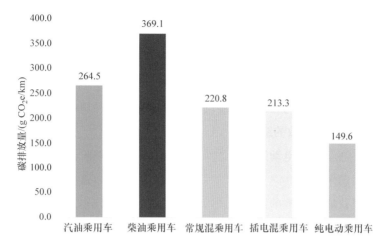

图 3-1 2021 年不同燃料类型乘用车平均单位行驶里程碳排放

1. 不同燃料类型乘用车生命周期各阶段碳排放占比分析

基于不同燃料类型乘用车单车碳排放数据计算出的生命周期各阶段（车辆周期和燃料周期）的占比情况如图 3-2 所示。可以看出，不同燃料类型乘用车的生命周期碳排放占比差异明显，5 种燃料类型的乘用车在燃料周期阶段的碳排放贡献均大于车辆周期阶段。汽油乘用车和柴油乘用车碳排放主要来自燃料周期，占比分别高达 77.3% 和 77.0%。随着车型电动化程度的增加，车辆

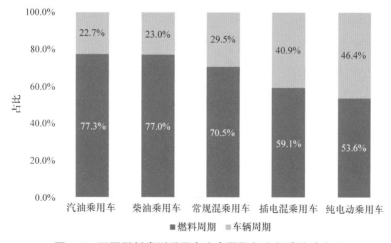

图 3-2 不同燃料类型乘用车生命周期各阶段碳排放占比

周期占比逐渐增大，而燃料周期逐渐减小。纯电动乘用车车辆周期碳排放和燃料周期碳排放占比接近，但燃料周期仍略高。

与《中国汽车低碳行动计划研究报告（2021）》中的数据相比，除插电混乘用车和纯电动乘用车的燃料周期碳排放占比降低外，其余 3 种燃料类型乘用车的燃料周期碳排放均有不同程度的增加，这是由工况切换和制冷剂碳排放因子升高双重因素导致的结果。

传统燃油车和纯电动乘用车的车辆周期和燃料周期阶段占比存在较大差距主要源于两个方面。一方面，因为电动汽车需要动力蓄电池驱动，动力蓄电池的材料获取和电池的制造阶段会排放大量的温室气体，因此，纯电动乘用车的车辆周期阶段碳排放相比于燃油车会增加。另一方面，因为纯电动乘用车由电驱动，能源转化效率比燃油车高，且纯电动乘用车使用过程中的直接排放为零，因此，纯电动乘用车燃料周期的碳排放相比于燃油车会降低。

2. 不同燃料类型乘用车燃料周期碳排放分析

不同燃料类型乘用车的燃料周期碳排放如图 3-3 所示。不同燃料类型车型的燃料周期碳排放差距较大，分布在 $80.2 \sim 284.2 gCO_2e/km$ 之间，其中柴油乘用车碳排放最多，汽油乘用车次之，纯电动乘用车最少。其次，不同燃料类型乘用车的燃料周期的各部分碳排放也有明显差异，如图 3-4 所示，汽油乘

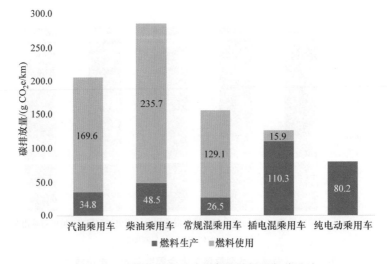

图 3-3　不同燃料类型乘用车的燃料周期碳排放

用车、柴油乘用车和常规混乘用车的燃料使用碳排放占比约为燃料生产的 4.8 倍；插电混乘用车燃料使用碳排放占比约为燃料生产的 1/6，应与其动力特性有关；纯电动乘用车燃料使用碳排放为 0。

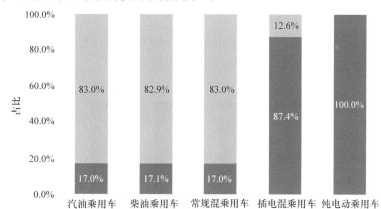

图 3-4 不同燃料类型乘用车的燃料周期碳排放占比

3. 不同燃料类型乘用车车辆周期碳排放分析

不同燃料类型乘用车的车辆周期碳排放如图 3-5 所示。不同燃料类型车型的车辆周期碳排放在 60.1 ~ 87.2gCO$_2$e/km 之间，其中插电混乘用车碳排放最

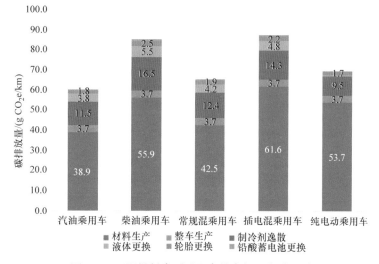

图 3-5 不同燃料类型乘用车的车辆周期碳排放

多，柴油乘用车次之，汽油乘用车最少。其次，不同燃料类型乘用车的车辆周期的各部分碳排放也有明显差异，如图 3-6 所示，材料生产阶段的碳排放占比均最大（占比为 64.7% ~ 77.4%），相比于传统燃油车，纯电动乘用车材料生产阶段的碳排放占比会增加 11.5% ~ 12.7%；其次，制冷剂逸散的碳排放也不容忽视，其贡献的碳排放占到传统燃油车材料生产阶段的 19.1%，纯电动乘用车的 13.7%；铅酸蓄电池更换所产生的碳排放最少。

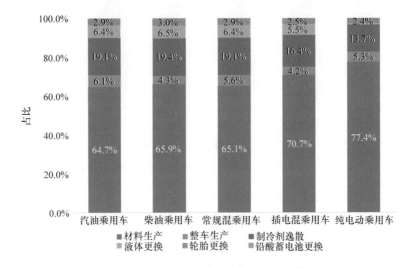

图 3-6 不同燃料类型乘用车的车辆周期碳排放占比

不同燃料类型乘用车的材料生产阶段碳排放如图 3-7 所示。材料生产阶段碳排放在 38.9 ~ 61.6gCO₂e/km 之间，其中插电混乘用车碳排放最大，柴油乘用车次之，汽油乘用车最少。其次，不同燃料类型乘用车的原材料获取阶段的各部分碳排放也有明显差异，如图 3-8 所示，随着电动化程度提高，部件材料碳排放占比逐渐减小，动力蓄电池碳排放占比逐渐增加，汽油乘用车、柴油乘用车、常规混乘用车部件材料碳排放占比均超过 90%，插电混乘用车部件材料碳排放占比为 75.1%，纯电动乘用车部件材料碳排放为 49.1%；常规混乘用车动力蓄电池碳排放占比 0.6%，插电混乘用车动力蓄电池碳排放占比 21.2%，纯电动乘用车动力蓄电池碳排放占比 48.3%，占材料生产阶段的近一半。

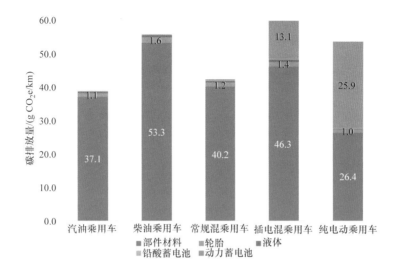

图 3-7　不同燃料类型乘用车的材料生产阶段碳排放

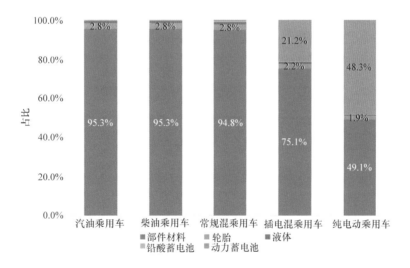

图 3-8　不同燃料类型乘用车的材料生产阶段碳排放占比

3.1.2　不同级别乘用车单车生命周期碳排放研究结果

按照各级别乘用车销量加权平均生命周期碳排放的计算方法，不同级别乘用车的单位行驶里程碳排放均值如图 3-9 所示。可以看出，按照 A00、

A0、A、B、C 的顺序，随着车型级别的升高，单位行驶里程碳排放逐渐增加，A00 级乘用车碳排放均值为 102.9gCO$_2$e/km，C 级乘用车碳排放均值为 275.6gCO$_2$e/km，其他类型为交叉型乘用车（主要指微型客车），其碳排放均值为 250.2gCO$_2$e/km，略高于 A 级乘用车碳排放。A00 级乘用车单位行驶里程碳排放与其他级别乘用车差距巨大的原因在于，A00 级乘用车中碳排放较低的纯电动乘用车销量大（销量占比 99.9%），因而拉低了 A00 级乘用车单位行驶里程碳排放。

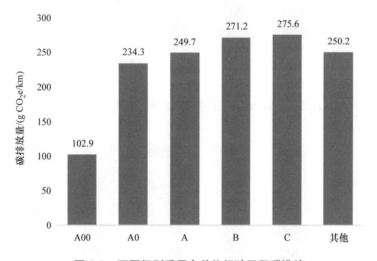

图 3-9　不同级别乘用车单位行驶里程碳排放

　　下面将详细展示不同级别乘用车单位行驶里程碳排放。为体现代表性，根据销量对企业和车型进行筛选，企业筛选原则为：2021 年企业车型总销量大于 10000 辆，车型筛选原则为：2021 年汽油乘用车销量大于 1000 辆，柴油乘用车、常规混乘用车、插电混乘用车销量大于 100 辆，纯电动乘用车销量大于 500 辆；同时，在同一燃料类型下，销售名称相同的车型，筛选其单位行驶里程碳排放最高值的车型进行分析。筛选后，共 566 款车型，各燃料类型车型数据如下：汽油乘用车 392 款、柴油乘用车 7 款、常规混乘用车 23 款、插电混乘用车 20 款、纯电动乘用车 124 款。各级别不同燃料类型乘用车单位行驶里程碳排放排名如下所示，细分为轿车和 SUV（含 MPV），部分筛选条件下车型数量较少，因此未作展示。所有车型碳排放量数据见附表五。

1. A00 级乘用车

本部分核算了 A00 级乘用车的单位行驶里程碳排放数据，仅有 20 款纯电动乘用车车型，均为轿车。

A00 级纯电动轿车碳排放最低的 Top 10 领跑车型（Top 10 Runners）如图 3-10 所示。单位行驶里程碳排放由低到高分别是宏光 mini（91.9gCO_2e/km）、奇瑞 QQ 冰淇淋（92.1gCO_2e/km）、风行 T1（105.4gCO_2e/km）、欧拉黑猫（105.4gCO_2e/km）、五菱 nano（105.4gCO_2e/km）、欧拉白猫（106.9gCO_2e/km）、启辰 E30（107.4gCO_2e/km）、宝骏 E100（108.7gCO_2e/km）、宝骏 E200（109.4gCO_2e/km）、上汽 Clever（111.5gCO_2e/km）。

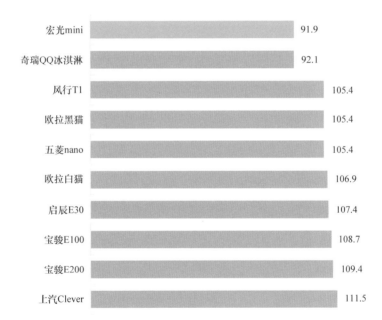

图 3-10　A00 级纯电动轿车 Top 10 Runners（单位：gCO_2e/km）

核算依据：《乘用车生命周期碳排放核算技术规范》。

从报告中摘录的图表必须附带声明，以表明资料来源于《中国汽车低碳行动计划（2022）》，核算依据为《乘用车生命周期碳排放核算技术规范》。未经中汽数据有限公司事先书面明示同意，任何宣传不得使用本报告中的信息。

2. A0 级乘用车

本部分核算了 A0 级乘用车的单位行驶里程碳排放数据。A0 级汽油乘用车有 45 款车型，其中轿车 12 款，SUV 25 款，MPV 8 款；纯电动乘用车有 21 款车型，其中轿车 4 款，SUV 13 款，MPV 4 款。

（1）A0 级汽油乘用车

1）轿车 Top 10。A0 级汽油轿车碳排放最低的 Top 10 领跑车型（Top 10 Runners）如图 3-11 所示。单位行驶里程碳排放由低到高分别是瑞纳（211.5gCO$_2$e/km）、大众 POLO（215.5gCO$_2$e/km）、致享（219.4gCO$_2$e/km）、威驰 FS（222.6gCO$_2$e/km）、威驰（226.7gCO$_2$e/km）、本田 LIFE（230.5gCO$_2$e/km）、飞度（230.5gCO$_2$e/km）、焕驰（230.6gCO$_2$e/km）、致炫（230.8gCO$_2$e/km）、宝骏 310（237.7gCO$_2$e/km）。

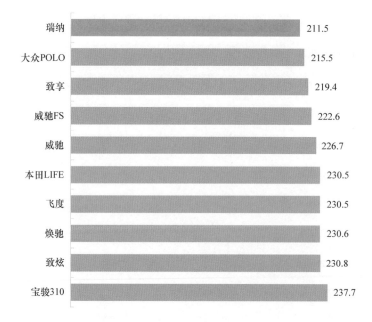

图 3-11 A0 级汽油轿车 Top 10 Runners（单位：gCO$_2$e/km）
核算依据：《乘用车生命周期碳排放核算技术规范》。
从报告中摘录的图表必须附带声明，以表明资料来源于《中国汽车低碳行动计划（2022）》，核算依据为《乘用车生命周期碳排放核算技术规范》。未经中汽数据有限公司事先书面明示同意，任何宣传不得使用本报告中的信息。

2）SUV Top 10。A0 级汽油 SUV（含 MPV）碳排放最低的 Top 10 领跑车型（Top 10 Runners）如图 3-12 所示。单位行驶里程碳排放由低到高分别是标致 2008（215.6gCO$_2$e/km）、起亚 KX3（222.7gCO$_2$e/km）、劲客（231.3gCO$_2$e/km）、现代 ix25（233.2gCO$_2$e/km）、创酷（239.5gCO$_2$e/km）、昂科拉（239.9gCO$_2$e/km）、奕跑（245.2gCO$_2$e/km）、奥迪 Q2L（256.7gCO$_2$e/km）、缤越（261.9gCO$_2$e/km）、远景 X3（262.3gCO$_2$e/km）。A0 级汽油 SUV 的单位行驶里程碳排放普遍高于轿车，与 SUV 油耗和整备质量较高有关。

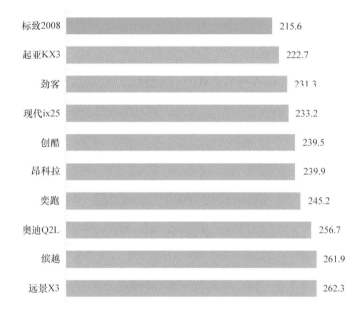

图 3-12　A0 级汽油 SUV Top 10 Runners（单位：gCO$_2$e/km）

核算依据：《乘用车生命周期碳排放核算技术规范》。

从报告中摘录的图表必须附带声明，以表明资料来源于《中国汽车低碳行动计划（2022）》，核算依据为《乘用车生命周期碳排放核算技术规范》。未经中汽数据有限公司事先书面明示同意，任何宣传不得使用本报告中的信息。

（2）A0 级纯电动乘用车

1）**轿车 Top 4。** A0 级纯电动轿车碳排放最低的 Top 4 领跑车型（Top 4 Runners）如图 3-13 所示，单位行驶里程碳排放由低到高分别是比亚迪海豚（132.3gCO$_2$e/km）、哪吒 V（133.0gCO$_2$e/km）、零跑 S01（140.0gCO$_2$e/km）、比亚迪 E2（151.4gCO$_2$e/km）。

图 3-13　A0 级纯电动轿车 Top 4 Runners（单位：gCO₂e/km）

核算依据：《乘用车生命周期碳排放核算技术规范》。

从报告中摘录的图表必须附带声明，以表明资料来源于《中国汽车低碳行动计划（2022）》，核算依据为《乘用车生命周期碳排放核算技术规范》。未经中汽数据有限公司事先书面明示同意，任何宣传不得使用本报告中的信息。

2）SUV Top 10。A0 级纯电动 SUV（含 MPV）碳排放最低的 Top 10 领跑车型（Top 10 Runners）如图 3-14 所示。单位行驶里程碳排放由低到高分别是几何 EX3 功夫牛（142.5gCO₂e/km）、哪吒 N01（148.6gCO₂e/km）、比亚迪元 Pro（156.6gCO₂e/km）、比亚迪 D1（158.6gCO₂e/km）、奥迪 Q2L（161.9gCO₂e/km）、奔

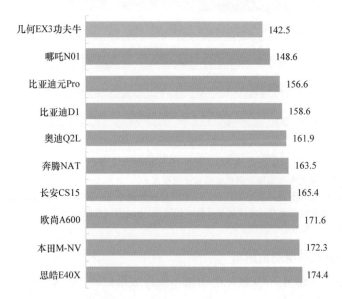

图 3-14　A0 级纯电动 SUV Top 10 Runners（单位：gCO₂e/km）

核算依据：《乘用车生命周期碳排放核算技术规范》。

从报告中摘录的图表必须附带声明，以表明资料来源于《中国汽车低碳行动计划（2022）》，核算依据为《乘用车生命周期碳排放核算技术规范》。未经中汽数据有限公司事先书面明示同意，任何宣传不得使用本报告中的信息。

腾 NAT（163.5gCO₂e/km）、长安 CS15（165.4gCO₂e/km）、欧尚 A600（171.6gCO₂e/km）、本田 M-NV（172.3gCO₂e/km）、思皓 E40X（174.4gCO₂e/km）。

3. A 级乘用车

本部分核算了 A 级乘用车的单位行驶里程碳排放数据。A 级汽油乘用车有 203 款车型，其中轿车 71 款，SUV 121 款，MPV 11 款；常规混乘用车有 14 款车型，其中轿车 5 款，SUV 8 款，MPV 1 款；插电混乘用车有 14 款车型，其中轿车 4 款，SUV 9 款，MPV 1 款，纯电动乘用车有 49 款车型，其中轿车 30 款，SUV 17 款，MPV 2 款；柴油乘用车有 2 款 SUV 车型，数量过少，因此未进行展示。

（1）A 级汽油乘用车

1）**轿车 Top 10**。A 级汽油轿车碳排放最低的 Top 10 领跑车型（Top 10 Runners）如图 3-15 所示。单位行驶里程碳排放由低到高分别是伊兰特（211.2gCO₂e/km）、新轩逸（214.0gCO₂e/km）、捷达 VA3（222.3gCO₂e/km）、影豹（224.9gCO₂e/km）、蓝鸟（225.0gCO₂e/km）、骐达（225.0gCO₂e/km）、

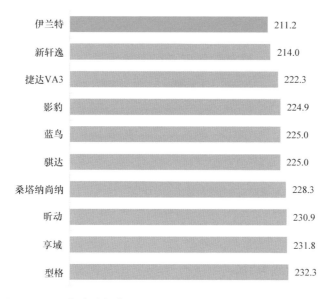

图 3-15　A 级汽油轿车 Top 10 Runners（单位：gCO₂e/km）

核算依据：《乘用车生命周期碳排放核算技术规范》。

从报告中摘录的图表必须附带声明，以表明资料来源于《中国汽车低碳行动计划（2022）》，核算依据为《乘用车生命周期碳排放核算技术规范》。未经中汽数据有限公司事先书面明示同意，任何宣传不得使用本报告中的信息。

桑塔纳尚纳（228.3gCO$_2$e/km）、昕动（230.9gCO$_2$e/km）、享域（231.8gCO$_2$e/km）、型格（232.3gCO$_2$e/km）。

2）SUV Top 10。A 级汽油 SUV（含 MPV）碳排放最低的 Top 10 领跑车型（Top 10 Runners）如图 3-16 所示。单位行驶里程碳排放由低到高分别是途铠（224.3gCO$_2$e/km）、哈弗赤兔（231.6gCO$_2$e/km）、柯珞克（236.0gCO$_2$e/km）、探影（243.3gCO$_2$e/km）、马自达 CX-30（243.4gCO$_2$e/km）、柯米克 GT（245.2gCO$_2$e/km）、丰田 C-HR（247.6gCO$_2$e/km）、奕泽（247.6gCO$_2$e/km）、柯米克（248.4gCO$_2$e/km）、帝豪 S（249.6gCO$_2$e/km）。

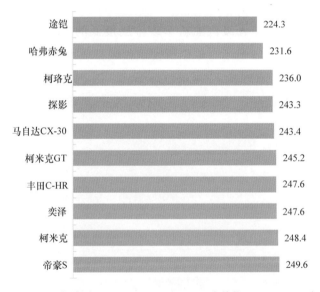

图 3-16　A 级汽油 SUV Top 10 Runners（单位：gCO$_2$e/km）

核算依据：《乘用车生命周期碳排放核算技术规范》。

从报告中摘录的图表必须附带声明，以表明资料来源于《中国汽车低碳行动计划（2022）》，核算依据为《乘用车生命周期碳排放核算技术规范》。未经中汽数据有限公司事先书面明示同意，任何宣传不得使用本报告中的信息。

（2）A 级常规混乘用车

1）轿车 Top 5。A 级常规混合动力轿车单位行驶里程碳排放最低的 Top5 领跑车型（Top 5 Runners）如图 3-17 所示。单位行驶里程碳排放由低到高分别是轩逸 e-POWER（185.4gCO$_2$e/km）、享域（191.6gCO$_2$e/km）、凌派（192.1gCO$_2$e/km）、卡罗拉（193.0gCO$_2$e/km）、雷凌（193.9gCO$_2$e/km）。

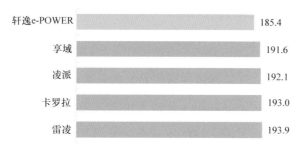

图 3-17 A 级常规混合动力轿车 Top 5 Runners（单位：gCO₂e/km）

核算依据：《乘用车生命周期碳排放核算技术规范》。

从报告中摘录的图表必须附带声明，以表明资料来源于《中国汽车低碳行动计划（2022）》，核算依据为《乘用车生命周期碳排放核算技术规范》。未经中汽数据有限公司事先书面明示同意，任何宣传不得使用本报告中的信息。

2）SUV Top 9。A 级常规混合动力 SUV（含 MPV）单位行驶里程碳排放最低的 Top9 领跑车型（Top 9 Runners）如图 3-18 所示。单位行驶里程碳排放由低到高分别是玛奇朵（197.7gCO₂e/km）、奕泽（208.9gCO₂e/km）、哈弗 H6S（214.0gCO₂e/km）、讴歌 CDX（229.0gCO₂e/km）、威兰达（230.9gCO₂e/

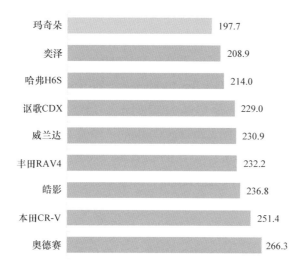

图 3-18 A 级常规混合动力 SUV Top 9 Runners（单位：gCO₂e/km）

核算依据：《乘用车生命周期碳排放核算技术规范》。

从报告中摘录的图表必须附带声明，以表明资料来源于《中国汽车低碳行动计划（2022）》，核算依据为《乘用车生命周期碳排放核算技术规范》。未经中汽数据有限公司事先书面明示同意，任何宣传不得使用本报告中的信息。

km）、丰田 RAV4（232.2gCO$_2$e/km）、皓影（236.8gCO$_2$e/km）、本田 CR-V（251.4gCO$_2$e/km）、奥德赛（266.3gCO$_2$e/km）。

（3）A 级插电混乘用车

1）**轿车 Top 4**。A 级插电式混合动力轿车单位行驶里程碳排放最低的 Top 4 领跑车型（Top 4 Runners）如图 3-19 所示。单位行驶里程碳排放由低到高分别是领动（167.6gCO$_2$e/km）、比亚迪秦 PLUS（170.9gCO$_2$e/km）、起亚 K3（177.1gCO$_2$e/km）、比亚迪秦 Pro（187.5gCO$_2$e/km）。

图 3-19 A 级插电式混合动力轿车 Top 4 Runners（单位：gCO$_2$e/km）

核算依据：《乘用车生命周期碳排放核算技术规范》。

从报告中摘录的图表必须附带声明，以表明资料来源于《中国汽车低碳行动计划（2022）》，核算依据为《乘用车生命周期碳排放核算技术规范》。未经中汽数据有限公司事先书面明示同意，任何宣传不得使用本报告中的信息。

2）**SUV Top 10**。A 级插电式混合动力 SUV（含 MPV）单位行驶里程碳排放最低的 Top 10 领跑车型（Top 10 Runners）如图 3-20 所示。单位行驶里程碳排放由低到高分别是皓影（196.0gCO$_2$e/km）、玛奇朵（198.7gCO$_2$e/km）、星越（200.2gCO$_2$e/km）、锐际（206.6gCO$_2$e/km）、领克 01（211.0gCO$_2$e/km）、比亚迪宋 Pro（211.3gCO$_2$e/km）、领克 05（211.8gCO$_2$e/km）、威兰达（212.4gCO$_2$e/km）、比亚迪宋 MAX（214.5gCO$_2$e/km）、荣威 eRX5（217.1gCO$_2$e/km）。

（4）A 级纯电动乘用车

1）**轿车 Top 10**。A 级纯电动轿车单位行驶里程碳排放最低的 Top 10 领跑车型（Top 10 Runners）如图 3-21 所示。单位行驶里程碳排放由低到高分别是 e 爱丽舍（141.6gCO$_2$e/km）、欧拉好猫（144.5gCO$_2$e/km）、欧拉 iQ（146.7gCO$_2$e/km）、比亚迪 E3（151.5gCO$_2$e/km）、奔腾 B30（157.5gCO$_2$e/km）、朗逸（158.5gCO$_2$e/km）、宝来（158.6gCO$_2$e/km）、高尔夫（159.2gCO$_2$e/km）、启辰 D60（160.8gCO$_2$e/km）、菲斯塔（163.7gCO$_2$e/km）。

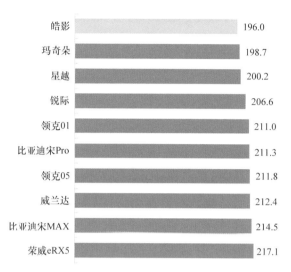

图 3-20　A 级插电式混合动力 SUV Top 10 Runners（单位：gCO₂e/km）

核算依据:《乘用车生命周期碳排放核算技术规范》。

从报告中摘录的图表必须附带声明,以表明资料来源于《中国汽车低碳行动计划（2022）》,核算依据为《乘用车生命周期碳排放核算技术规范》。未经中汽数据有限公司事先书面明示同意,任何宣传不得使用本报告中的信息。

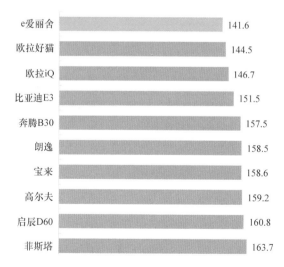

图 3-21　A 级纯电动轿车 Top 10 Runners（单位：gCO₂e/km）

核算依据:《乘用车生命周期碳排放核算技术规范》。

从报告中摘录的图表必须附带声明,以表明资料来源于《中国汽车低碳行动计划（2022）》,核算依据为《乘用车生命周期碳排放核算技术规范》。未经中汽数据有限公司事先书面明示同意,任何宣传不得使用本报告中的信息。

2）SUV Top 10。A 级纯电动 SUV（含 MPV）单位行驶里程碳排放最低的 Top 10 领跑车型（Top 10 Runners）如图 3-22 所示。单位行驶里程碳排放由低到高分别是炫界（163.3gCO$_2$e/km）、威马 W6（166.9gCO$_2$e/km）、奕泽（167.3gCO$_2$e/km）、别克 Velite 7（167.4gCO$_2$e/km）、威马 EX5（169.7gCO$_2$e/km）、丰田 C-HR（169.9gCO$_2$e/km）、瑞虎 E（172.5gCO$_2$e/km）、启辰 T60（178.9gCO$_2$e/km）、几何 C（181.8gCO$_2$e/km）、哪吒 U（185.3gCO$_2$e/km）。

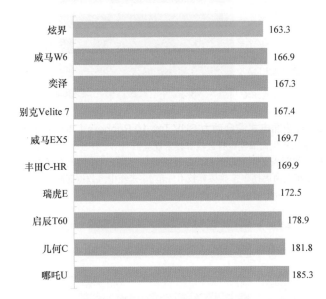

图 3-22 A 级纯电动 SUV Top 10 Runners（单位：gCO$_2$e/km）
核算依据：《乘用车生命周期碳排放核算技术规范》。
从报告中摘录的图表必须附带声明，以表明资料来源于《中国汽车低碳行动计划（2022）》，核算依据为《乘用车生命周期碳排放核算技术规范》。未经中汽数据有限公司事先书面明示同意，任何宣传不得使用本报告中的信息。

4.B 级乘用车

本部分核算了 B 级乘用车的单位行驶里程碳排放数据。B 级汽油乘用车有 113 款车型，其中轿车 36 款，SUV 61 款，MPV 16 款；柴油乘用车有 4 款 MPV 车型；常规混乘用车有 9 款车型，其中轿车 5 款，SUV 2 款，MPV 2 款；纯电动乘用车有 25 款车型，其中轿车 7 款，SUV 17 款，MPV1 款；插电混乘用车有 2 款 SUV 车型，数量过少，因此未进行展示。

（1）B 级汽油乘用车

1）轿车 Top 10。B 级汽油轿车碳排放最低的 Top 10 领跑车型（Top 10 Runners）如图 3-23 所示。单位行驶里程碳排放由低到高分别是凡尔赛 C5X（248.4gCO$_2$e/km）、奕炫 MAX（253.3gCO$_2$e/km）、星瑞（256.0gCO$_2$e/km）、索纳塔（257.6gCO$_2$e/km）、凯酷（259.5gCO$_2$e/km）、标致 508L（261.8gCO$_2$e/km）、亚洲龙（268.5gCO$_2$e/km）、本田 INSPIRE（271.3gCO$_2$e/km）、凯迪拉克 CT4（274.2gCO$_2$e/km）、传祺 GA6（279.2gCO$_2$e/km）。

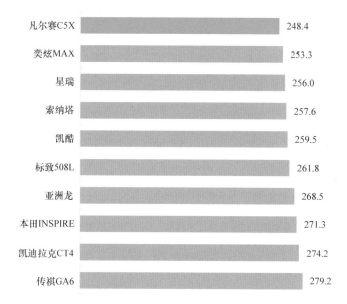

图 3-23　B 级汽油轿车 Top 10 Runners（单位：gCO$_2$e/km）

核算依据：《乘用车生命周期碳排放核算技术规范》。

从报告中摘录的图表必须附带声明，以表明资料来源于《中国汽车低碳行动计划（2022）》，核算依据为《乘用车生命周期碳排放核算技术规范》。未经中汽数据有限公司事先书面明示同意，任何宣传不得使用本报告中的信息。

2）SUV Top 10。B 级汽油 SUV（含 MPV）碳排放最低的 Top 10 领跑车型（Top 10 Runners）如图 3-24 所示。单位行驶里程碳排放由低到高分别是哈弗神兽（270.6gCO$_2$e/km）、标致 5008(286.9gCO$_2$e/km）、库斯途（289.0gCO$_2$e/km）、途观 X（290.8gCO$_2$e/km）、比亚迪宋 PLUS（292.1gCO$_2$e/km）、哈弗 H7（293.1gCO$_2$e/km）、摩卡（294.1gCO$_2$e/km）、五菱征程（296.7gCO$_2$e/km）、魏

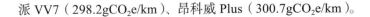
派 VV7（298.2gCO$_2$e/km）、昂科威 Plus（300.7gCO$_2$e/km）。

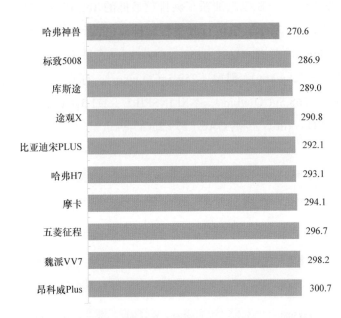

哈弗神兽	270.6
标致5008	286.9
库斯途	289.0
途观X	290.8
比亚迪宋PLUS	292.1
哈弗H7	293.1
摩卡	294.1
五菱征程	296.7
魏派VV7	298.2
昂科威Plus	300.7

图 3-24　B 级汽油 SUV Top 10 Runners（单位：gCO$_2$e/km）

核算依据：《乘用车生命周期碳排放核算技术规范》。

从报告中摘录的图表必须附带声明，以表明资料来源于《中国汽车低碳行动计划（2022）》，核算依据为《乘用车生命周期碳排放核算技术规范》。未经中汽数据有限公司事先书面明示同意，任何宣传不得使用本报告中的信息。

（2）B 级柴油乘用车

B 级柴油 MPV 碳排放最低的 Top4 领跑车型（Top 4 Runners）如图 3-25 所示。单位行驶里程碳排放由低到高分别是瑞风 M4（334.8gCO$_2$e/km）、瑞风 M5（359.7gCO$_2$e/km）、上汽大通 G10（368.4gCO$_2$e/km）、上汽大通 G20（370.8gCO$_2$e/km）。

（3）B 级常规混乘用车

1）**轿车 Top 5**。B 级常规混合动力轿车碳排放最低的 Top 5 领跑车型（Top 5 Runners）如图 3-26 所示。单位行驶里程碳排放由低到高分别是奕炫 MAX（203.0gCO$_2$e/km）、亚洲龙（208.0gCO$_2$e/km）、雅阁（208.2gCO$_2$e/km）、本田 INSPIRE（208.5gCO$_2$e/km）、凯美瑞（236.7gCO$_2$e/km）。

图 3-25 B 级柴油 MPV Top 4 Runners（单位：gCO₂e/km）

核算依据：《乘用车生命周期碳排放核算技术规范》。

从报告中摘录的图表必须附带声明，以表明资料来源于《中国汽车低碳行动计划（2022）》，核算依据为《乘用车生命周期碳排放核算技术规范》。未经中汽数据有限公司事先书面明示同意，任何宣传不得使用本报告中的信息。

图 3-26 B 级常规混合动力轿车 Top 5 Runners（单位：gCO₂e/km）

核算依据：《乘用车生命周期碳排放核算技术规范》。

从报告中摘录的图表必须附带声明，以表明资料来源于《中国汽车低碳行动计划（2022）》，核算依据为《乘用车生命周期碳排放核算技术规范》。未经中汽数据有限公司事先书面明示同意，任何宣传不得使用本报告中的信息。

2）SUV Top 4。B 级常规混合动力 SUV（含 MPV）碳排放最低的 Top 4 领跑车型（Top 4 Runners）如图 3-27 所示。单位行驶里程碳排放由低到高分别是赛那（249.1gCO₂e/km）、皇冠陆放（268.6gCO₂e/km）、艾力绅（270.4gCO₂e/km）、汉兰达（272.4gCO₂e/km）。

（4）B 级纯电动乘用车

1）轿车 Top 8。B 级纯电动轿车碳排放最低的 Top 8 领跑车型（Top 8 Runners）如图 3-28 所示。单位行驶里程碳排放由低到高分别是绎乐（167.9gCO₂e/km）、广汽 iA5（169.2gCO₂e/km）、传祺 AION.S（171.7gCO₂e/km）、思皓 E50A（172.6gCO₂e/km）、小鹏 P5（173.5gCO₂e/km）、北汽 EU7（182.9gCO₂e/km）、特斯拉 Model 3（187.8gCO₂e/km）、北汽 ARCFOX αS（231.8gCO₂e/km）。

图 3-27　B 级常规混合动力 SUV Top 4 Runners（单位：gCO₂e/km）

核算依据：《乘用车生命周期碳排放核算技术规范》。

从报告中摘录的图表必须附带声明，以表明资料来源于《中国汽车低碳行动计划（2022）》，核算依据为《乘用车生命周期碳排放核算技术规范》。未经中汽数据有限公司事先书面明示同意，任何宣传不得使用本报告中的信息。

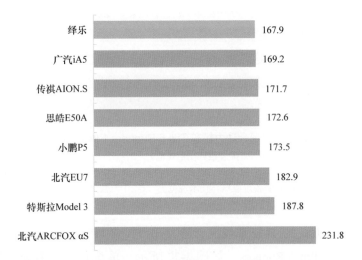

图 3-28　B 级纯电动轿车 Top 8 Runners（单位：gCO₂e/km）

核算依据：《乘用车生命周期碳排放核算技术规范》。

从报告中摘录的图表必须附带声明，以表明资料来源于《中国汽车低碳行动计划（2022）》，核算依据为《乘用车生命周期碳排放核算技术规范》。未经中汽数据有限公司事先书面明示同意，任何宣传不得使用本报告中的信息。

2）SUV Top 10。B 级纯电动 SUV（含 MPV）碳排放最低的 Top 10 领跑车型（Top 10 Runners）如图 3-29 所示。单位行驶里程碳排放由低到高分别是比亚迪宋 PLUS（184.4gCO₂e/km）、蚂蚁（196.4gCO₂e/km）、大众 ID.6 X（203.8gCO₂e/km）、菱智（203.9gCO₂e/km）、大众 ID.6 CROZZ（205.9gCO₂e/

km）、特斯拉 Model Y（206.6gCO₂e/km）、荣威 Marvel R（207.2gCO₂e/km）、
传 祺 AION V（215.7gCO₂e/km）、 蔚 来 ES6（217.0gCO₂e/km）、 宝 马 iX3
（217.6gCO₂e/km）。

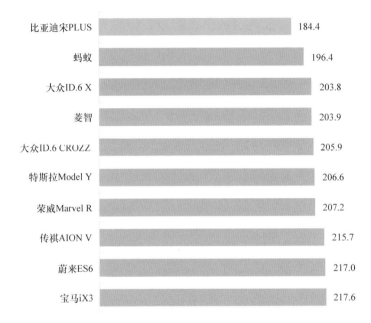

图 3-29　B 级纯电动 SUV Top 10 Runners（单位：gCO₂e/km）
核算依据：《乘用车生命周期碳排放核算技术规范》。
从报告中摘录的图表必须附带声明，以表明资料来源于《中国汽车低碳行动计划（2022）》，
核算依据为《乘用车生命周期碳排放核算技术规范》。未经中汽数据有限公司事先书面明示同意，
任何宣传不得使用本报告中的信息。

5. C 级乘用车

本部分核算了 C 级乘用车的单位行驶里程碳排放数据。C 级汽油乘用车
有 19 款车型，其中轿车 12 款，SUV 7 款；柴油乘用车仅有 1 款 SUV 车型；
插电混乘用车有 4 款车型，其中轿车 3 款，SUV 1 款；纯电动乘用车有 6 款车型，
其中轿车 4 款，SUV 2 款；C 级乘用车无常规混乘用车型。柴油 SUV、插电式
混合动力 SUV、纯电动 SUV 均未在此部分进行展示。

（1）C 级汽油乘用车

1）**轿车 Top 10**。C 级汽油轿车碳排放最低的 Top 10 领跑车型（Top

10 Runners）如图 3-30 所示。单位行驶里程碳排放由低到高分别是辉昂（282.0gCO₂e/km）、雪铁龙 C6（282.6gCO₂e/km）、凯迪拉克 CT5（303.4gCO₂e/km）、沃尔沃 S90（303.9CO₂e/km）、奔驰 E 级（323.5gCO₂e/km）、宝马 5 系（324.7gCO₂e/km）、凯迪拉克 CT6（325.2gCO₂e/km）、金牛座（328.6gCO₂e/km）、捷豹 XFL（330.5gCO₂e/km）、奥迪 A6L（359.7gCO₂e/km）。

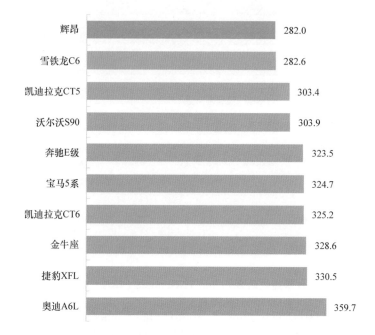

图 3-30　C 级汽油轿车 Top 10 Runners（单位：gCO₂e/km）
核算依据：《乘用车生命周期碳排放核算技术规范》。
　　从报告中摘录的图表必须附带声明，以表明资料来源于《中国汽车低碳行动计划（2022）》，核算依据为《乘用车生命周期碳排放核算技术规范》。未经中汽数据有限公司事先书面明示同意，任何宣传不得使用本报告中的信息。

　　2）SUV Top 7。C 级汽油 SUV 碳排放最低的 Top 7 领跑车型（Top 7 Runners）如图 3-31 所示。单位行驶里程碳排放由低到高分别是领克 09（341.0gCO₂e/km）、途昂 X（354.4gCO₂e/km）、途昂（358.0gCO₂e/km）、揽境（375.9CO₂e/km）、探险者（378.2gCO₂e/km）、飞行家（414.7gCO₂e/km）、红旗 HS7（450.0gCO₂e/km）。

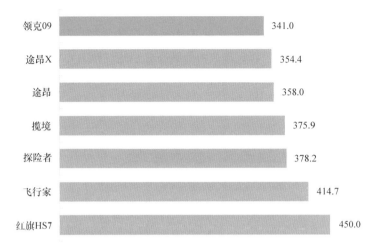

图 3-31　C 级汽油 SUV Top 7 Runners（单位：gCO$_2$e/km）

核算依据：《乘用车生命周期碳排放核算技术规范》。

从报告中摘录的图表必须附带声明，以表明资料来源于《中国汽车低碳行动计划（2022）》，核算依据为《乘用车生命周期碳排放核算技术规范》。未经中汽数据有限公司事先书面明示同意，任何宣传不得使用本报告中的信息。

（2）C 级插电混乘用车

C 级插电式混合动力轿车碳排放最低的 Top 3 领跑车型（Top 3 Runners）如图 3-32 所示。单位行驶里程碳排放由低到高分别是比亚迪汉（209.9gCO$_2$e/km）、奔驰 E 级（212.6gCO$_2$e/km）、吉利 TX（227.2gCO$_2$e/km）。

图 3-32　C 级插电式混合动力轿车 Top 3 Runners（单位：gCO$_2$e/km）

核算依据：《乘用车生命周期碳排放核算技术规范》。

从报告中摘录的图表必须附带声明，以表明资料来源于《中国汽车低碳行动计划（2022）》，核算依据为《乘用车生命周期碳排放核算技术规范》。未经中汽数据有限公司事先书面明示同意，任何宣传不得使用本报告中的信息。

（3）C 级纯电动乘用车

C 级纯电动轿车碳排放最低的 Top 4 领跑车型（Top 4 Runners）如图 3-33 所示。单位行驶里程碳排放由低到高分别是红旗 E-QM5（174.0gCO$_2$e/km）、比亚迪汉（201.5gCO$_2$e/km）、小鹏 P7（214.0gCO$_2$e/km）、极氪 001（243.0gCO$_2$e/km）。

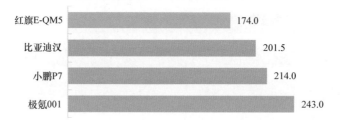

图 3-33　C 级纯电动轿车 Top 4 Runners（单位：gCO$_2$e/km）

核算依据:《乘用车生命周期碳排放核算技术规范》。

从报告中摘录的图表必须附带声明，以表明资料来源于《中国汽车低碳行动计划（2022）》，核算依据为《乘用车生命周期碳排放核算技术规范》。未经中汽数据有限公司事先书面明示同意，任何宣传不得使用本报告中的信息。

6. 交叉型乘用车

本部分核算了交叉型乘用车的单位行驶里程碳排放数据，汽油乘用车有 12 款车型，纯电动乘用车有 3 款车型。

（1）汽油交叉型乘用车 Top 10

汽油交叉型乘用车 Top 10 领跑车型（Top 10 Runners）如图 3-34 所示。单位行驶里程碳排放由低到高分别是五菱之光（233.6gCO$_2$e/km）、东风小康 K07S（254.5gCO$_2$e/km）、五菱荣光 S（263.9CO$_2$e/km）、小海狮 X30（263.9gCO$_2$e/km）、长安 V3（266.6gCO$_2$e/km）、长安之星 5CT6（269.3gCO$_2$e/km）、东风小康 C36（269.8gCO$_2$e/km）、长安之星 9（284.0gCO$_2$e/km）、五菱荣光（287.7gCO$_2$e/km）、小海狮 X30L（296.7gCO$_2$e/km）。

（2）纯电动交叉型乘用车 Top 3

纯电动交叉型乘用车 Top 3 领跑车型（Top 3 Runners）如图 3-35 所示。单位行驶里程碳排放由低到高分别是小海狮 X30L（147.4gCO$_2$e/km）、五菱荣光（164.2gCO$_2$e/km）、东风小康 C36（178.0CO$_2$e/km）。

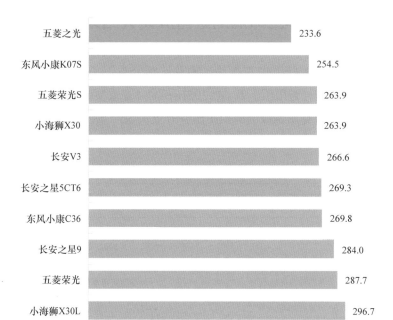

图 3-34　汽油交叉型乘用车 Top 10 Runners（单位：gCO₂e/km）

核算依据:《乘用车生命周期碳排放核算技术规范》。

从报告中摘录的图表必须附带声明，以表明资料来源于《中国汽车低碳行动计划（2022）》，核算依据为《乘用车生命周期碳排放核算技术规范》。未经中汽数据有限公司事先书面明示同意，任何宣传不得使用本报告中的信息。

图 3-35　纯电动交叉型乘用车 Top 3 Runners（单位：gCO₂e/km）

核算依据:《乘用车生命周期碳排放核算技术规范》。

从报告中摘录的图表必须附带声明，以表明资料来源于《中国汽车低碳行动计划（2022）》，核算依据为《乘用车生命周期碳排放核算技术规范》。未经中汽数据有限公司事先书面明示同意，任何宣传不得使用本报告中的信息。

3.2 商用车单车生命周期碳排放研究结果

根据 GB/T 15089—2001《机动车辆及挂车分类》、GB 20997—2015《轻型商用车辆燃料消耗量限值》及 GB 30510—2018《重型商用车辆燃料消耗量限值》分类，本研究所选取的商用车研究对象为 N1、N2、N3 类货车及 M2、M3 类公交与客车，如图 3-36 所示。

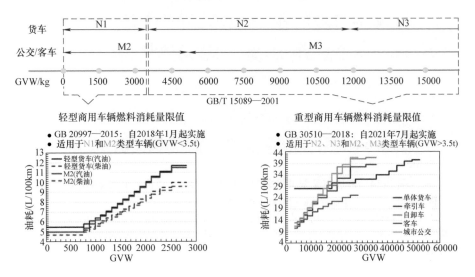

图 3-36　商用车分类

其中，N1 类车辆为最大设计总质量小于 3500kg 的轻型货车，包含汽油车、柴油车、常规混合动力车、纯电动车和氢燃料车等燃料类型；N2、N3 类车辆为最大设计总质量大于 3500kg 的重型单体车、重型自卸车及重型牵引车，覆盖柴油车、常规混合动力车、天然气车、纯电动车及氢燃料车。M2 及 M3 类公交车覆盖柴油、天然气、常规混合动力、纯电动及氢燃料等燃料类型，M2 及 M3 类客车覆盖汽油、柴油、常规混合动力、天然气、纯电动及氢燃料等燃料类型。为保证同类型商用车生命周期碳排放结果有可比性，本研究确立货车功能单位为 $gCO_2e/t \cdot km$，公交及客车功能单位为 $gCO_2e/person \cdot km$，见表 3-1。

表 3-1　商用车分级及功能单位

车辆类别		车辆类型	功能单位
货车	N1，GVW < 3.5 t	轻型货车	$gCO_2e/t \cdot km$
	N2/N3，GVW > 3.5 t	重型单体车	$gCO_2e/t \cdot km$
		重型自卸车	$gCO_2e/t \cdot km$
		重型牵引车	$gCO_2e/t \cdot km$
公交 / 客车	M2/M3	客车	$gCO_2e/person \cdot km$
		公交	$gCO_2e/person \cdot km$

3.2.1　轻型货车单车生命周期碳排放研究结果

根据 GB 30510—2018《重型商用车辆燃料消耗量限值》分类，本研究选取的轻型货车其最大设计总质量小于 3500kg。其中所选取的轻型货车共包含 5 种燃料类型：汽油轻型货车（汽油轻货）、柴油轻型货车（柴油轻货）、纯电动轻型货车（纯电动轻货）、柴油常规混合动力轻型货车（常规混轻货）[*⊖]、氢燃料轻型货车（氢燃料轻货）[*]，其中汽油轻货、柴油轻货与纯电动轻货均选自用途、载重相近的实际车型，而国内并无在售同级别的常规混轻货与氢燃料轻货，因此为增加研究的可对比性，通过增加柴油轻货混动系统、参考氢燃料乘用车的方式，对常规混轻货与氢燃料轻货进行模拟，用以进行不同燃料类型对比的参考。本研究所选取的轻型货车基本参数及信息见表 3-2。

表 3-2　轻型货车基本参数及信息

燃料类型	汽油	柴油	纯电动	常规混[*]	氢燃料[*]
整备质量 /kg	1360	1290	1460	1400	2094
最大设计总质量 /kg	2180	2330	2290	2440	2919
荷载 /kg	820	1040	830	1040	825
生命周期行驶里程 /km	600000	600000	600000	600000	600000
百公里能耗	7.0	7.1	14.3	5.9	1.3
能耗单位	L	L	kW·h	L	kg

⊖　带 * 为模拟车型，作为参考。

1.不同燃料类型轻型货车生命周期碳排放结果

（1）不同燃料类型轻型货车全生命周期碳排放结果

各燃料类型轻型货车的全生命周期碳排放总量如图 3-37 所示，其与车型整备质量、载重、百公里能耗直接相关。5 种燃油类型的轻型货车全生命周期碳排放总量由高到低呈现氢燃料轻货*> 柴油轻货 > 汽油轻货 > 常规混轻货*> 纯电动轻货的规律。另外对于各个燃料类型的轻型货车，其全生命周期碳排放中，燃料周期提供最大碳排放贡献，占全生命周期碳排放的 83%~95% 不等，而车辆周期碳排放量仅占很小的一部分。氢气虽然为未来理想的清洁能源，但是相应的氢燃料轻货*并没有较好的碳排放表现，这是因为当前制氢工艺所附带的高水平碳排放，故虽然氢燃料轻货*在使用过程中"零排放"，但是在全生命周期中其碳排放总量仍远超燃油轻货（柴油轻货、汽油轻货、常规混轻货*）与纯电动轻货，比纯电动轻货高 194%，比柴油轻货高 37%。相比而言，在目前火力发电占主体的供电结构之下，纯电动轻货的全生命周期碳排放依旧是最小的，仍有着独一无二的碳排放优势。另外，在燃油轻货中，常规混轻货*的碳排放低于汽油与柴油轻货，碳排放仅为汽油轻货与柴油轻货的 94% 与 84%，可以适当发展常规混轻货*以替代传统柴油轻货，同时作为纯电动轻货与氢燃料轻货大力发展前的过渡。

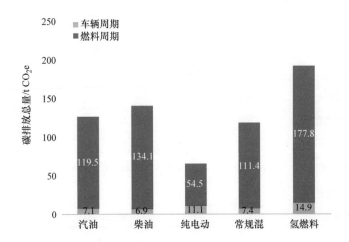

图 3-37　轻型货车全生命周期碳排放总量

为进一步提高不同燃料类型轻型货车之间的可对比性，探求单位运输能力的碳排放，对不同燃料类型轻型货车，按照生命周期碳排放总量除以车辆载重及生命周期行驶里程，折算为单位周转量（t·km）碳排放进行研究，研究结果如图 3-38 所示。由于不同燃料类型轻型货车载重的不同，全生命周期单位周转量碳排放相较于全生命周期碳排放总量有所区别。单位周转量碳排放由大到小分别为氢燃料轻货*、汽油轻货、柴油轻货、常规混轻货*、纯电动轻货，纯电动轻货拥有最好的碳排放表现，其单位周转量碳排放值仅为汽油轻货的 51%，柴油轻货的 58%，氢燃料轻货*的 34%。

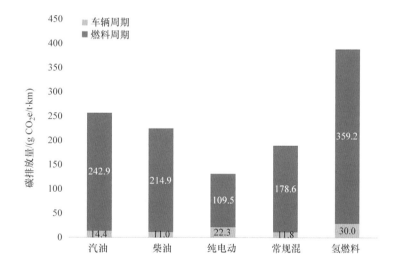

图 3-38　轻型货车全生命周期单位周转量碳排放

目前不同制氢工艺下，氢燃料轻型货车生命周期单位周转量碳排放的结果如图 3-39 所示。如上文所述，目前氢燃料汽车不具备生命周期减排优势，其主要是由于我国制氢工艺以化石燃料制氢为主，而氯碱制氢、生物制氢及可再生能源电解水制氢情境下的氢燃料轻型货车生命周期单位周转量碳排放已低于传统汽柴油车。另外，可再生能源电解水制氢情境下的氢燃料轻型货车生命周期单位周转量碳排放更是已经低于纯电动汽车，展现出未来氢燃料汽车巨大的碳减排潜力。

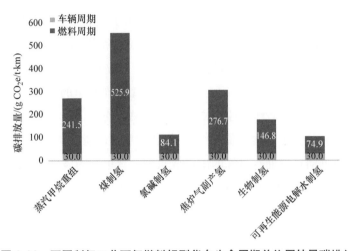

图 3-39　不同制氢工艺下氢燃料轻型货车生命周期单位周转量碳排放

（2）不同燃料类型轻型货车车辆周期碳排放结构

不同燃料类型轻型货车车辆周期碳排放结构如图 3-40 所示，车辆周期主要过程包括原材料获取过程、整车生产过程、制冷剂逸散、轮胎更换、液体更换、铅酸蓄电池更换 6 部分。对于五种燃料类型的轻型货车来说，车辆周期 75%～86% 的碳排放均来自于原材料获取过程，占据了车辆周期碳排放的绝大部分，另外制冷剂逸散也贡献了可观的车辆周期碳排放，其碳排放占据车辆周期碳排放的 9%～12%，其直接反映了进行低碳制冷剂替代的重要性，其他四个部分对车辆周期碳排放影响较小。

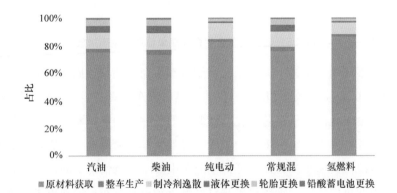

图 3-40　轻型货车车辆周期碳排放结构

不同燃料类型轻型货车原材料获取阶段碳排放结构如图 3-41 所示，原材料获取阶段主要包括部件材料、轮胎、液体、铅酸蓄电池、动力蓄电池、氢燃料系统共 6 部分。对于汽油轻货、柴油轻货与常规混轻货 *来说，原材料获取阶段绝大部分碳排放来自于部件材料生产，其碳排放占原材料获取阶段碳排放量的 90% 以上。而在纯电动轻型货车中，动力蓄电池生产所产生的碳排放可占原材料获取阶段碳排放总量的 41%。对于氢燃料轻货 *来说，除了部件材料生产，氢燃料系统的生产过程也占据较大部分的原材料获取阶段碳排放，可达 24%。

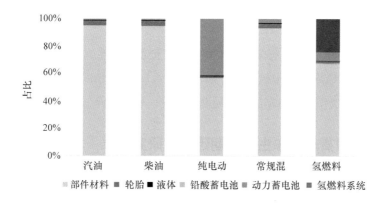

图 3-41 轻型货车原材料获取阶段碳排放结构

（3）不同燃料类型轻型货车燃料周期碳排放结构

不同燃料类型轻型货车燃料周期碳排放结构如图 3-42 所示，燃料周期分为燃料生产过程以及燃料使用过程两部分。对燃油轻货（汽油轻货、柴油轻货、常规混轻货 *）来说，有 83% 的燃料周期碳排放来自于燃料的使用过程，17% 来自于燃料生产过程，而对于纯电动轻货与氢燃料轻货 *来说，燃料周期全部的碳排放均来自于燃料生产过程。

2. 轻型货车生命周期碳排放研究结论

1）短期内，轻型货车的电动化为降低轻型货车货物运输碳排放量的最优途径，常规混轻货 * 可以作为轻型货车全面电动化前的过渡。在所有燃料类型轻型货车中，纯电动轻货单位周转量碳排放最小，其次为常规混轻货 *、柴油轻货与汽油轻货，氢燃料轻货 *由于当前制氢工艺的高碳排放，其单位周转量碳排放最大。

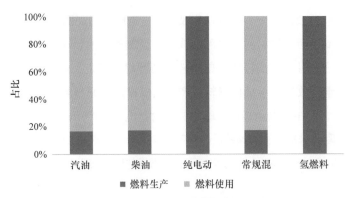

图 3-42　轻型货车燃料周期碳排放结构

2）针对燃料周期进行低碳转型是降低轻型货车全生命周期碳排放的关键。轻型货车全生命周期碳排放大部分来自于燃料周期，小部分来自于车辆周期，降低不同燃料类型轻型货车的燃料周期碳排放，是轻型货车降碳的关键。

3.2.2　重型货车单车生命周期碳排放研究结果

根据 GB 30510—2018《重型商用车辆燃料消耗量限值》分类，本研究所选取的重型货车为最大设计总质量大于 3500kg 的重型单体车、重型自卸车及重型牵引车。其中，重型单体车包括柴油、常规混合动力、天然气、纯电动四种燃料类型，重型自卸车包括柴油、常规混合动力、天然气、纯电动及氢燃料五种燃料类型，重型牵引车包括柴油、常规混合动力、天然气、纯电动、氢燃料五种燃料类型。为方便最终结果的横向对比，综合考虑数据的可获得性，各车型及燃料类型所选取的代表车型均取自中国 2020 年重型货车销量前三的车型之一。

1. 不同燃料类型重型单体车生命周期碳排放结果

（1）不同燃料类型重型单体车生命周期碳排放结果

本研究所选取的重型单体车基本参数及信息见表 3-3。

为保证不同燃料类型重型单体车之间生命周期碳排放结果具有可比性，本研究所选取的重型单体车最大设计总质量均保持在 4.5t 附近，整备质量因不同燃料类型车型结构差异而存在差别，生命周期行驶里程采用商务部、发改委、公安部联合发布的《机动车强制报废标准规定》中规定的重型商用车引导报废标准——70 万 km。

表 3-3　重型单体车基本参数及信息

燃料类型	柴油	常规混	天然气	纯电动
整备质量 /kg	2600	2750	2565	2960
最大设计总质量 /kg	4290	4495	4495	4465
荷载 /kg	1690	1745	1930	1505
生命周期行驶里程 /km	700000	700000	700000	700000
百公里能耗	11.0	6.9	12.0	27.8
能耗单位	L	L	m^3	kW·h

　　各燃料类型重型单体车生命周期碳排放总量如图 3-43 所示,不同于乘用车,重型单体车燃料周期占生命周期碳排放的 85%~95%,占据绝对主导。由于重型单体车最大设计总质量主要集中在 4.5t 附近,在车辆整备质量、百公里能耗等信息上与轻型单体车较接近,呈现的不同燃料类型生命周期碳排放总量结果与轻型单体车也具有一定相似性。生命周期碳排放总量呈现出天然气重型单体车 > 柴油重型单体车 > 常规混合动力重型单体车 > 纯电动重型单体车。其中,氢燃料类型车辆在该质量段尚无商业化大规模推广车型,因此未予考虑。根据目前结果,纯电动重型单体车在生命周期碳排放总量具有相对优势,与新能源物流配送车(以单体车为主)在商用车新能源发展中占据主导地位的现状一致。相较柴油车与天然气车,纯电动车生命周期碳排放分别减少 43% 与 44%,而常规混合动力车也具有相对减排优势,其相较柴油车,

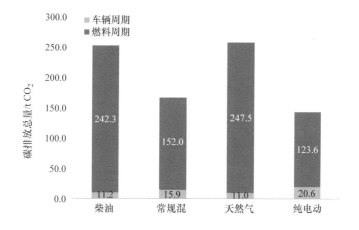

图 3-43　重型单体车生命周期碳排放总量

生命周期碳排放降低了 30% 左右。

不同于乘用车，商用车以运营目的为主，为更好地对比不同燃料类型重型单体车间单位运输能力的碳排放水平，本研究将生命周期碳排放总量根据车辆荷载及生命周期行驶里程信息折算为单位周转量（t·km）碳排放，如图 3-44 所示。重型单体车生命周期单位周转量碳排放较生命周期碳排放总量结果有所变化，由于天然气车型荷载能力较柴油车有所上升，因此单位周转量碳排放低于柴油车，总体结果呈柴油重型单体车 > 天然气重型单体车 > 常规混合动力重型单体车 > 纯电动重型单体车。在以化石能源为燃料的车型中，常规混合动力车目前呈现出相对的减排优势，其生命周期单位周转量碳排放较柴油车下降了 36%，较天然气车下降了 29%，为化石燃料类型车辆中碳排放水平最低的车型。而纯电动重型单体车单位周转量碳排放水平仍是所有燃料类型中最低的，相较于柴油车减少了 37%。

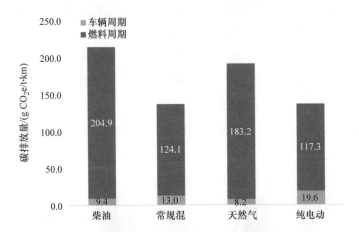

图 3-44　重型单体车生命周期单位周转量碳排放

（2）不同燃料类型重型单体车车辆周期碳排放结构

不同燃料类型重型单体车车辆周期碳排放结构如图 3-45 所示，车辆周期包括原材料获取、整车生产、制冷剂逸散、液体更换、轮胎更换和铅酸蓄电池更换六部分。对于所有燃料类型的车辆来说，其原材料获取阶段的碳排放都占据了车辆周期碳排放的 80% 以上。制冷剂逸散的碳排放为仅次于原材料获取阶段碳排放的第二大排放源，占据大约 8% 的车辆周期碳排放。

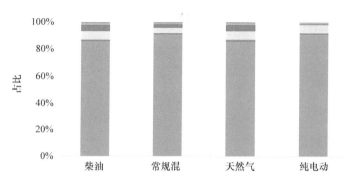

■ 原材料获取 ■ 整车生产 ■ 制冷剂逸散 ■ 液体更换 ■ 轮胎更换 ■ 铅酸蓄电池更换

图 3-45　重型单体车车辆周期碳排放结构

重型单体车原材料获取阶段碳排放结构如图 3-46 所示。由图可见，原材料获取阶段由部件材料、轮胎、液体、铅酸蓄电池、动力蓄电池构成。其中，化石燃料车辆原材料获取阶段碳排放结构较为相似，95% 以上的碳排放来自于部件材料的获取与加工。而新能源车型，纯电动车其动力蓄电池为仅次于部件材料的第二大排放源，占据纯电动车原材料获取阶段碳排放 40%以上。

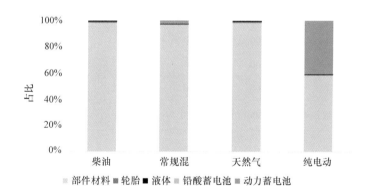

图 3-46　重型单体车原材料获取阶段碳排放结构

（3）不同燃料类型重型单体车燃料周期碳排放结构

不同燃料类型重型单体车燃料周期碳排放结构如图 3-47 所示，燃料周期包括燃料生产及燃料使用两部分。纯电动在使用阶段为零排放，因此燃料周期 100% 由燃料生产构成，而柴油、常规混合动力、天然气车燃料周期排放主要来自燃料的使用（占比大于 80%），燃料生产占比不足 20%。

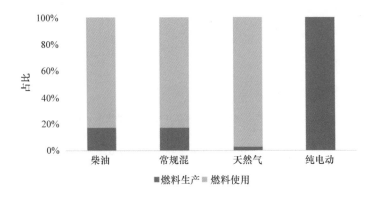

图 3-47　重型单体车燃料周期碳排放结构

2. 不同燃料类型重型自卸车生命周期碳排放结果

（1）不同燃料类型重型自卸车生命周期碳排放结果

本研究所选取的重型自卸车基本参数及信息见表 3-4。

表 3-4　重型自卸车基本参数及信息

燃料类型	柴油	常规混	天然气	纯电动	氢燃料
整备质量 /kg	15500	15720	15500	18000	18000
最大设计总质量 /kg	31000	31000	31000	31000	31000
荷载 /kg	15500	15280	15500	13000	13000
生命周期行驶里程 /km	700000	700000	700000	700000	700000
百公里能耗	47	38	31	128	12
能耗单位	L	L	m^3	kW·h	kg

与重型单体车相同，为保证不同燃料类型重型自卸车之间生命周期碳排放结果具有可比性，本研究所选取的重型自卸车最大设计总质量均保持在 31t，整备质量因不同燃料类型车型结构差异而存在差别，同样，生命周期行驶里程采用商务部、发改委、公安部联合发布的《机动车强制报废标准规定》中规定的重型商用车引导报废标准——70 万 km。

各燃料类型重型自卸车生命周期碳排放总量如图 3-48 所示，生命周期碳排放总量呈现出氢燃料重型自卸车 > 柴油重型自卸车 > 常规混合动力重型自卸车 > 纯电动重型自卸车 > 天然气重型自卸车。目前，以生命周期碳排放总量为评判标准，天然气为最佳的替代燃料类型，其生命周期碳排放总量降幅相较于柴油车可达 37%，相较于氢燃料车更是达 240%。新能源车型中，氢燃料车生命周期碳排放总量明显高于其他燃料类型，主要是由于目前中国的制氢工艺以化石燃料制氢为主，生命周期碳排放总量可达到柴油车的 215%；反观纯电动车，虽然目前中国电力结构仍以火电为主，纯电动车已具备相对减排优势，其生命周期碳排放总量相较于柴油车减少 36%。而随着未来电网的清洁化，可再生能源电解水制氢占比的逐步提高，纯电动车与氢燃料车的优势将进一步被凸显。

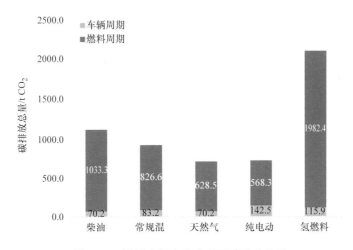

图 3-48　重型自卸车生命周期碳排放总量

重型自卸车生命周期单位周转量碳排放如图 3-49 所示，由于所选取的各种燃料类型重型自卸车在车辆载重上趋于一致，因此各燃料类型车辆生命周期单位周转量碳排放与生命周期碳排放总量排名也十分相似。天然气重型自卸车与纯电动重型自卸车差距进一步扩大，主要是由于纯电动车电池包的存在侵蚀了部分车辆载重，将生命周期碳排放总量折算为单位周转量碳排放时，载重因素得以被反映在碳排放量上。天然气车目前最具相对减排优势，生命周期单位周转量碳排放相较于柴油车下降 37%，纯电动车紧随其后，相较于柴油车生命周期单位周转量碳排放下降了 24%。纯电动与氢燃料车同为新能源类型车辆，两者于燃料使用阶段皆为零排放，而氢燃料车车辆周期碳排放虽低于纯电动车，但燃料周期碳排放则为纯电动车的 4 倍左右，侧面反映目前我国制氢工艺的碳排放强度高。

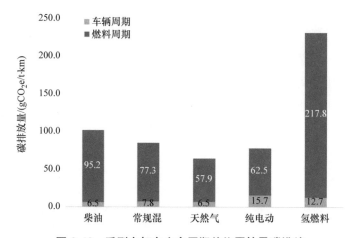

图 3-49　重型自卸车生命周期单位周转量碳排放

目前不同制氢工艺下，氢燃料重型自卸车生命周期单位周转量碳排放的结果如图 3-50 所示。如上文所述，目前氢燃料车不具备生命周期减排优势主要是由于我国制氢工艺以化石燃料制氢为主，而氯碱制氢、生物制氢及可再生能源电解水制氢情境下的氢燃料重型自卸车生命周期单位周转量碳排放已低于柴油车。

（2）不同燃料类型重型自卸车车辆周期碳排放结构

不同燃料类型重型自卸车车辆周期碳排放结构如图 3-51 所示，车辆周期同样包括了原材料获取、整车生产、制冷剂逸散、液体更换、轮胎更换及铅酸蓄电池更换六部分。不同于单体车，重型自卸车原材料获取占车辆周期比例有所下降，主要是由于轮胎更换占比较大。原材料获取阶段碳排放仍主导车辆周期碳排放，占重型自卸车车辆周期碳排放比重在 55% ~ 80% 之间。轮胎更换为第二大排放源，占柴油及天然气车辆周期碳排放超 30%，占纯电动及氢燃料车车辆周期碳排放 20% 左右。

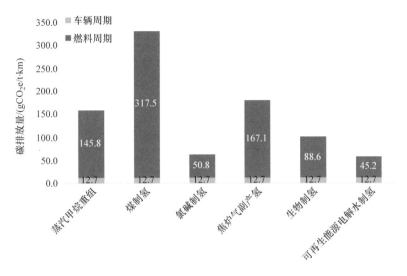

图 3-50　不同制氢工艺下氢燃料重型自卸车生命周期单位周转量碳排放

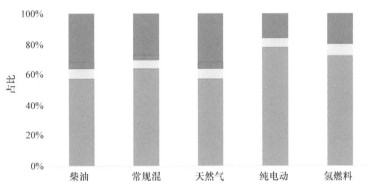

图 3-51　重型自卸车车辆周期碳排放结构

　　重型自卸车原材料获取阶段碳排放结构如图 3-52 所示。其中，化石燃料车辆原材料获取阶段碳排放结构较为相似，90% 以上的碳排放来自于部件材料的获取与加工。而新能源车型，如纯电动车及氢燃料车，其动力蓄电池及氢燃料系统为仅次于部件材料的第二大排放源。其中，动力蓄电池占据纯电动车原材料获取阶段碳排放 30% 以上，而氢燃料系统占据氢燃料车原材料获取阶段碳排放超 10%。

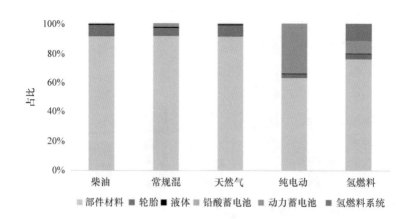

图 3-52　重型自卸车原材料获取阶段碳排放结构

（3）不同燃料类型重型自卸车燃料周期碳排放结构

不同燃料类型重型自卸车燃料周期碳排放结构如图 3-53 所示，燃料周期包括燃料生产及燃料使用两部分。纯电动及氢燃料在使用阶段为零排放，因此燃料周期 100% 由燃料生产构成，而柴油、常规混合动力、天然气车燃料周期排放主要来自燃料的使用，燃料生产占比不足 20%。

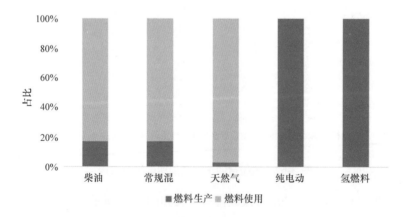

图 3-53　重型自卸车燃料周期碳排放结构

3. 不同燃料类型重型牵引车生命周期碳排放结果

（1）不同燃料类型重型牵引车生命周期碳排放结果

本研究所选取的重型牵引车基本参数及信息见表 3-5。

表 3-5　重型牵引车基本参数及信息

燃料类型	柴油	常规混	天然气	纯电动	氢燃料
整备质量 /kg	8805	8800	8800	11900	13400
最大设计总质量 /kg	48805	48800	48800	48270	49000
荷载 /kg	40000	40000	40000	36370	35600
生命周期行驶里程 /km	700000	700000	700000	700000	700000
百公里能耗	38	31	30	148	15
能耗单位	L	L	m^3	kW·h	kg

同样，为保证不同燃料类型重型牵引车之间生命周期碳排放结果具有可比性，本研究所选取的重型牵引车最大设计总质量均保持在 49t 附近，整备质量因不同燃料类型车型结构差异而存在差别，生命周期行驶里程采用商务部、发改委、公安部联合发布的《机动车强制报废标准规定》中规定的重型商用车引导报废标准——70 万 km。

各燃料类型重型牵引车生命周期碳排放总量如图 3-54 所示，生命周期碳排放总量与重型自卸车呈现出一致趋势，为氢燃料重型牵引车＞柴油重型牵引车＞纯电动重型牵引车＞常规混合动力重型牵引车＞天然气重型牵引车。目前，以生命周期碳排放总量为评判标准，天然气为最佳的替代燃料类型，

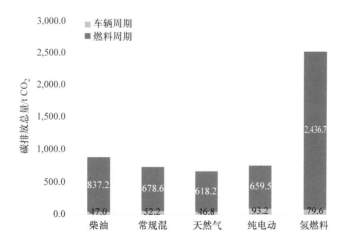

图 3-54　重型牵引车生命周期碳排放总量

生命周期碳排放较柴油车下降 25%。新能源类型车辆中，纯电动车已具备相对减排优势，其生命周期碳排放总量较柴油车下降 15%，在未来电网清洁化情景下将具有更大减排潜力。考虑重型牵引车主要投放于长途干线运输及港口倒短等场景，于长途运输来说，对续驶能力要求高，结合未来制氢工艺变化等因素，氢燃料路径相较于纯电动路径更为合适，其具有续驶长、燃料补充耗时短等优势；于港口等倒短场景来说，因无里程焦虑，纯电动及氢燃料路径均可选择。

重型牵引车生命周期单位周转量碳排放如图 3-55 所示，由于所选取的各种燃料类型重型牵引车在车辆荷载能力上趋于一致，因此各燃料类型车辆生命周期单位周转量碳排放与生命周期碳排放总量排名也十分相似。天然气重型牵引车与纯电动重型牵引车差距进一步扩大，天然气车较纯电动车生命周期单位周转量碳排放下降了 19%，主要是由于纯电动车电池包的存在侵蚀了部分车辆载重，将生命周期碳排放总量折算为单位周转量碳排放时，载重因素得以被反映在碳排放量上。天然气车相较于柴油车生命周期单位周转量碳排放下降了 24%，而纯电动车相较于柴油车仅下降了 6%。

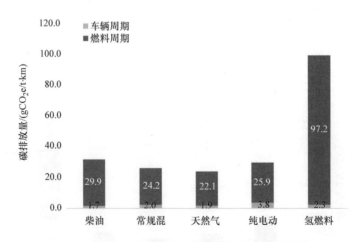

图 3-55   重型牵引车生命周期单位周转量碳排放

目前不同制氢工艺下，氢燃料重型牵引车生命周期单位周转量碳排放的结果如图 3-56 所示。如上文所述，目前氢燃料车不具备生命周期减排优势主要是由于我国制氢工艺以化石燃料制氢为主，而氯碱制氢及可再生能源电解水制氢情境下的氢燃料重型牵引车生命周期单位周转量碳排放已低于柴油车。

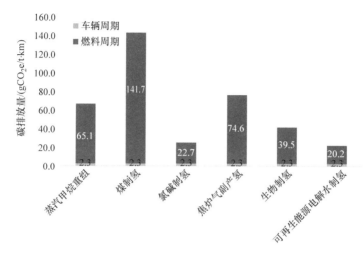

图 3-56　不同制氢工艺下氢燃料重型牵引车生命周期单位周转量碳排放

（2）不同燃料类型重型牵引车车辆周期碳排放结构

不同燃料类型重型牵引车车辆周期碳排放结构如图 3-57 所示，与其他重型车辆一致，重型牵引车原材料获取阶段占车辆周期碳排放结构比例最大，平均超过 50%，对于新能源车，该阶段碳排放甚至占车辆周期碳排放超 70%。轮胎更换为所有燃料类型车辆第二大排放源，占车辆周期碳排放达 20% ~ 30%。

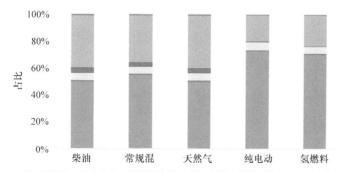

图 3-57　重型牵引车车辆周期碳排放结构

重型牵引车原材料获取阶段碳排放结构如图 3-58 所示。其中，化石燃料车辆原材料获取阶段碳排放结构较为相似，80% 以上的碳排放来自于部件材料的获取与加工。而新能源车型，如纯电动车及氢燃料车，其动力蓄电池及氢燃料系统为仅次于部件材料的第二大排放源。其中，动力蓄电池占据纯电动车原材料获取阶段碳排放 30% 以上，而氢燃料系统占据氢燃料车原材料获取阶段碳排放超 25%。

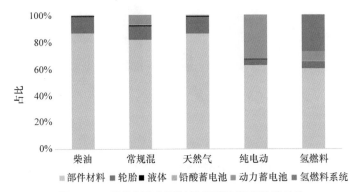

图 3-58   重型牵引车原材料获取阶段碳排放结构

（3）不同燃料类型重型牵引车燃料周期碳排放结构

不同燃料类型重型牵引车燃料周期碳排放结构如图 3-59 所示，同其他重型车辆一致，燃料使用主导化石燃料类型重型牵引车燃料周期，达燃料周期 80% 以上，而纯电动及氢燃料车在使用阶段为零排放，燃料周期碳排放 100% 来自于燃料上游。

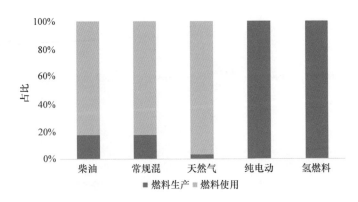

图 3-59   重型牵引车燃料周期碳排放结构

4. 重型货车生命周期碳排放研究结论

1）不同于乘用车，重型商用车电动化路径需结合具体应用场景考量。不同类型的商用车投放于不同应用场景，于重型单体车来说，其电动化路径与轻型货车较为相似。而对于重型自卸车与重型牵引车来说，目前最具减排优势的燃料类型为天然气，未来，纯电动车与氢燃料车的减排优势将随电力清洁化程度的提高而进一步凸显。

2）燃料周期虽占重型货车生命周期碳排放主导位置，车企仍需关注车辆周期减排。燃料周期占重型货车生命周期碳排放可高达 95%，但车辆周期碳排放绝对值仍不可小觑。以纯电动重型牵引车为例，其车辆周期碳排放高达 98t 二氧化碳当量，针对车辆周期的减排措施也将为企业带来大幅的减排效益。

3.2.3 公交车单车生命周期碳排放研究结果

对公交车的碳排放研究共选取五种燃料类型——柴油公交车、天然气公交车、柴油 / 电插电式混合动力公交车（插电混公交车）、纯电动公交车、氢燃料公交车，其中插电混公交车按照仅使用柴油，不进行插电充电情况下，使用车辆折算油耗进行核算。本节所研究的各燃料类型公交车车型均取自中国 2020 年各燃料类型中公交车销量较高且有代表性的车型。所选各车型的基本信息见表 3-6。

表 3-6 研究选取不同燃料类型公交车基本信息

燃料类型	柴油	天然气	插电混	纯电动	氢燃料
整备质量 /kg	11300	9800	12300	12650	9000
座位数 / 个	44	33	50	44	28
生命周期行驶里程 /km	400000	400000	400000	400000	400000
百公里能耗	30	48	16	67	8
能耗单位	L	m³	L	kW·h	kg

1. 不同燃料类型公交车生命周期碳排放结果

（1）不同燃料类型公交车全生命周期碳排放结果

各燃料类型公交车的全生命周期碳排放总量如图 3-60 所示，其与车型整备质量、百公里能耗直接相关，所选公交车的各项参数均不同，因此比较结果

有较大差异性。全生命周期碳排放总量的绝对值由高到低呈现氢燃料公交车 >
天然气公交车 > 柴油公交车 > 插电混公交车 > 纯电动公交车。氢燃料电池公
交车碳排放高的主要原因是，虽然氢能在使用过程中"零排放"，但由于我国
主要制氢方式仍为化石燃料制氢，因此制氢过程的碳排放很高，在 400000km
行驶里程中，氢气生产产生的碳排放要远远大于油、气、电能源。柴油公交
车与天然气公交车生命周期碳排放差异较小。插电混公交车相比于柴油公交
车具有更低的油耗，其生命周期碳排放表现较好。纯电动公交车生命周期碳
排放最低。对于每种燃料类型的公交车，其全生命周期碳排放中，燃料周期
均贡献主要部分，车辆周期占比较小。在车辆周期中，纯电动公交车的碳排
放最高，这与其使用了重量较大的动力蓄电池有关。氢燃料公交车的车辆周
期碳排放仅次于纯电动，这与储氢罐等部件以及在氢燃料公交车中同样使用
的动力蓄电池有关。而内燃机系统（柴油、天然气）的公交车因结构较为简
单，车辆周期碳排放占比不高。

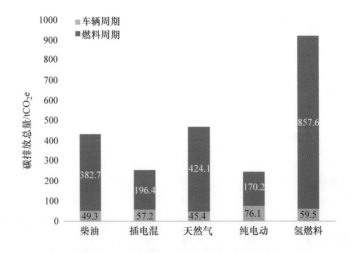

图 3-60　公交车全生命周期碳排放总量

　　将不同燃料类型公交车全生命周期碳排放总量按照半载情况下的座位数
目进行了折算。研究结果如图 3-61 所示。单位周转量碳排放由高到低呈现氢
燃料公交车 > 天然气公交车 > 柴油公交车 > 纯电动公交车 > 插电混公交车。
这一结果与全生命周期碳排放总量和座位数这两个因素有直接关系。在所选

车型中，氢燃料公交车碳排放总量高，同时座位数少，因此其单位载客量碳排放远远大于其他燃料类型公交车。天然气公交车单位周转量碳排放次之，其主要原因相同。插电混公交车的单位周转量碳排放低于纯电动公交车，其主要原因是在所选车型中，插电混公交车载客能力大于纯电动公交车。

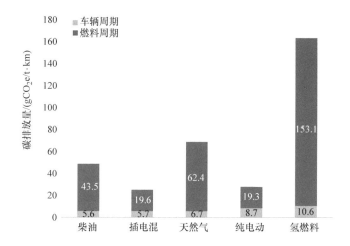

图 3-61　公交车全生命周期单位周转量碳排放

（2）不同燃料类型公交车车辆周期碳排放结构

不同燃料类型公交车车辆周期碳排放结构图如图 3-62、图 3-63 所示，车辆周期包括原材料获取、整车生产、制冷剂逸散、液体更换、轮胎更换、铅酸蓄电池更换六部分。每种燃料类型公交车车辆周期碳排放的 70% 以上都是

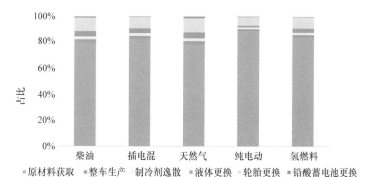

图 3-62　公交车车辆周期碳排放结构

来自于原材料获取过程。将原材料获取过程细分为部件材料、轮胎、液体、铅酸蓄电池、动力蓄电池、氢燃料系统六部分。对于纯电动公交车，原材料获取过程碳排放的 40% 以上来自于动力蓄电池的碳排放。对于氢燃料电池公交车而言，原材料获取过程碳排放中有 30% 以上来自于氢燃料电池系统，包括电堆、储氢罐等部件，有 8% 来自于动力蓄电池的碳排放。

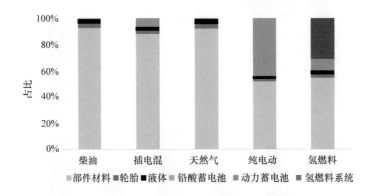

图 3-63　公交车原材料获取阶段碳排放结构

（3）不同燃料类型公交车燃料周期碳排放结构

不同燃料类型公交车燃料周期碳排放结构如图 3-64 所示，纯电动公交车及氢燃料电池公交车燃料周期碳排放全部来自燃料的生产过程。柴油公交车及插电混公交车在燃料周期有 83% 的碳排放来自于燃料的使用过程，17% 来自于燃料生产过程。天然气公交车在燃料周期有 3.1% 的碳排放来自于燃料的

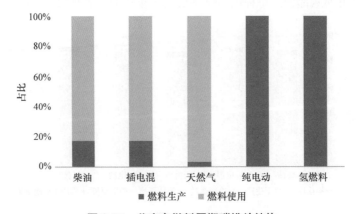

图 3-64　公交车燃料周期碳排放结构

使用过程，96.7% 来自于燃料生产过程。

  2. 公交车生命周期碳排放研究结论

  1）电动化是公交车减碳的重要技术路径。纯电动公交车在使用阶段碳排放为零，但在车辆周期碳排放高于其他类型公交车，这主要是因为公交车中动力蓄电池带来的高额碳排放，同时因搭载的动力蓄电池更大，运载能力有所下降，导致单位周转量碳排放优势并不突出。

  2）插电混公交车因其油耗较低，且运载能力较强，其生命周期碳排放表现较好。在当前镍钴锂资源短缺、充电桩不足等情况下，插电混公交车兼顾碳排放与资源节约，是良好的过渡技术手段。

  3）氢燃料公交车生命周期碳排放高的原因主要是由于我国氢能结构中，化石燃料制氢的比例较高，同时氢燃料系统及动力蓄电池也是重要的碳排放源。采取相关政策鼓励绿氢的制取与使用，以及氢燃料系统中高碳排放材料的替代，是使氢燃料公交车具备减碳效益的重要手段。

  4）载客量是公交车生命周期单位周转量碳排放的重要因素。优化运营方式，提高公交车的载客能力，是降低公交车生命周期单位周转量碳排放的重要手段。

3.3 企业生命周期碳排放研究结果

乘用车企业生命周期碳排放研究结果

  根据 2.3 节所述的核算方法，本部分核算了乘用车企业生命周期碳排放量相关数据，核算范围涉及 115 家企业。根据核算结果，2021 年销售的乘用车在其生命周期内产生的碳排放总量为 7.5 亿 tCO_2e，其中 99.4% 由年销量大于 10000 辆的企业贡献。不同企业间，受单车生命周期碳排放量和车型销量共同影响，乘用车企业在 2021 年销售乘用车的生命周期碳排放总量差异明显。以传统能源车型为主、车型销量高的传统车企，其碳排放总量明显高于主打新能源车型、处于销量爬坡期的造车新势力，例如受销量影响，一汽 - 大众汽车有限公司碳排放总量最大；而在销量相近的企业之间，单车生命周期碳排放量均值更低的企业，在生命周期碳排放总量上也更具优势。

如图 3-65 所示，2021 年在售乘用车的生命周期碳排放总量最高的前十企业分别为一汽 - 大众汽车有限公司（6804.1 万 t CO_2e）、上汽大众汽车有限公司（5203.9 万 t CO_2e）、浙江吉利控股集团有限公司（5107.1 万 t CO_2e）、上汽通用汽车有限公司（5042.2 万 t CO_2e）、重庆长安汽车股份有限公司（4677.0 万 t CO_2e）、东风汽车有限公司东风日产乘用车公司（3950.1 万 t CO_2e）、长城汽车股份有限公司（3922.3 万 t CO_2e）、上汽通用五菱汽车股份有限公司（3459.9 万 t CO_2e）、广汽本田汽车有限公司（2942.8 万 t CO_2e）、东风本田汽车有限公司（2901.3 万 t CO_2e），合计占 2021 年销售的乘用车在其生命周期内产生的碳排放总量的 58.6%。

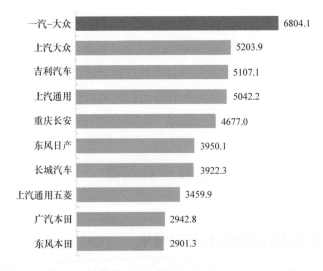

图 3-65 2021 年企业在售乘用车的生命周期碳排放总量 Top10（单位：万 t CO_2e）
碳排放总量受单车生命周期碳排放量和车型销量共同影响。
从报告中摘录的图表必须附带声明，以表明资料来源于《中国汽车低碳行动计划（2022）》。
未经中汽数据有限公司事先书面明示同意，任何宣传不得使用本报告中的信息。

企业之间的在售乘用车的单车生命周期碳排放均值也存在差异，介于 91.9~476.9gCO_2/km 之间，算数平均值为 244.5gCO_2/km。其中，以新能源车型为主的企业碳排放均值最低，而以传统能源车型为主的企业碳排放较高。为体现代表性，年销量大于 10 万辆的乘用车企业的碳排放均值最低的

Top10 如图 3-66 所示,依次为特斯拉(上海)有限公司(172.2gCO$_2$e/km)、上汽通用五菱汽车股份有限公司(201.2gCO$_2$e/km)、比亚迪汽车有限公司(208.1gCO$_2$e/km)、北京现代汽车有限公司(232.1gCO$_2$e/km)、一汽丰田汽车销售有限公司(236.0gCO$_2$e/km)、东风汽车有限公司东风日产乘用车公司(237.7gCO$_2$e/km)、东风悦达起亚汽车有限公司(238.4gCO$_2$e/km)、上海汽车集团股份有限公司乘用车分公司(238.7gCO$_2$e/km)、上汽大众汽车有限公司(239.2gCO$_2$e/km)、广汽丰田汽车有限公司(239.5gCO$_2$e/km)。特斯拉(上海)有限公司的单车生命周期碳排放均明显低于其他企业。

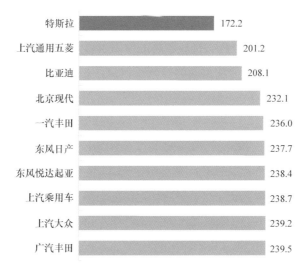

图 3-66　2021 年企业在售乘用车生命周期碳排放均值 Top10(销量 10 万辆以上企业)
(单位:gCO$_2$e/km)

企业筛选依据:2021 年乘用车销量大于 10 万辆的企业。

从报告中摘录的图表必须附带声明,以表明资料来源于《中国汽车低碳行动计划(2022)》。未经中汽数据有限公司事先书面明示同意,任何宣传不得使用本报告中的信息。

不同系别车型间的平均碳排放同样存在差异。根据品牌及车型特点,2021 年销售的乘用车可以分为自主品牌、日系、德系、美系、韩系、合资自主、瑞典系、欧系 - 捷克、法系、英系 10 种系别(销量从大到小)。合资自主品牌,主要是指国内汽车合资公司通过购买、引进外方产品技术平台,并在此基础上重新开发出知识产权归属于合资公司的品牌、车型,代表品牌有广汽本田汽车有限公司的理念、上汽通用五菱汽车股份有限公司的宝骏、东风汽车有限公司东风日产乘用车公司的启辰以及大众汽车（安徽）有限公司的思皓等。瑞典系是指沃尔沃汽车（亚太）投资控股有限公司的沃尔沃品牌，欧系 - 捷克是指上汽大众汽车有限公司的斯柯达品牌，英系是指奇瑞捷豹路虎汽车有限公司的捷豹和路虎品牌。

各系别乘用车的单位行驶里程碳排放均值如图 3-67 所示，数值介于231.5~319.5gCO$_2$e/km 之间，其中合资自主乘用车最低，英系乘用车最高。韩系、欧系 - 捷克品牌乘用车单位行驶里程碳排放较低的原因在于销售的车型多为 A0、A 级等碳排放较低的车型，自主品牌乘用车单位行驶里程碳排放较低的原因主要与低碳排放量的纯电动乘用车销量占比较高有关。瑞典系和英系品牌乘用车的单位行驶里程碳排放较高的原因主要是与销售的车型多为 B、C级等整备质量大、燃料消耗量高的高碳排放量车型，低碳排放量的纯电动乘用车销量占比较低有关。

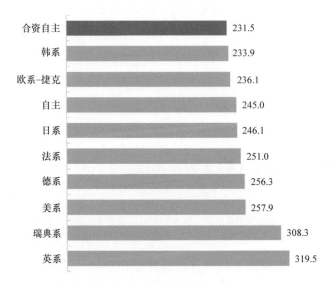

图 3-67　2021 年各系别企业在售乘用车生命周期碳排放均值（单位：gCO$_2$e/km）

核算方法：各系别企业平均生命周期碳排放核算方法。

从报告中摘录的图表必须附带声明，以表明资料来源于《中国汽车低碳行动计划（2022）》。未经中汽数据有限公司事先书面明示同意，任何宣传不得使用本报告中的信息。

3.4 车队生命周期碳排放研究结果

3.4.1 乘用车车队生命周期碳排放研究结果

1. 我国历年乘用车保有量结构分析

在本研究中，乘用车的车辆类型包括轿车、运动型多用途汽车（Sport Utility Vehicle，SUV）、多用途汽车（Multi-Purpose Vehicles，MPV）、交叉型乘用车四种。通过整理保有量数据[⊖]，我国 2012—2021 年乘用车保有量情况如图 3-68 所示。从车辆类型来看，我国乘用车主要以轿车为主，SUV 占比提升较快。2021 年我国乘用车保有量中轿车占比达 59.0% 左右，较 2020 年下降 1.1 个百分点左右，SUV 占比达 29.86%，较 2020 年增长 2.02 个百分点，为 2012 年 SUV 保有量占比的 3.7 倍以上。MPV 和交叉型乘用车保有量占比变化程度不大，分别由 2020 年的 7.2% 和 4.9%，变化为 2021 年的 7.0% 和 4.1%。从燃料类型角度来看，我国乘用车保有量中燃油乘用车仍占主导地位，新能源乘用车保有量增速较快。2021 年我国乘用车保有量增长至 2.3 亿辆，超过 2012 年保有量的 3 倍，保有量增长势头依然强劲。2021 年乘用车保有量中，汽油乘用车仍占绝大比例，占保有量的 95.9% 左右，较 2020 年下降 1.2 个百分点。柴油乘用车占比较小，保有量占比保持在 0.2% 左右。常规混乘用车保有量占比小幅增长，从 2020 年的 0.5% 左右增长至 0.7% 左右。我国新能源乘用车保有量增长较快，纯电动乘用车发展迅速。2021 年我国新能源乘用车保有量达 645.5 万辆左右，较 2020 年增长 71.9% 左右。纯电动乘用车占新能源乘用车的绝大比例，2021 年新能源乘用车保有量中电动乘用车占比约为 79.2%，纯电动乘用车保有量较 2020 年增长 75.8%。2021 年插电混乘用车占新能源乘用车保有量的 20.8% 左右，保有量较 2020 年增长 58.7% 左右。其他燃料类型车辆，包括天然气、液化石油气、甲醇等，在乘用车保有量中的占比变化不大，保持在 0.4% 左右。

⊖ 保有量数据来自中国机动车交通事故责任强制保险数据库，该数据库主要包括乘用车与商用车的保有量、车辆类型、燃料类型、车龄、注册地区、能耗水平、整备质量相关信息，为便于计算，筛选出了燃料类型、车辆类型、车龄等关键信息完成了保有量数据字段。

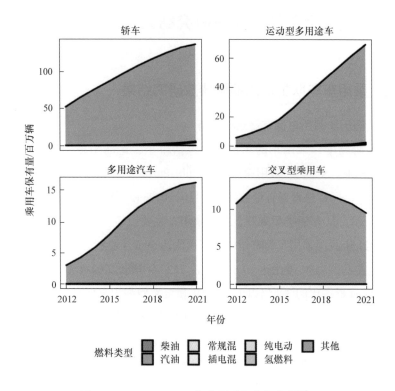

图 3-68　2012—2021 年我国乘用车保有量情况

从地区角度分析，广东、山东、江苏、河南、浙江，河北、四川乘用车
保有量均超过 1000 万辆，如图 3-69 所示。2021 年，广东省拥有全国最高的
乘用车保有量，高达 2208.8 万辆，山东省紧随其后，保有量达 2101.1 万辆，
江苏、河南、浙江、河北、四川为剩余 5 个保有量达千万的省份，分别为
1717.4 万辆、1520.1 万辆、1508.2 万辆、1469.4 万辆以及 1109.7 万辆。北京、
天津、上海、重庆四个直辖市乘用车保有量分别达到 523.7 万辆、333.2 万辆、
481.1 万辆、431.6 万辆。全国各地区新能源汽车保有量占比超过 10% 的仅有
上海市，约为 12.5%，此外，新能源乘用车保有量占比较高的地区还有北京、
海南、天津、广东、浙江，新能源乘用车保有量占比分别达到 8.7%、8.0%、
6.6%、4.5% 与 4.0%。从新能源乘用车保有量总数来看，东部、南部地区新能
源汽车保有量更高。2021 年，广东省新能源乘用车保有量最高，达到 98.9 万
辆，其中纯电动乘用车占比约为 70.3%，浙江、上海、山东、河南、北京、江

苏紧随其后，新能源乘用车保有量分别达到 60.4 万辆、60.1 万辆、51.4 万辆、48.8 万辆、44.3 万辆、40.2 万辆，其中上海市插电混乘用车在该地区新能源汽车保有量中占比较高，达到 51.7%，北京市纯电动乘用车在该地区新能源乘用车保有量中占比最高，达到 99.8%。

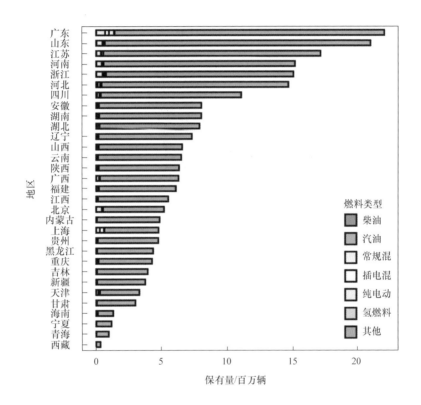

图 3-69　2021 年我国各地区乘用车保有量情况

注：统计数据不包含港澳台地区的数据，后同。

当前我国人均乘用车拥有水平较低。如图 3-70 所示，2021 年我国每千人乘用车的保有量水平在 164 辆左右，远低于欧、美、日等发达国家，按此估计，我国乘用车保有量仍存在很大增长空间。目前我国千人保有量前三的地区为天津、北京、浙江，千人保有量分别为 240 辆、239 辆、233 辆。此外，山东、内蒙古、江苏、河北、上海、山西、广东、辽宁、吉林的汽车千人保有量均高于全国平均水平。

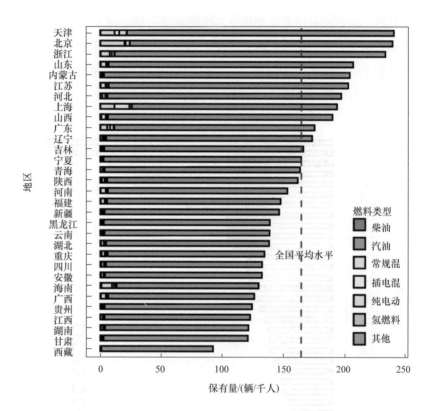

图 3-70　2021 年我国各地区乘用车人均保有量情况

2. 乘用车车队生命周期碳排放研究结果

2021 年我国乘用车车队全生命周期碳排放总量达到 7.0 亿 t，其中燃料周期与车辆周期碳排放比例约为 3∶1，如图 3-71 所示。与 2020 年相比，我国乘用车车队全生命周期碳排放总量增加约 0.2 亿 t，燃料周期与车辆周期碳排放均增长约 0.1 亿 t，全生命周期碳排放占比中车辆周期比例有所提升，主要是由于 2021 年乘用车产量尤其是新能源汽车产量有了较大幅度的增长。从燃料类型上来看，2021 年汽油乘用车全生命周期碳排放总量约占 96%，纯电动乘用车占 2%，常规混乘用车和插电混乘用车各占 1% 左右，柴油乘用车及其他燃料类型乘用车占比不到 1%，主要原因是汽油乘用车在乘用车保有量中占比较大。2021 年我国乘用车燃料周期产生的碳排放中，燃料使用环节（Pump to Wheel，PTW）占绝大比例。2021 年我国乘用车燃料周期产生的碳排放中，燃料生产环节（Well to Pump，WTP）碳排放占比约 17%，燃料使用环节占 83%。汽油乘用车为燃料周期主要排放源，由汽油乘用车产生的燃料周期碳排放约占乘用车车队燃料周期碳排放总量的 97%，常规混乘用车、插电混乘用车以及纯电动乘用车的占比均约为 1%。

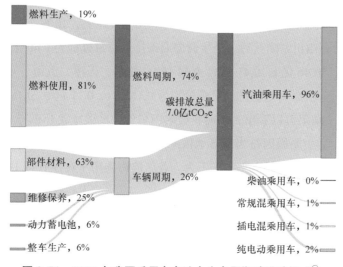

图 3-71 2021 年我国乘用车车队全生命周期碳排放构成[一]

2021 年我国乘用车车辆周期产生的碳排放中，部件材料的生产占绝大比例。对于车辆周期的碳排放，其中维修保养阶段的碳排放主要由轮胎、蓄电池等部件更换以及制冷剂逸散等因素产生。根据计算结果，车用部件材料的生产加工所产生的碳排放占 63%，维修保养环节碳排放占比约为 25%，整车生产环节碳排放占 6%。值得注意的是由于动力蓄电池生产产生的碳排放占比约 6%，该部分碳排放仅涉及常规混乘用车、插电混乘用车以及纯电动乘用车，但其碳排放占比与当年全部乘用车生产环节产生的碳排放相当。

我国各区域乘用车生命周期碳排放呈现出"东高西低"的特点。本研究结合各地区乘用车保有量、车辆燃料类型、车辆能耗水平、区域电力因子[二] 等差异化特征，计算了 2021 年我国乘用车生命周期碳排放的区域分布情况。从

[一] 图中碳排放总量左侧为不同生命周期阶段碳排放量所占比例，右侧为不同燃料类型乘用车全生命周期碳排放在碳排放总量中的占比。

[二] 各地区电力结构参考附表六。

2021 年我国乘用车全生命周期碳排放热力图可以看出，乘用车碳排放较高的区域主要集中在东部沿海地区，特别是京津冀、长三角、珠三角等经济发达地区，而西部地区、东北地区的碳排放总量较低。

我国乘用车保有量水平高的地区减排压力更大。如图 3-72 所示，广东作为我国乘用车保有量最高的地区，同样产生了最多的碳排放，2021 年广东地区乘用车车队生命周期碳排放总量达到 0.70 亿 t 左右，山东、江苏、浙江、河南、河北、四川紧随其后，全生命周期碳排放总量分别为 0.60 亿 t、0.53 亿 t、0.48 亿 t、0.46 亿 t、0.41 亿 t、0.34 亿 t。北京、天津、上海、重庆四个直辖市乘用车全生命周期碳排放总量分别为 0.16 亿 t、0.11 亿 t、0.18 亿 t、0.14 亿 t。由以上结果可以看出，当前我国乘用车各区域碳排放分布与保有量情况基本成正比，主要原因是当前各地区乘用车保有量仍以传统燃油车为主，且不同地区之间车辆能耗水平差异不大，若新能源乘用车在保有量中不断提升，

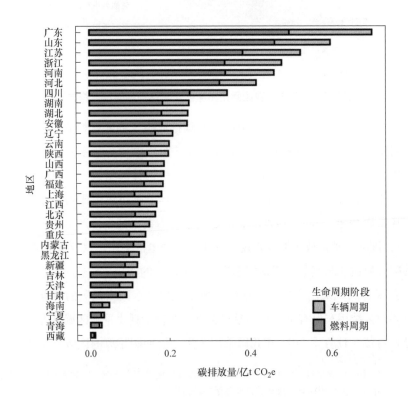

图 3-72　2021 年我国各地区乘用车碳排放总量

区域电力结构的优势将在乘用车碳排放总量上有所体现。

从我国各地区人均乘用车碳排放来看，不同区域之间差异较大。如图 3-73 所示，我国人均乘用车生命周期碳排放较高的区域主要集中在人均乘用车用量较大的地区，其中，天津、北京、浙江、上海、江苏、山东、内蒙古、广东、河北、山西几个地区人均乘用车碳排放水平均在全国平均水平以上，天津、北京、浙江、上海四个地区的人均乘用车碳排放量分别为 0.77t/ 人、0.75t/ 人、0.74t/人、0.72t/ 人，是广西、青海、西藏人均乘用车碳排放的 2 倍以上。

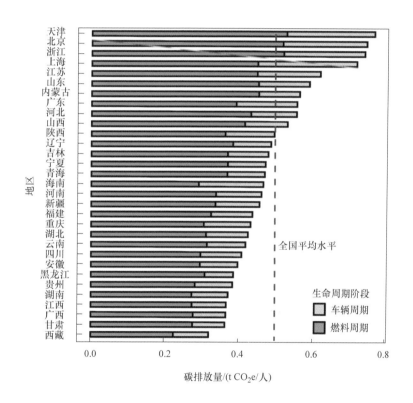

图 3-73 2021 年我国乘用车人均碳排放区域情况

通过以上分析可以看出，我国乘用车全生命周期碳排放总量在逐步攀升，且绝大部分排放来自燃料周期，经济较发达区域的碳排放量更高。主要原因一方面是我国的乘用车保有量仍在不断增长，全生命周期碳排放随之增高，另一方面传统燃油车在保有量中的占比居高不下，产生大量燃料周期碳排放。

在保证乘用车行业发展的情况下，大力推动新能源乘用车的发展，是实现乘用车领域碳减排的有效途径。

3.4.2　商用车车队生命周期碳排放研究结果

1. 我国历年商用车保有量结构分析

我国商用车保有量呈增长趋势，2021 年保有量较 2020 年增长有所停滞。本研究所涵盖的商用车范围主要包括客运车辆和货运车辆，其中客运车辆主要包括客车、公交车等，货运车辆包括轻型货车、单体车、自卸车、牵引车等，数据源与乘用车相同。清洁车、消防车、押运车等专用车辆由于基础数据缺乏，不在本研究的讨论范围之内。如图 3-74 所示，2021 年我国商用车保有量达到 0.3 亿辆左右，与 2020 年相比，由于 2021 年商用车销量有所下降，保有总量变化幅度不大。商用车保有量中，主要以中重型货车为主，2020 年保有量为 1559 万辆，其次为轻型货车，保有量为 1177 万辆，随着我国铁路、航运、地铁等公共交通的快速发展，城际客车与城市公交的保有量都有不同程度的下降，2021 年客车和公交车的保有量分别为 176 万辆与 85 万辆。从燃

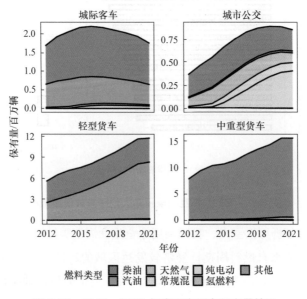

图 3-74　2012—2021 年我国商用车保有量情况

料类型来看，除了公交车外，其他商用车新能源化程度较低。2021 年，我国重型货车主要以柴油重货为主，占比达 98% 以上，小部分为天然气重货，约占 1%，轻型货车则主要以汽油轻货为主，占比达 73%，其次为柴油轻货，占比约 23%，城际客车燃料类型仍以柴油客车与汽油客车为主，占比分别为 65% 和 30%，公交车电动化较快，2021 年我国公交车中纯电动公交车占比已达 40%，另外天然气、常规混公交车比例也相对较高，分别占 10% 和 8%。

我国东部沿海地区货车保有量更高。如图 3-75 所示，从区域角度来看，山东、广东、河北三省货车保有量水平相对较高，均超过 200 万辆，此外，河南、浙江、江苏、安徽、四川等地区保有量水平均超过 100 万辆。可见，货车保有量水平与经济活动密切相关。各地区货车燃料类型为柴油的比例普遍较高，平均在 65% 左右，其中在上海市，柴油货车在该地区货车总量中占比最高，达到 88%。目前新能源货车在各地区的推广速度普遍较慢，2021 年北京

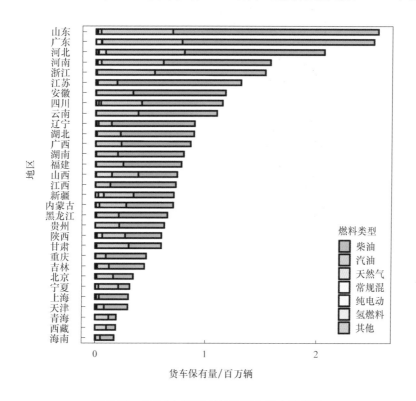

图 3-75 2021 年我国各地区货车保有量情况

市纯电动货车在该地区保有量中的占比最高，达到 3.8%。

我国人口密集区域公交车和客车保有量相对较高。如图 3-76 所示，2021
年我国广东、江苏两地公交车和客车的保有量超过 20 万辆，山东、浙江、北
京、辽宁、河南、湖北、湖南公交车和客车的保有量均超过 10 万辆。相比货
车，各地区公交车和客车中新能源车辆占比普遍较高，平均水平达到 16.8%。
其中广东省公交车和客车的电动化比例最高，达到 31%，西藏电动化比例最
低，仅为 3.9%。

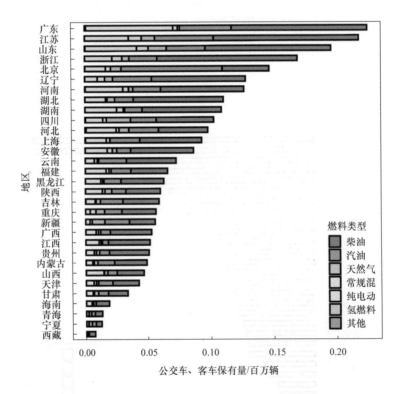

图 3-76　2021 年我国各地区公交车和客车保有量情况

2. 商用车车队生命周期碳排放研究结果

2021 年我国商用车车队全生命周期碳排放有所下降，主要是由于保有量
增速放缓导致。如图 3-77 所示，2021 年我国商用车全生命周期碳排放达到 5.0
亿 t，其中燃料周期占 81%，车辆周期占 19%。与 2020 年相比，由于商用车

销量有所下降，导致商用车保有量增长放缓，全生命周期碳排放总量较 2020 年下降 0.3 亿 t，其中燃料周期下降 0.1 亿 t，车辆周期下降 0.2 亿 t。从碳排放构成来看，我国商用车碳排放主要由柴油车产生，占商用车碳排放总量的 86%，汽油车、天然气车占比较低，分别为 7% 和 5% 左右。纯电动车碳排放占比较少，在 2% 左右。商用车燃料燃烧产生的直接排放占主导地位。当前商用车车队 81% 的碳排放来自燃料周期，燃料周期中，有超过 80% 的碳排放来自于燃料燃烧的直接排放，有 18% 的排放由燃料上游生产环节产生。商用车车辆周期的碳排放总量中，主要由车用材料的获取、加工与生产产生，占车辆周期碳排放总量的 60% 左右。维修保养环节为第二大排放源，包括轮胎、液体的更换等，占比约 38%。由于目前我国商用车中新能源车辆占比仍比较小，动力蓄电池生产产生的碳排放仅占 1% 左右，但已和整车生产产生的碳排放总量相当。

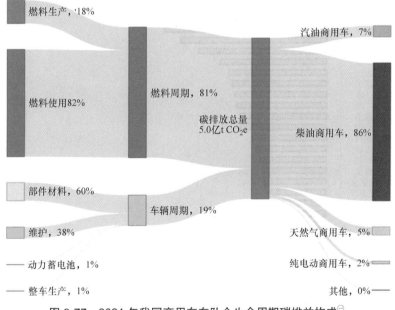

图 3-77　2021 年我国商用车车队全生命周期碳排放构成[○]

从区域角度来看，商用车碳排放主要集中于经济活跃地区。2021年我国商用车碳排放总量的空间分布与乘用车碳排放分布较为相似，同样集中于京津冀、长三角、珠三角、成渝等地区，这些地区人口密集、经济发达、商业活动频繁，因此客运以及货运需求均比较大，相应地由商用车产生的碳排放总量更大。

我国东部地区的商用车全生命周期碳排放总量普遍更高。为了便于计算，将商用车产生的全生命周期碳排放划归至车辆使用地区。如图3-78所示，2021年，山东省商用车车队的碳排放总量居全国第一，达到0.38亿t。河北、广东、河南、江苏、浙江、安徽、四川各地的碳排放总量较高，分别为0.34亿t、0.32亿t、0.25亿t、0.19亿t、0.19亿t、0.19亿t、0.18亿t。

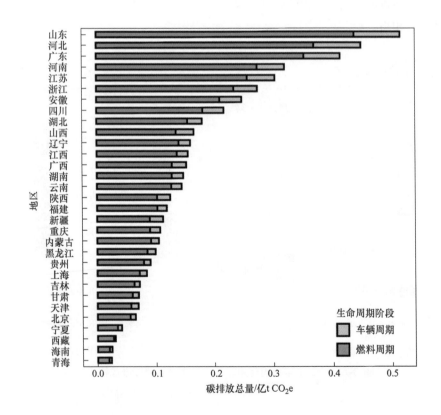

图 3-78　2021 年我国各地区商用车碳排放总量图

　　与乘用车相比，商用车保有量体量虽小，但所产生的碳排放总量与乘用车碳排放总量处于同一量级，燃料周期碳排放总量相当，单车碳排放量远超乘用车。由于商用车设计车辆类型众多，不同车辆类型碳排放情况差异较大。商用车中客运车辆产生的碳排放占比较小，主要是因为客运车辆保有量总量少，同时新能源车辆比例高，大部分地区新车中新能源车比例已接近 50%。商用车车队所产生的大部分碳排放来自中重型货车的燃料周期，主要是因为这部分货车新能源化水平较低，同时负载大、油耗高、里程长，由于燃料使用产生的碳排放高。

CHAPTER

第4章 面向碳中和的汽车行业低碳转型路径分析

4.1 总体转型路径框架

4.1.1 转型路径

汽车、交通和能源构成了相互支撑、互为约束的碳链条。交通需求会影响汽车保有量和交通领域的能源消耗量，从而影响碳排放。汽车终端用能结构及能耗水平又反过来影响能源和交通领域的碳排放。能源绿色化决定了汽车上游制造端及道路交通领域的碳排放。想要落实汽车行业碳中和目标，不能只靠单一路径的减排收益，要充分探究不同路径的减排潜力和耦合效果。

各大车企在实现碳中和的行动中都会提到产品电动化，但由于目前我国使用的电能中很大比例来源于火电，这就造成了新能源汽车的碳排放重点转移到了电池生产和电能供给方面。因此，构建以清洁电能为主体的能源补给网络，从源头零碳对于实现汽车产业碳中和具有重要意义。

基于电网清洁化，实现汽车制造低碳化。汽车整车制造用能结构中，电能消耗占比60%以上，动力蓄电池制造过程中的烘烤、干燥、分容化成等环节电耗巨大，电网清洁化程度对制造端减碳至关重要。

在汽车制造阶段，车用材料正由以钢为主的传统用材结构向钢铝混合、全铝车身、塑料复合材料和镁合金等多材料混合应用的趋势发展。汽车制造环节复杂，低碳工艺生产和资源配置协同难度较大，利用大数据、云计算、人工智能等新信息技术实现碳数据量化、碳数据优化、智能控制的生产数字化转型，是汽车行业低碳发展的必经路径。

在交通方面，借鉴发达国家的经验，主要聚焦于建设智慧型交通，优化出行空间、路权配置等。此外，在众多碳减排驱动因素中，共享经济理念的传递能够为社会经济带来更高的效率。共享经济通过其经济活动组织方式的改变，相较于单一家庭而言，具有更大的社会群体支撑，表现出更大的碳减排潜力。因此，促进绿色共享出行全链条服务体验的提升也是主要的交通减碳途径。

二氧化碳捕集利用与封存技术（CCUS）能够实现电力、钢铁等行业的近零排放，有效降低汽车全生命周期电力和钢铁相关的温室气体排放。负排放 CCUS 技术能够抵消汽车行业部分难减排的 CO_2，最终实现行业碳中和。

综上，本章聚焦汽车行业碳中和，从不同角度提出了电力清洁化转型、车辆电动化转型、燃料脱碳化转型、材料低碳化转型、生产数字化转型、交通智慧化转型、出行共享化转型、资源循环化转型、捕集利用和封存、产品生态化转型十大转型路径，如图 4-1 所示，分别设置了基准情景、汽车行业2060 年前碳中和情景和汽车行业 2050 年前碳中和情景三个情景，在此基础上，充分讨论不同情景下不同路径的碳减排潜力。

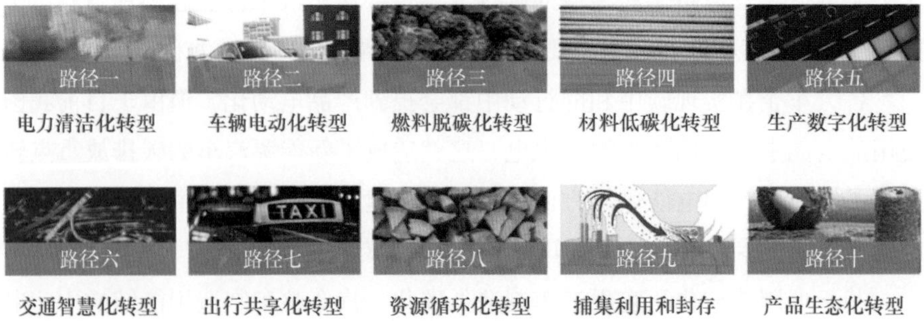

路径一　　　路径二　　　路径三　　　路径四　　　路径五
电力清洁化转型　车辆电动化转型　燃料脱碳化转型　材料低碳化转型　生产数字化转型

路径六　　　路径七　　　路径八　　　路径九　　　路径十
交通智慧化转型　出行共享化转型　资源循环化转型　捕集利用和封存　产品生态化转型

图 4-1　汽车行业碳中和十大转型路径

4.1.2　情景设置

为了评估不同减排路径对乘用车车队的减排效果，本书基于一系列权威报告、行业信息、学术研究以及内部分析，设定了三种低碳减排情景，即基准情景、汽车行业 2060 年前碳中和情景以及汽车行业 2050 年前碳中和情景，每种情景中设定了不同减排参数，之后通过乘用车车队生命周期碳排放模型进行计算分析，评估不同情景下乘用车单车生命周期碳排放强度、车队生命周期碳排放总量、燃料周期以及车辆周期碳排放占比的变化等信息。对于不同情景，本研究主要考虑电力清洁化、车辆电动化、替代燃料、材料效率、车辆生产能效、动力蓄电池碳排放、车辆使用能效和消费模式八种减排措施作为影响因素进行研究。

1. 基准情景

基准情景基于我国现状设定，相关参数变化趋势与历史变化趋势接近，参数年变化率较为缓和。该情景中，非化石能源发电占比逐步提升，预计在 2030 年非化石能源发电占比为 45% 左右，2060 年非化石能源发电占比为 94% 左右；车辆电动化比例稳步提升，传统燃料类型车预计在 2060 年禁售；氢燃料电池车销售量逐步提升，随后在新售车辆中保持一定比例；重点材料用能结构逐步优化；车辆生产能效逐步提升；车辆使用能效逐步提升；循环材料使用比例逐年稳步提升；车辆年行驶里程保持不变。

2. 汽车行业 2060 年前碳中和情景

汽车行业 2060 年前碳中和情景在基准情景的基础上，各项减排参数年变化率均有一定幅度的提升。该情景中，非化石能源发电占比逐年提升较大，预计在 2030 年非化石能源发电占比为 51% 左右，2060 年非化石能源发电占比为 96% 左右；车辆电动化比例提升较快，传统燃料类型车预计在 2050 年禁售；氢燃料电池车销售量逐步提升，随后在新售车辆中保持一定比例；重点材料用能结构优化较快；车辆生产能效年变化率增高；车辆使用能效年变化率增高；循环材料使用比例逐年提升较快；车辆年行驶里程小幅下降。

3. 汽车行业 2050 年前碳中和情景

汽车行业 2050 年前碳中和情景为最激进情景，相关减排参数均以减排最大值设定，各项参数年变化率大幅增加。该情景中，非化石能源发电占比逐年提升最快，预计在 2030 年非化石能源发电占比为 52% 左右，2060 年非化石能源发电占比为 97% 左右；车辆电动化比例大幅提升，传统燃料类型车预计在 2035 年禁售；氢燃料电池车销售量逐步提升，随后在新售车辆中保持一定比例；重点材料能源结构优化迅速；车辆生产能效年变化率大幅增加；车辆使用能效年变化率快速提升；循环材料使用比例逐年大幅提升；车辆年行驶里程下降幅度较大。

4.2　碳中和转型十大路径

4.2.1　路径一：电力清洁化转型 ⊖

电力是落实国家"双碳"目标和实现能源低碳转型的重要领域。中国实现碳达峰碳中和时间短，任务重。欧盟等发达经济体二氧化碳排放已经达峰，从碳达峰到碳中和有 50~70 年过渡期。我国二氧化碳排放体量大，从碳达峰到碳中和仅有 30 年时间，任务更为艰巨。随着低碳转型的深入，电力已成为连接工业、建筑、交通、通信等各领域并促进经济社会低碳转型的支撑平台。与此同时，电力系统自身正经历着深刻的结构调整，传统"以火为主"的高碳发展模式逐渐转变，以风光为代表的新能源低碳发展模式逐渐呈现，新型电力系统逐步构建。

1. 电力行业低碳发展现状

（1）电力消费与生产供应

2020 年，全国全社会用电量 75214 亿 kW·h，比上年增长 3.2%，"十三五"年均增速为 5.7%；全国人均用电量为 5331kW·h/ 人，比上年提高 145kW·h/ 人。

截至 2020 年底，全国全口径发电装机容量 220204 万 kW，比上年增长 9.6%。其中，水电 37028 万 kW（抽水蓄能 3149 万 kW）；火电 124624 万 kW（煤电 107912 万 kW；气电 9972 万 kW）；核电 4989 万 kW；并网风电 28165 万 kW；并网太阳能发电 25356 万 kW。我国 1978—2020 年发电装机情况如图 4-2 所示。

⊖ 本部分的电力数据及研究观点均来源于中国电力企业联合会。

2020 年，全国全口径发电量为 76264 亿 kW·h，比上年增长 4.1%，增速比上年下降 0.7 个百分点。其中，水电 13553 亿 kW·h（抽水蓄能 335 亿 kW·h）；火电 51770 亿 kW·h，（煤电 46296 亿 kW·h；天然气 2525 亿 kW·h）；核电 3662 亿 kW·h；并网风电 4665 亿 kW·h；并网太阳能发电 2611 亿 kW·h。

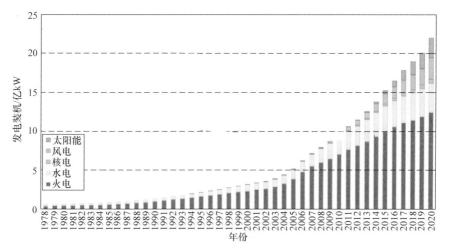

图 4-2　我国 1978—2020 年发电装机情况

我国 1978—2020 年发电量情况如图 4-3 所示。

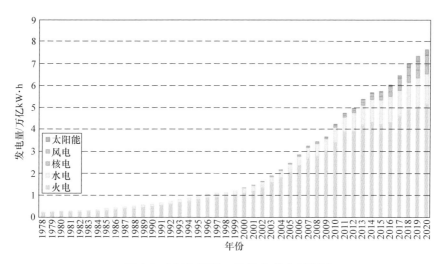

图 4-3　我国 1978—2020 年发电量情况

（2）电力绿色发展

截至 2020 年底，全国非化石能源发电装机容量 98566 万 kW，占全口径发电装机容量的 44.8%，比 2005 年增加 18.2 个百分点；达到超低排放限值的煤电机组约 9.5 亿 kW，约占全国煤电总装机容量 88%。2020 年，全国非化石能源发电量 25850 亿 kW·h，占全口径发电量的 33.9%，比 2005 年增加 14.7 个百分点。2019 年，我国电能占终端能源消费比重为 26%，高于世界平均水平 17%。2016—2019 年，电能替代累计新增用电量约 5989 亿 kW·h，对全社会用电增长的贡献率达到 38.5%，主要集中在清洁取暖、工（农）业生产制造、交通、电力供应与消费及家庭电气化等重要领域。

2020 年，全国 6000kW 及以上火电厂供电标准煤耗 304.9g/kW·h，比上年降低 1.5g/kW·h；全国 6000kW 及以上电厂用电率为 4.65%，比上年下降 0.02 个百分点；全国线损率为 5.60%，比上年下降 0.33 个百分点；全国电力烟尘、二氧化硫、氮氧化物排放量分别约为 15.5 万 t、78.0 万 t、87.4 万 t，分别比上年下降 15.1%、12.7%、6.3%；单位火电发电量烟尘、二氧化硫、氮氧化物排放分别为 0.032g/kW·h、0.160g/kW·h、0.179g/kW·h，分别比上年下降 0.006g/kW·h、0.027g/kW·h、0.016g/kW·h。

2020 年，全国单位火电发电量二氧化碳排放约 832g/kW·h，比 2005 年下降 20.6%；全国单位发电量二氧化碳排放约 565g/kW·h，比 2005 年下降 34.1%。以 2005 年为基准年，从 2006 年到 2020 年，通过发展非化石能源、降低供电煤耗和线损率等措施，电力行业累计减少二氧化碳排放约 185.3 亿 t。其中，非化石能源发展贡献率为 62%，供电煤耗降低对电力行业二氧化碳减排贡献率为 36%，降低线损的二氧化碳减排贡献率为 2.6%[1]。

2005—2020 年电力二氧化碳排放强度如图 4-4 所示，2006—2020 年各种措施减少二氧化碳排放效果如图 4-5 所示。

2. 电力行业碳达峰碳中和研究

双循环发展新格局带动用电持续增长，新旧动能转换，传统用电行业增速下降，高技术及装备制造业和现代服务业将成为用电增长的主要推动力量。新型城镇化建设将推动电力需求刚性增长。能源转型发展呈现明显的电气化趋势，电能替代潜力巨大。综合考虑节能意识和能效水平提升等因素，预计

2025 年、2030 年、2035 年我国全社会用电量分别为 9.5 万亿 kW·h、11.3 万亿 kW·h、12.6 万亿 kW·h，"十四五""十五五""十六五"期间年均增速分别为 4.8%、3.6%、2.2%。预计 2025 年、2030 年、2035 年，我国最大负荷分别为 16.3 亿 kW、20.1 亿 kW、22.6 亿 kW，"十四五""十五五""十六五"期间年均增速分别为 5.1%、4.3%、2.4%。我国电力需求还处在较长时间的增长期。

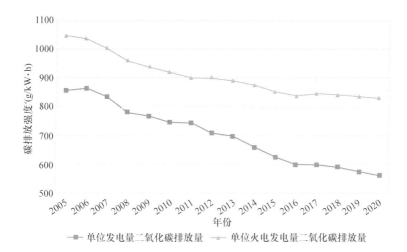

图 4-4　2005—2020 年电力二氧化碳排放强度

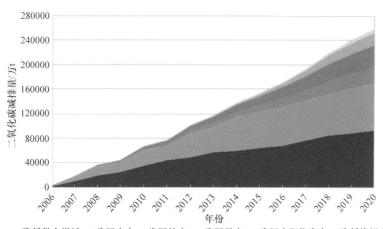

图 4-5　2006—2020 年各种措施减少二氧化碳排放的效果

"十四五"期间，核电按年均增加 6 台机组、新能源按年均新增 0.7 亿 kW 的发展节奏，预计到 2025 年，水电达到 4.35 亿 kW（含抽水蓄能 0.65 亿 kW），核电达到 0.7 亿 kW，风电达到 4.0 亿 kW，太阳能发电达到 5.0 亿 kW。由于新能源可参与电力平衡的容量仅为 10%~15%，为保障电力供应安全，满足电力实时平衡要求，"十四五"期间，需新增煤电 1.9 亿 kW。

"十五五"期间，按照核电年均增加 8~10 台机组，新能源年均新增 1.2 亿 kW 的发展节奏，预计 2030 年左右煤电装机达峰，电力行业碳排放于 2028 年达峰。"十六五"期间，电动汽车广泛参与系统调节，进一步支撑更大规模新能源发展。新能源年均新增 2.0 亿 kW，核电发展节奏不变。新能源、核电、水电等清洁能源发电低碳贡献率分别为 58%、20%、22%，电力行业碳排放进入稳中有降阶段。

考虑规模化发展及技术进步，核电、新能源及储能设施的建设成本呈加速下降趋势。但由于新能源属于低能量密度电源，为满足电力供应，需要建设更大规模的新能源装机，导致电源和储能设施年度投资水平大幅上升。据测算，"十四五""十五五""十六五"期间，电源年度投资分别为 6340 亿元、7360 亿元、8300 亿元（"十一五""十二五""十三五"期间，电源年度总投资分别为 3588 亿元、3831 亿元、3524 亿元）。相比 2020 年，2025 年发电成本提高 14.6%，2030 年提高 24.0%，2035 年提高 46.6%。

重大技术创新推动碳达峰碳中和，诸如碳中性气体、液体燃料取得重大突破，包括氢、氨和烃类等载体可以长期储存电力或用于发电，将大范围替代火电机组，增加系统运转惯量，保障大电网稳定运行，电力生产进入低碳、零碳阶段，并辅以碳捕集、林业碳汇，实现电力行业碳中和。未来将以新型电力系统为基础平台，特高压输电技术、智能电网技术、长周期新型储能技术、氢能利用技术、碳捕集技术等绿色低碳前沿技术创新为依托，共同推进目标实现。

3. 实施路径

（1）构建多元化能源供应体系

坚持集中式和分布式并举，全面推进风电、太阳能发电大规模开发。以西南地区主要河流为重点，积极推进流域大型水电基地建设。积极安全有序发展核电，因地制宜建设天然气调峰电站。按照"控制增量、优化存量"的原则，发挥煤电托底保供作用，适度安排煤电新增规模。因地制宜发展生物质发电，推进分布式能源发展。

（2）发挥电网基础平台作用

优化电网主网架建设，新增一批跨区跨省输电通道，建设先进智能配电网，提高资源优化配置能力。支持部分地区率先达峰。

（3）大力提升电气化水平

深入实施工业领域电气化升级，大力提升交通领域电气化水平，积极推动建筑领域电气化发展，加快乡村电气化提升工程建设。

（4）推动源网荷高效协同利用

多措并举提高系统调节能力，提升电力需求侧响应水平。推动源网荷储一体化和多能互补发展，推进电力系统数字化转型和智能化升级。

（5）大力推动技术创新

推动抽水蓄能、储氢、电池储能、固态电池、锂硫电池、金属空气电池等新型储能技术跨越式发展。促进低碳化发电技术广泛应用于智能电网技术迭代升级，加大前瞻性碳减排技术创新力度。

（6）强化电力安全意识

由于新能源发电具有随机性和间歇性的特点，使得电力供应安全、技术创新、电力电子设备的接入等方面的风险增加，应强化上述风险的识别。加强应急保障体系建设，防范电力安全重大风险。

（7）健全和完善市场机制

积极发挥碳市场低成本减碳作用，加快建设全国统一电力市场，持续深化电力市场建设。推动全国碳市场与电力市场协同发展。

4.2.2 路径二：车辆电动化转型

1. 全球新能源汽车产业发展

交通碳排放量约占全球能源相关碳排放量的四分之一[2]，交通领域脱碳是世界实现可持续发展目标和应对气候变化的关键一环，而从内燃机汽车到电动汽车的转型是交通能源变化中最明显、最直接的途径之一。

在第 26 届联合国气候变化大会（COP26）期间，6 家跨国汽车公司签署了关于零排放轿车及货车声明，承诺到 2035 年，在领先市场实现 100% 零排放汽车销售；到 2040 年，在全球范围内实现 100% 零排放汽车销售。这 6 家汽车公司分别是比亚迪、福特汽车、通用汽车、捷豹路虎、梅赛德斯 - 奔驰和沃尔沃汽车。这是继 2020 年全球汽车拥抱电动化（电动乘用车累计销量突破 1000 万辆，新售乘用车中电动汽车的占比达到 4.6%，创历史新高 [3]）之后的又一里程碑式的事件。

在全球应对气候变化、可持续发展的使命和目标下，多国积极出台碳中和相关产业政策和法规，完善电动汽车产业链，加速推广电动汽车，促进低碳环保出行。欧盟委员会 2021 年 7 月发布了欧盟绿色新政的核心政策——"Fit for 55" 减排一揽子方案，修订新款轿车与轻型商用车的二氧化碳排放性能标准，提出包括能源、工业、运输和建筑供暖在内等 12 项政策，力争 2030 年底实现温室气体排放量较 1990 年减少 55% 的目标。最新提案要求新车和货车的排放量从 2030 年开始比 2021 年的水平下降 55%，在 2035 年实现汽车净零排放，同时规定各国政府加强车辆充电基础设施建设，如图 4-6 所示。美国 2021 年 8 月发布一条行政命令，提出在 2030 年纯电动汽车、插电式混合动力汽车和燃料电池汽车，要在所有新销售的乘用车中占一半比例。而根据 2020 年 12 月日本政府公布的"绿色增长计划"，未来 15 年内将淘汰燃油车，到 2035 年，电动车（包括混动车、燃料电池汽车）将替代燃油车，2050 年实现碳中和目标。

为了应对这些政策和法规，以及车企自身的社会责任，各大公司纷纷加快了电动汽车的研发创新步伐，提出了电动化转型的战略、禁售内燃机车辆和碳中和的目标时间。捷豹品牌 2025 年实现产品全面电动化，沃尔沃、宝马 MINI 和梅赛德斯 - 奔驰品牌 2030 年转型为纯电品牌或者全面电动化，通用和丰田雷克萨斯品牌 2035 年全面电动化，如图 4-7 所示。同时，宝马宣布 2030 年，纯电动车型将至少占到宝马总交付量的 50%；大众的"2030 NEW AUTO"战略，也明确到 2030 年，纯电动车型的份额预计上升至 50%；日产汽车发布的 2030 愿景，也明确日产和英菲尼迪品牌的电驱化车型占比将超过 50%。

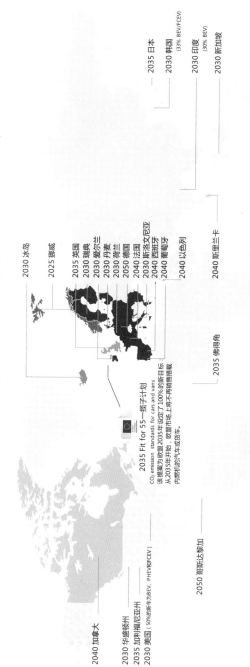

图 4-6　逐步停止销售或注册新内燃机汽车的政府目标时间

图 4-7　各大车企电动化转型策略和时间

以上世界主要汽车大国纷纷加强战略谋划、强化政策支持，跨国汽车企业加大研发投入、完善产业布局，新能源汽车已成为全球汽车产业转型发展的主要方向和促进世界经济持续增长的重要引擎，如图 4-8 所示。全球的电动车销量和渗透率也在持续攀升[4]（数据来自于 EV-Volumes），如图 4-9 所示；以加速世界向可持续能源转变为使命的特斯拉，2021 年全球交付量已达近百万辆，世界已经开始拥抱电动汽车。

2. 中国新能源汽车产业发展

2020 年 9 月 22 日，习近平总书记在第 75 届联合国大会一般性辩论上宣布中国二氧化碳排放力争于 2030 年前达到峰值，努力争取 2060 年前实现碳中和。作为重要的碳排放来源和能源消耗大户，汽车领域的碳减排和低碳化也影响着中国双碳目标的实现。而汽车全生命周期碳足迹中，燃料周期（燃料使用和燃料生产）的碳排放占比最大，因此，在推动汽车领域碳减排过程中，发展新能源汽车是必然的，同时也是中国从汽车大国迈向汽车强国的必由之路。

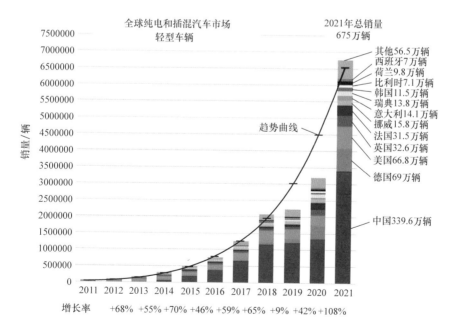

图 4-8　2011—2021 年全球分市场的电动乘用车年销量（数据来源：EV-Volumes）

全球纯电和插混动力汽车销量(单位：千辆)

图 4-9　2012—2021 年全球电动乘用车年销量和渗透率（数据来源：EV-Volumes）

国务院办公厅 2020 年 10 月 20 日发布了《新能源汽车产业发展规划（2021—2035 年）》[5]，对我国"十四五"及中长期的新能源汽车产业发展进行了总体部署，明确了发展愿景和五个方面的重点任务，提出保障措施，为行业发展提供了总体方向。

10 月 27 日，由工业和信息化部装备工业一司指导，中国汽车工程学会牵头组织编写的《节能与新能源汽车技术路线图 2.0》（简称《路线图 2.0》）正式发布。基于汽车技术发展的社会愿景和产业愿景，坚持纯电驱动发展战略，提出面向 2035 年的六大总体目标，其中包括我国汽车产业碳排放总量先于国家碳排放承诺于 2028 年左右提前达到峰值，到 2035 年碳排放总量较峰值下降 20% 以上；新能源汽车逐渐成为主流产品，汽车产业基本实现电动化转型，分别以 2025 年、2030 年、2035 年为关键节点。预计至 2035 年，我国节能汽车与新能源汽车年销售量各占 50%，汽车产业实现电动化转型。

实际上，我国电动化转型成效显著，新能源汽车市场渗透率稳步提高，产业规模化速度加快。2019 年，受汽车产业周期性波动、补贴退坡、传统汽车促销等因素影响，新能源汽车市场首次出现下滑，发展不及预期。

2020 年上半年，新能源汽车市场受疫情影响表现不佳，但下半年市场呈现强劲增长态势，全年新能源汽车销量 136.7 万辆，同比增长 10.9%。2021 年我国汽车产销量同比呈现增长，结束了 2018 年以来连续三年的下降局面，如图 4-10 所示。新能源汽车成为最大亮点，全年销量超过 350 万辆，市场占有率提升至 13.4%，进一步说明了新能源汽车市场已经从政策驱动转向市场拉动。

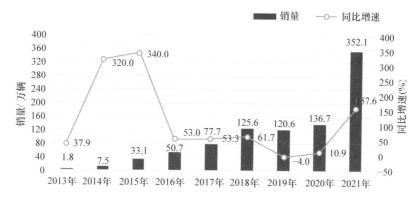

图 4-10 我国新能源汽车历年销量情况

就汽车全生命周期碳足迹而言，车辆使用阶段碳排放占比最高。如 3.4 节介绍，2021 年乘用车燃料周期碳排放量占汽车总碳排放量的 74%，约为 5.2 亿 t CO_2e。因此，加速推动传统燃油汽车向零排放汽车的转型是尽早实现汽车领域碳达峰和碳减排的最重要途径。本书以《路线图 2.0》中关键参数目标为基础，并参考《新能源汽车产业发展规划（2021—2035 年）》《乘用车燃料消耗量限值》等现行规划、技术指导文件与相关标准中的技术目标值，以及国际清洁交通委员会、中国汽车工业协会和国际能源署等发布的研究报告作为补充。相较于 2021 年车辆电动化的情景参数设置，新增了纯电动乘用车与电动乘用车（BEV+PHEV）的比例关系，上调了新能源乘用车新车在乘用车总销量中的占比，对于未来新车的销量结构预测更加积极。例如，2021 年 CALCP 报告中 2035 年新能源乘用车新车在乘用车总销量占比为 50%，2022 年同一参数调整为 62%。如图 4-11、图 4-12 所示。在基准情景下，2030 年和 2060 年乘用车电动化（纯电动 + 插电式混合动力）比例分别为 40% 和 90%，商用车电动化（纯电动）比例分别为 5.2% 和 16.9%；在汽车行业 2060 年前碳中和情景下，2030 年和 2060 年乘用车电动化比例分别为 50% 和 88%，商用车电动化比例分别为 7.6% 和 28.3%；在汽车行业 2050 年前碳中和情景下，2030 年和 2060 年乘用车电动化比例分别为 70% 和 85%，商用车电动化比例分别为 10.8% 和 49.5%。

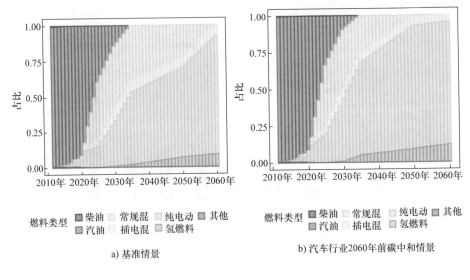

a) 基准情景

b) 汽车行业2060年前碳中和情景

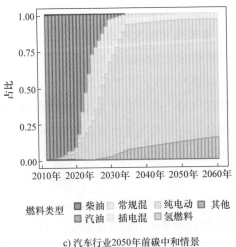

c) 汽车行业2050年前碳中和情景

图 4-11　三种情景下乘用车新车销量中各类燃料类型占比

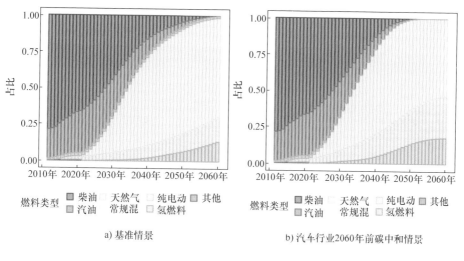

a) 基准情景

b) 汽车行业2060年前碳中和情景

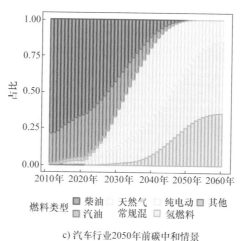

c) 汽车行业2050年前碳中和情景

图 4-12　三种情景下商用车新车销量中各类燃料类型占比

在乘用车能效提升参数设置上，以 2021 年的能效水平为基准，未来，不同类型乘用车能效水平将有不同程度的提升。随着不同情景的减排强度增加，柴油 / 汽油乘用车燃油消耗、混合动力乘用车燃油消耗、纯电动乘用车电量消耗水平下降幅度较小，氢燃料电池乘用车燃料消耗水平降幅约为 20%。未来随着时间的推移，不同能耗水平将均有较大幅度下降，其中氢燃料电池乘用车燃料消耗水平降幅最大，可达 80%，如图 4-13 所示。

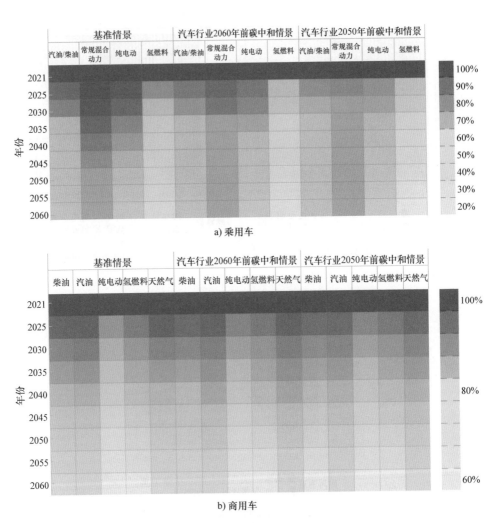

图 4-13　三种情景下车辆使用能效提升参数设置

在商用车能效提升参数设置上，纯电动和氢燃料类型能效水平提升效果较为显著。相比于政策情景对各燃料类型商用车能效的影响，时间的作用效果更明显。例如，在基准情景下，2060 年氢燃料类型商用车能效将比 2021 年提升 40% 左右，纯电动提升约 37%。

按照《路线图 2.0》，我国新能源汽车总体渗透率规划 2025 年为 20%、2030 年为 40%、2035 年为 50%。实际上，伴随全球碳中和的发展趋势，用户和消费者的低碳和节能环保意识持续提升，用户和消费者对新能源汽车的接受度也持续提高[6]，根据乘用车市场信息联席会发布的《2021 年 12 月份全国乘用车市场分析》披露，2021 年 12 月新能源汽车国内零售渗透率已经达到 22.6%。中国自主新能源汽车的代表企业比亚迪新能源乘用车 2021 全年总销量增长迅速，已近 60 万辆；造车新势力代表"蔚小理"（蔚来、小鹏、理想）全年销量也纷纷突破 9 万辆；其他中国自主汽车品牌，如一汽、长安、广汽、吉利、长城等也纷纷发布了自己的电动化战略。

充电基础设施的完备也加速推动电动汽车发展。《新能源汽车产业发展规划（2021—2035）》也明确提出了加快充换电基础设施建设，提升充电基础设施服务水平。2022 年 1 月国家发展改革委等部委为全面贯彻落实发展规划，支撑新能源汽车产业发展，突破充电基础设施发展瓶颈，推动构建新型电力系统，助力"双碳"目标实现，明确了到"十四五"末，我国电动汽车充电保障能力进一步提升，形成适度超前、布局均衡、智能高效的充电基础设施体系，能够满足超过 2000 万辆电动汽车充电需求。

能否有效突破充电瓶颈对于道路交通的低碳化目标同样将产生显著的影响，用户的里程焦虑更多是对于充换电便利性和时效性的焦虑，当充换电和现在的加油一样方便快捷，甚至比加油更便利（例如家充）时，更多的用户自然而然就会选择更加环保智能舒适的电动车。

加强新能源汽车与电网（V2G）能量互动，促进新能源汽车与可再生能源高效协同，充分发挥电动汽车的"电力海绵"效应[7]，助力未来道路交通领域能够通过"储放绿电"取得"外部煤电替代减碳效应"，实现能源汽车总体的"净负碳排放效益"。按照政策目标场景，如我国可在 2025 年左右开始具备 V2G 规模商用条件，则到 2035 年我国 V2G 车辆在私人和单位用车的总保有量中占比接近一半，总量达到 1 亿辆，每年通过"储放绿电"替代煤电规模的潜力超过 7000 亿 kW·h，每年的"外部煤电替代减排效益"可以达到 8 亿 t 以上。如果将 V2G 车辆的"外部煤电替代减排效益"计作道路交通领域的减排贡献，则 2035 年之后，新能源汽车有望帮助道路交通领域实现整体"净负碳排放"，并帮助工业和建筑等其他领域提升绿电消费比例，实现深度减碳，为我国实现碳中和目标做出积极贡献[8]。

由此可见，为了应对全球气候变化和我国双碳目标的提出，加速了电动车的蓬勃发展，电网清洁化的加持，更加有助于汽车全生命周期的低碳化。绿色低碳发展的社会需求，必然推动电动车在低碳材料的应用、轻量化和能效的提升、动力蓄电池的梯次回收利用、循环材料等新技术的创新和突破。电动化和低碳化相辅相成，相互促进，推动着中国汽车产业持续升级，高质量发展。建议下一步面向碳中和目标，汽车电动化转型还应做好政策和技术"两手抓两手都要硬"，一只手抓政策法规建设，依据国家电动化的不同发展阶段，动态调整相应的政策和法规，采用最适合中国国情的低碳化策略，并加强国际规则协同；另一只手抓低碳核心技术研发，深入推进汽车全产业链的碳足迹研究，突破碳排放数据、模型算法、低碳技术等方面的低碳核心瓶颈技术，携手汽车全价值链迈向碳中和。

4.2.3　路径三：燃料脱碳化转型

石油是中国第二大能源（仅次于煤炭），2019 年约占全国能源供应的 19%[9]。2019 年我国二氧化碳排放量达到 14.17 亿 t[10]，使用石油产品约占总二氧化碳排放量的 14%。我国的石油需求主要由交通运输业拉动，占石油产品（汽油和柴油）总量的 55% 以上 [11]，交通运输业的飞速发展带动了石油需求大幅增长，近十年来年均增长率约为 6%[12]。虽然电动汽车等替代动力系统正在快速增长，据国际能源署（IEA）预计，由于我国城市化进程的加快和交通行业的发展，未来十年我国石油需求将继续上升 [13]。因此，减少以石油燃料为动力的传统汽车排放是我国交通运输业脱碳的重要手段。除了依赖于车辆效率技术进步来提高燃料使用效率，降低温室气体（GHG）的排放，减少石油燃料全生命周期（WTW）的温室气体排放也是非常有效的手段，其中包括原油开采、炼制以及使用低碳燃料作为混合组分进行改进。

原油开采、运输和炼制能源消耗高，二氧化碳排放高。在全球范围内，这一产业约消耗 3%~4% 的一次能源 [14]，占 9% 的温室气体排放 [15]。在我国，能源生产阶段（WTP）的温室气体总量约占道路运输温室气体总量的 18%［中国汽车生命周期数据库（CALCD）[16]］。为了使这一产业在气候变化目标中发挥作用，改进原油开采和炼制过程至关重要。许多研究均强调了减少现有设施温室气体排放的方案，包括改进日常维护，以便减少天然气燃除和甲烷泄

漏 [17]，二氧化碳捕获、储存和再利用 [18]，以及整合可再生能源和低碳能源，以供现场使用 [19]。

此外，包括生物燃料（从可持续生物质原料生产）和合成燃料（即从回收的二氧化碳和绿色氢气制取）在内的低碳燃料混合可显著降低内燃机车的全生命周期碳排放强度。合成燃料作为一种前景可观的解决方案在全球赢得了广泛关注 [20, 21]，因为其完全适用于现有的基础设施和车辆 [22]。合成燃料的即用能力接近 100%，使内燃机技术和化石基础设施成为气候解决方案的重要组成部分。目前，合成燃料的产量有限，但也许会随着政策支持和技术创新而有所增加。在欧盟国家，根据经重新修订的可再生能源指令（RED-Ⅱ），合成燃料被认为是实现 2030 年交通运输业可再生能源目标的有效途径之一 [23]。中国科学院（CAS）提出了合成燃料相关愿景和战略 [24]。由中国科学院大连化学物理研究所（DICP）和珠海市福油能源科技有限公司联合开发的 1000t 产能中试装置在山东省开车，凭借首创的金属催化技术，利用二氧化碳和氢气为原料生产合成汽油 [25]。

本节依据文献研究成果，对改进温室气体排放潜力进行定量评估，并基于此来研究可行的内燃机燃料脱碳途径。

1. 原油生产

作为世界上最大的石油进口国，我国接收来自世界各地众多油田的原油。2021 年，我国每天进口约 1030 万桶（MMbbld）原油，约占原油总需求的 72.3%[12]。沙特阿拉伯和俄罗斯是我国最大的两大石油供应国，2021 年分别占约 12% 和 11% 的市场份额。其他中东国家（如伊拉克、阿曼）和西非国家（如安哥拉）也对我国原油进口贡献显著，如图 4-14 所示。

我国进口原油的温室气体排放强度存在较大差异，如图 4-14 所示，进口原油市场份额前 25 名石油供应国加权平均温室气体排放强度介于 $4.6gCO_2e/MJ$（来自沙特阿拉伯）和 $29.2gCO_2e/MJ$（来自刚果）之间 [17]。影响原油的温室气体排放强度的关键因素包括原油密度和燃除天然气作业。具有较高温室气体排放强度的油田（例如，来自委内瑞拉和加拿大）主要生产非常规原油，如焦油砂和超重油，需要采取高耗能开采（露天采矿或蒸汽辅助重力泄油）和升级工艺。某些常规原油生产商（如俄罗斯、伊朗、伊拉克和美国）的燃除天然气强度较高 [26]，导致温室气体排放强度增加。由于沙特阿拉伯燃除天然气强度较低，含水量开采较少（单位产油量提质少，表面处理能耗低）且油藏高产，其国家层面温室气体排放强度最低。与其他许多国家相比，我国国内油田生产的原油由于燃除天然气强度不高，其温室气体排放强度相对较低 [26, 27]。

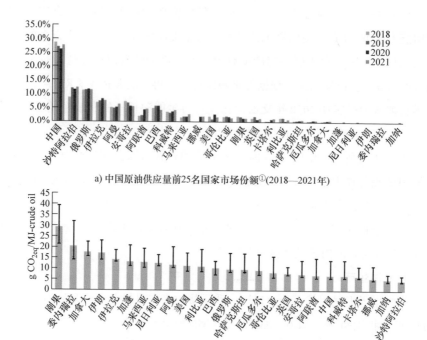

a) 中国原油供应量前25名国家市场份额①(2018—2021年)

b) 中国原油供应量前25名国家的温室气体排放强度②

图 4-14　按国家划分的中国原油结构和温室气体排放强度

（自 2018 年以来，超过 97% 的原油份额）

① 中国海关数据库 [4]。

② M.S. Masnadi 等人，Science 361，6405（2018）[9]。

这意味着我国可通过优化原油供应结构来实现进口原油脱碳。为方便讨论起见，按照国家层面的温室气体排放强度，将我国的进口原油供应分为三大类，见表 4-1。在 2018 年至 2021 年期间，超半数进口原油总量的排放低于 8gCO_2e/MJ，市场份额增长了 6.5%，而温室气体排放强度较高（>12gCO_2e/MJ）的国家所占份额在过去三年中有所下降。因此，自 2018 年以来，我国原油消费的平均温室气体排放强度逐年下降，如图 4-15 所示。

表 4-1 我国进口原油市场份额温室气体排放强度
（前 25 名国家）

温室气体排放强度	2018 年	2019 年	2020 年	2021 年
<8gCO$_2$e/MJ	52.2%	54.0%	55.5%	58.7%
8~12gCO$_2$e/MJ	26.7%	26.8%	28.2%	27.0%
>12gCO$_2$e/MJ	18.1%	16.3%	13.6%	12.8%

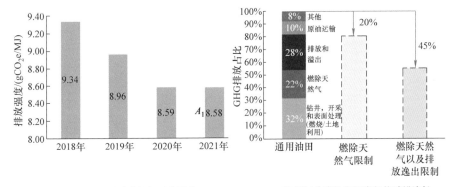

a) 中国原油消费加权平均温室
气体排放强度(2018—2021年)

b) 原油生产阶段温室气体减排途径

图 4-15 我国加权平均原油温室气体排放强度及减排潜力

全球角度来看，原油开采可考虑几种重要的温室气体减排措施
（图 4-15b）。基于利用开源石油行业 LCA 建模工具——OPGEE 所得到的普
通油田相关结果[28]，燃除天然气、排放和逸出是油田温室气体排放的主要来
源，通常与基础设施问题和运营规范有关。如果将天然气燃除强度从每生产
一桶石油燃烧 155scf（2015 年的全球平均值）降低到 20scf 气体（scf/bbl）
（2015 年全球油田排名第 25 位[17]），则温室气体排放强度可降低 20%（据
报道，2015 年我国的国内燃烧强度约为 47scf/bbl[28]）。此外，如果能够改进
日常维护，将排放和逸出气体从 2015 年全球平均 2.2gCO$_2$e/MJ（根据挪威
2015 年国家平均值计算）降低到 0.2gCO$_2$e/MJ，可使温室气体排放强度再降
低 25%。

2. 石油炼制

石油炼制的温室气体排放密集程度主要取决于其炼制工艺的复杂性以及原油重馏分的加工方式。2015年，我国超过75%的炼油厂采用焦化深度转化炼油方式，能源消耗量和温室气体排放量较高。每桶原油所排放的二氧化碳当量是典型轻度加氢炼油厂的3倍[19]。中国典型炼油厂排放强度约 $5.9 \sim 11.8gCO_2e/MJ$，其加权平均温室气体排放强度为 $9gCO_2e/MJ$[19]，如图4-16所示。

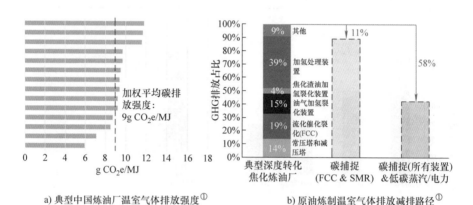

a) 典型中国炼油厂温室气体排放强度[①]　　　　b) 原油炼制温室气体排放减排路径[①]

图4-16　中国炼油工业的温室气体排放强度及缓解潜力
① L. Jing 等人，*Nat. Clim. Chang.* 10，526-532（2020）[11]。

对于典型的深度转化焦化炼油厂，温室气体主要来自加氢处理装置（占39%）、流化催化裂化（占19%）和油气加氢裂化装置（占15%），而关键的温室气体减排措施包括利用碳捕获技术（CC）和使用低碳能源。根据国际能源署温室气体研发计划[29]，在炼油厂使用碳捕捉技术可实现碳排放量降低17%~48%。Jing 等人[19]测算，在低投资决策情形下，通过捕获用于制氢的流化催化裂化和蒸汽甲烷重整（SMR）设备所产生的二氧化碳，全球炼油碳排放量可能减少11%，而在高投资决策情形下，通过扩大部署碳捕获，并使用低碳蒸汽和电力，全球炼油碳排放量可能减少58%，如图4-16所示。

3. 合成燃料混合

合成燃料是指通过化学方式合成液态或气态碳氢燃料。氢气来源于低碳电力（通过电解水），而二氧化碳原料可以直接从大气中捕获 [直接空气捕获（DAC）]，或者从点源（例如，工业生产过程）捕获。该合成工艺可生产合成柴油 / 汽油、甲醇、二甲醚（DME）或其他燃料，可用于道路车辆、飞机或船舶等许多运输应用，如图 4-17 所示。

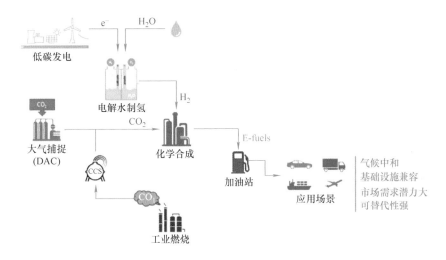

图 4-17　合成燃料生产路线示例（图片由阿美石油公司提供）

合成燃料能够有效利用可再生能源（风能和太阳能），同时还能够为电网的低碳化提供稳定性。此外，还可以规避处理氢气[30]（例如储存和运输）所带来的挑战。合成汽油和柴油可用于现有基础设施，通过逐步增加其在常规汽柴油的浓度来降低碳排放强度。与受限于车辆置换速率的其他替代动力总成解决方案不同，低碳合成燃料能够为交通运输业带来更迅速的脱碳潜力。

图 4-18 显示了基于文献的合成燃料的全生命周期温室气体排放强度。与传统的石油燃料（根据中国汽车生命周期数据库，柴油的排放强度为 $87.5 gCO_2 e/MJ$）相比，低碳合成燃料可以减少 70% 以上的温室气体排放。以下文献数据主要是合成柴油，但如 Ueckerdt 等人[31] 所指出的那样，当生产工艺涉及低碳途径时，合成汽油和合成柴油的碳排放强度并无显著差异。

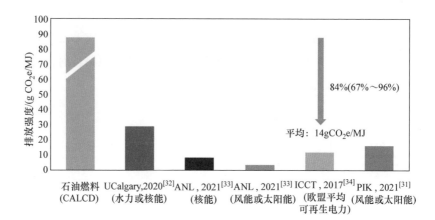

**图 4-18 相对于石油燃料（柴油），合成燃料的原材料开采到
能源使用全过程温室气体排放强度**

4. 可行的脱碳途径

在未来一段时间内，依赖石油燃料的内燃机汽车依旧在道路车辆中占据很大份额。如前文所述，无论是在石油燃料制造过程中，还是在整体燃料混合中逐步增加低碳合成燃料的浓度，均可显著潜力降低石油燃料的温室气体排放。考虑到低碳替代动力总成的效益往往受到市场中车辆置换速率缓慢的限制，这一方面显得尤为重要。此外，低碳液体燃料可促进重型汽车、航空和航运等难以减排的运输行业的脱碳进程，而在这些行业，替代方案的前景更为有限。

图 4-19 给出了石油燃料在每个生命周期阶段通过部署各种减排措施而可能实现的降碳潜力。逐步部署的技术包括：①通过改进作业方式，并减少原油生产过程中的泄漏，减少因燃除天然气、甲烷排放和逸出造成的排放；②在炼油厂内采用碳捕获技术，同时使用低碳能源（蒸汽、电力等）；③逐步增加传统汽柴油中低碳合成燃料的含量。图 4-19 中假设合成燃料的平均碳排放强度为 $14gCO_2e/MJ$，但其误差线反映了与使用 3.9~29gCO_2e/MJ 范围内的合成燃料碳排放强度相关的变化情况。由此可以看出，这一系列的减排措施有可能实现大规模的温室气体减排，其中当燃料中含有 60% 的低碳合成燃料时，可实现高达 55% 的温室气体减排。

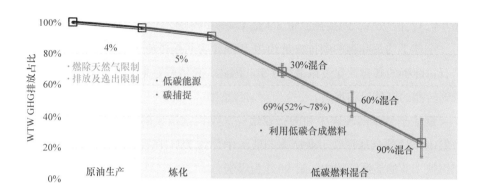

图4-19 以石油为主的运输燃料可行的脱碳途径（误差线反映了
合成燃料温室气体排放强度的变化情况）

本节论述了中国道路运输业可能采取的配套脱碳途径。然而，这种措施成功与否，需要制定一个适宜的政策框架来达到低碳技术引资目的，特别是要实现低碳合成燃料的开发和部署规模化。为针对交通运输业提出有效脱碳战略，还需要提供生命周期评估导向的政策决策，整合全部技术及所有能源，来推进我国交通领域的低碳化。

4.2.4 路径四：材料低碳化转型

1. 钢铁材料低碳转型路径分析

（1）钢铁的重要性

钢铁是现代人类社会最常用的材料之一，广泛应用于建筑、机械、汽车、造船、家电、五金工具等行业。钢铁具有优异的循环利用性能，极易通过简单的设备进行回收，并且可以无限次循环利用而不损失物理和化学性能。

根据世界钢铁协会（World Steel Association）的估算，汽车是钢铁材料的第三大用户行业，约占全球钢铁消费量的12%，仅次于建筑（51%）和机械电气（18%）[35]。

（2）钢铁材料的碳排放现状

钢铁行业是全球碳排放量最大的工业行业，排放总量仅次于能源和交通行业。钢铁行业的碳排放量占全球排放总量的大约7%[36]，而在我国这个数字是17%。2020年，全球钢铁工业的碳排放总量为34.4亿t，其中直接排放量

26.0 亿 t，占 76%，间接排放量 8.4 亿 t，占 24%[37]。

全球平均每吨钢的碳排放量约为 1.85t（含间接排放），使用废钢比使用铁矿石每吨钢的碳排放量可以减少 1.5t。因此，长流程是未来我国钢铁材料实现低碳转型的突破口和难点。

钢铁是最难实现碳中和的行业之一。钢铁是最大的耗煤工业，仅次于火力发电，目前全球钢铁工业所需的能源中，约 75% 直接或间接来自煤炭。我国钢铁工业的能源结构中，近 90% 为煤炭。

作为国民经济的中间和中坚产业，钢铁行业的产业链长而复杂，涉及上游的矿业、物流、能源，和下游的诸多国民经济部门，如基础设施、房地产、机械、汽车、造船、家电、金属制品等，涉及的就业面非常大，对民生的影响巨大。钢铁行业的现有工艺技术成熟，规模效益接近理论上的极限，资源和能源利用效率高，全球化的物流体系高效健全。基于此，大部分钢铁企业推动低碳转型的动力相对不足。

（3）钢铁材料实现低碳转型的基本路径

2020 年底，在世界钢铁协会及全球各地相关企业和研究机构的支持下，国际能源署（IEA）发布了《钢铁行业低碳技术路线图》（*Iron and Steel Technology Roadmap*），对 2070 年实现全球钢铁工业碳排放总量比 2019 年下降 90% 的可能路径进行了分析。2021 年 5 月，世界钢铁协会发布了《气候变化与钢铁生产》的立场文件，阐明了全球钢铁工业实现低碳发展的主要途径。综合而言，从短期、中期和远期来看，全球钢铁工业应该从下列三个方面着手降低吨钢碳排放强度。

1）提升现有技术装备的能效水平。现代钢铁工业经过 150 多年的发展，通过持续的技术创新和设备改造，在能源利用效率领域已经趋近现有工艺和设备可能达到的理论极限。但是，在全球范围内，各个国家和地区之间的发展还不均衡，部分先进钢铁企业的能源效率已经接近理论极限，而大部分钢铁企业的能源效率仍然有进一步提升的空间。根据世界钢铁协会的统计，在同类工艺技术、同类装备、同类原燃料的情况下，部分落后钢铁企业的能耗强度比最先进企业的能耗水平高出 30%~50%。如果把落后钢铁企业的能效水平提高到先进企业的水平，据粗略估计，全球钢铁行业的吨钢能效水平有望提高 10%~15%, 由此可以带来幅度相当的吨钢碳排放强度下降。这个碳减排路径不需要大量的资金投入, 只需对现有工艺和设备进行小规模改造, 或者推广先进的管理方法即可实现, 是短期内降低吨钢碳排放强度的有效途径。

要实现落后企业的能效水平向先进企业看齐, 可以从四个方面开展工作。一是提高资源利用效率, 采用最具经济可行性的原料资源, 包括优质的铁矿石、废钢铁、煤炭、天然气、辅助原料等, 提高高品位原料 (尤其是铁矿石和煤炭) 的利用, 减少杂质成分高、冶炼难度大的原料的使用, 并考虑在原料开采环节对原矿进行精加工, 减少冶炼环节的能耗和炉渣的产量。二是降低每吨钢的能源强度, 在工艺技术的各个环节, 如能源的运输、储存、转换、设备供电等环节, 通过改造采用最新的技术设备和实践经验, 把能源强度降低到最低水平。三是提高工艺装备的可靠性, 通过采用现代化的管理系统和经验, 最大化地利用现有装备, 提高设备的有效运行时间, 减少装备的闲置、周转和故障维修时间, 从而减少相应的能源浪费, 提高各个工艺环节的生产效率。四是提高工艺收得率, 通过技术改造和加强生产现场管理, 把各个工艺环节的铁元素损失降到最低水平, 并通过先进技术把含铁副产品进行全面回收再利用, 实现铁元素回收率的最大化, 减少对初级原料和燃料的消耗。

2) 充分利用废钢资源。尽管对现有工艺和装备进行技术改造可以实现能效水平的提高, 但其提高空间有限, 仅具有短期效应。从中期来看, 要实现吨钢碳排放强度的进一步下降, 需要充分利用废钢资源。根据世界钢铁协会的估算, 每利用 1t 废钢, 可以节约铁矿石 1.4t, 节约煤炭 0.74t, 可以相应减少碳排放 1.5t。

根据世界钢铁协会的估算, 目前全球每年回收利用的废钢大约 7 亿 t, 其中 2.5 亿 t 在我国, 利用回收废钢生产的粗钢占全球钢产量的 32% 左右, 其中在我国这一占比约为 22%。未来全球废钢资源量将稳步上升, 预计 2030 年将增加到 8.5 亿 t 左右, 2050 年将增加到 11.5 亿 t 左右, 其中我国国内的废钢资源量将在 2030 年增加到 3.2 亿 t 左右, 2050 年增加到 4 亿 t 左右。

充分利用废钢资源, 最佳途径是利用电炉工艺部分替代传统的高炉 - 转炉工艺, 即在废钢资源充分的地区, 停止新建高炉 - 转炉产能, 新增电炉产能, 并考虑把部分现有的高炉 - 转炉产能替换为电炉产能。

3）开发突破性的新一代钢铁生产技术。根据世界钢铁协会和国际能源署的估算，全球钢铁消费量预计将从 2021 年的 19.5 亿 t 上升到 2050 年的 21.5 亿 t 左右。由于全球钢铁需求量巨大而废钢资源有限，充分利用废钢资源仍然不能满足钢铁生产的需求。从长期来看，开发新一代的钢铁生产技术是钢铁行业实现碳中和的必由之路。

截至 2022 年 6 月，全球已经有 30 家钢铁企业发布了明确的碳中和目标，包括中国的宝武钢铁集团、鞍钢集团、河钢集团、包钢集团建龙集团和台湾中钢股份公司。这些企业中的大部分宣布到 2030 年将碳排放量减少 30%，2050 年以前实现碳中和。瑞典的 SSAB 钢铁公司已经将该公司的碳中和目标从此前的 2045 年大幅提前至 2030 年实现，即从 2030 年开始，SSAB 公司生产的汽车用钢将全部实现近零排放。为了实现碳中和目标，全球领先的钢铁企业已经积极行动起来，投入大量资源开展新一代以氢冶金为主流的钢铁生产技术研发。

欧洲、美国、日本和韩国钢铁企业在新一代钢铁生产技术的研发方面起步较早，部分企业在 20 多年前即已开始前期研究，但是进展缓慢。自 2015 年《巴黎协定》签署后，以 SSAB、蒂森克虏伯、安赛乐米塔尔、萨尔茨吉特、奥钢联为代表的欧洲企业加大了研发投入力度，在新一代技术的研发中暂时处于领先地位，并推动了其他地区钢铁企业的研发决心和投入。2021 年 11 月，宝武钢铁集团启动成立全球低碳冶金创新联盟，该联盟已经先期启动首批 25 个科研项目，研究重点是氢冶金和全氧碳循环高炉生产技术。河钢集团在河北宣化市新建一座年产量 60 万 t 的氢基直接还原铁工厂，预计 2022 年内投产，该厂产能将在几年内翻一番。我国第二大民营钢企建龙集团也启动了脱碳项目，2021 年 4 月，该公司在内蒙古兴建的 30 万 t 氢能直接还原铁工厂投产。2022 年 2 月，宝武集团启动了在湛江钢铁基地建设 100 万 t/ 年的氢基直接还原项目，预计一期工程 2023 年底投产。

作为新一代的生产技术，氢冶金技术基础弱、难度大、资金投入多、研发周期长，短期内难以替代传统的生产工艺。根据部分企业公开的信息，最早可能投入中等商业规模生产的全绿氢钢铁生产企业，是瑞典钢铁公司（SSAB）位于瑞典 Lulea 的 Hybritt 项目，该项目计划从 2026 年开始向沃尔沃等汽车企业供应量产的无化石燃料生产的近零碳排放钢板。除此之外，大部分钢铁企业的研发项目需到 2030 年甚至 2035 年左右才能投入大规模商业化生产。而以 Boston Metal 公司为主导的另一类新型生产工艺——电解还原技术，则预计难以在 2040 年前实现规模化应用。

与新一代钢铁生产技术研发同步进行的，还有二氧化碳捕集、利用和封存技术（CCUS）在钢铁行业的应用研发。目前，利用从钢厂捕集的二氧化碳生产甲醇、乙醇等技术已经经过首钢集团、建龙集团等少数企业的验证，基本成熟，但是面临成本较高、规模效益不佳的挑战。安赛乐米塔尔等欧洲钢铁企业也在规划建设 CCUS 项目，但是大规模用于钢铁行业的二氧化碳利用和封存，尤其是碳封存（目前尚无应用案例），预计将在 2035 年以后，如图 4-20 所示。

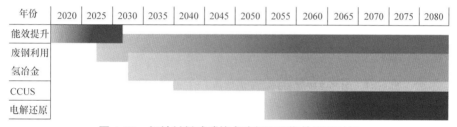

图 4-20　钢铁材料减碳技术路径和预期的实现时间

综合上述减碳技术路径的实现程度和实现时间，预计全球钢铁材料的吨钢碳排放强度将逐渐下降，到 2050 年碳排放强度将比 2019 年下降 65% 左右，如图 4-21 所示。在 2025 年之前，通过全球范围内的能效对标和能效升级行动，在钢铁产量保持增长的前提下，可以使碳排放总量和排放强度均出现一定程度的下降。2025 年后，全球钢铁需求保持微弱增长，但是能效水平的提升叠加废钢的大量使用，以及新一代低碳生产技术的逐渐推广应用，钢铁行业的碳排放总量和排放强度将出现稳步下降。

尽管各国／地区政府制定了新的政策措施并采取了大量行动，推动钢铁材料的低碳转型，但钢铁行业的脱碳工作仍然面临诸多挑战。其中包括：以铁矿石为原料的高炉 - 转炉流程产能占比居高不下，废钢供应的数量和质量问题，钢铁行业脱碳所需的融资问题，以及未来氢冶金技术面临的最核心的问题，即绿氢的大量、安全、经济性供应的问题，这些问题将影响钢铁材料低碳转型的进展。

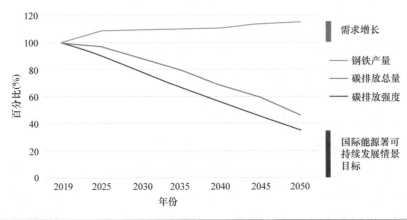

年份	2019	2025	2030	2035	2040	2045	2050
钢铁产量	100	108	108.5	109.5	110.5	113.5	114.5
碳排放总量	100	96.5	88	79.5	68	59.5	46
碳排放强度	100	90.5	78.5	66.5	56	46	35.5

图 4-21　国际能源署可持续发展情景下的 2019—2050 年钢铁生产、
碳排放和碳强度趋势

2. 从生命周期视角看钢铁材料的碳中和

（1）中国钢铁行业的低碳冶金技术路线及其数字化需求

钢铁行业是我国经济发展重要的支柱产业，同时也是碳排放重点行业，钢铁企业的碳达峰、碳中和事关调整优化产业结构、能源结构、产品结构以及新技术的应用等方面，需要统筹谋划目标任务，科学制定行动方案。当前，国内主要钢铁企业都发布了低碳路线图。

中国宝武提出 2023 年力争实现碳达峰，2025 年具备减碳 30% 工艺技术能力，2035 年力争减碳 30%，2050 年力争实现碳中和。其碳中和冶金技术的发展将按六条路线来部署和实施：①钢铁流程极限能效减碳。研究全流程理论极限和技术极限能耗模型，通过最佳可适商业技术（BACT）应用以及智慧制造、界面能效提升、余热余能深度资源化等领域的集成创新，逼近极限能效。②高炉工艺技术减碳。高炉工艺是钢铁生产的主工艺流程，通过技术创新将高炉煤气二氧化碳分离提质、加热返回高炉使用，实现高炉碳利用率极致化，结合富氢冶炼，构建富氢碳循环高炉技术体系，争取实现较传统高炉吨铁碳排放强度下降 30% 左右的目标。③氢冶金技术减碳。重点研究绿色制氢工艺技术、氢气直接还原铁矿石工艺技术以及集成应用绿氢 - 直接还原 - 电炉短流程冶炼技术，实现吨钢碳排放强度相比于高炉 - 转炉流程大幅度降碳。④短流程近终形制造技术减碳。有别于传统的生产方式，构建短流程近终形制造技术平台，开展电炉 + 近终形制造工艺技术路径研究，实现钢铁加工工艺流程极低减碳。⑤循环经济减碳。研发钢铁循环材料、含铁含碳固废、多源生物质等资源在钢铁生产过程中的使用技术，减少化石能源消耗，持续降低吨钢碳排放强度。⑥二氧化碳资源化利用技术减碳。通过对钢铁流程二氧化碳低成本、大规模地捕集和资源化利用，探索钢铁流程深度减碳技术。

鞍钢集团提出 2025 年前实现碳排放总量达峰；2030 年实现前沿低碳冶金技术产业化突破，深度降碳工艺大规模推广应用，力争 2035 年碳排放总量较峰值降低 30%；持续发展低碳冶金技术，成为我国钢铁行业首批实现碳中和的大型钢铁企业。低碳发展"五大路径"：①格局流程再造。推进兼并重组，产业布局优化，工艺流程再造，能效提升、减排降碳。②资源消耗减量。推进产品全生命周期管理，推动绿色生产，制造低碳材料，降低社会资源消耗。③能源结构优化。布局新能源产业，调整能源结构，发展储能技术、构建源网荷储、多能互补能源体系。④绿色矿山示范。发挥先进采选技术优势，提高矿产资源利用效率；充分利用矿山土地资源，发展绿色能源；加大复垦力度，增加生态碳汇。⑤前沿技术创新。坚持科技创新引领，加快研发应用低碳冶金技术和碳捕集、利用与封存技术，成果开放共享。

河钢集团提出低碳发展将经历"碳达峰平台期、稳步下降期及深度脱碳期"三个阶段，实现 2025 年较碳排放峰值降低 10%，2030 年较碳排放峰值降低 30%，并最终在 2050 年实现碳中和。提出了六大降碳技术路径：一是"铁素资源优化"路径，具体措施包括长流程球团比提高、废钢比提高；二是"流程优化重构"路径，具体措施包括全废钢电炉流程比例提高和界面优化；三是"系统能效提升"路径，具体措施包括各种节能技术的应用、智能化管控水平的提高和提高自发电比例；四是"用能结构优化"路径，具体措施为绿电应用和绿色物流；五是"低碳技术变革"路径，具体措施为氢冶金和 CCUS 技术应用；六是"产业协同降碳"路径，具体措施为发展森林碳汇、绿色建材和城市共融。

从钢铁企业制订的低碳规划来看，对于减碳的技术、方法和途径有深刻的认识，但是对这些方法和途径的具体减碳潜力没有数字化的概念，技术措施在局部的改进对全系统的减碳效果没有量化的评价，低碳规划决策中缺乏科学的碳数据支撑。

生命周期评价（Life Cycle Assessment，LCA）是一种面向产品的"从摇篮到坟墓"的环境管理方法和分析工具，是系统化的定量描述产品生命周期中的各种资源、能源消耗和环境排放并评价其环境影响的国际标准方法 [38, 39]，是国际上评价产品环境足迹（碳足迹、水足迹等）、绿色产品、绿色制造、绿色供应链、生态设计的科学方法。从其定义来看，LCA 有三个特点：面向产品、数字化的定量分析、生命周期全过程系统化的评价。因此，LCA 能够数字化展现产品生命周期环境绩效，分析比较同一产品不同制造途径、不同产品实现同一功能的环境绩效；能够避免环境影响转移，包括从一个工序转移到另一个工序，从一种污染物转移到其他污染物。

因此，应用生命周期评价方法可以科学、系统化、定量化地对钢铁企业进行低碳规划。

（2）构建产品碳足迹与组织碳排放的关联

目前对于企业碳排放的管理，一般有两种模式，一种是面向组织层级的管理，对应的国际标准为 ISO 14064-1：2018《组织层级温室气体排放和移除的量化报告规范指南》[40]，国内目前碳核算方法根据此标准进行了相应的简化，国家发改委发布的《中国钢铁生产企业温室气体排放核算方法与报告指南（试行）》，对中国钢铁生产企业温室气体排放量的核算和报告进行了规范。另外一种是基于 LCA 的面向产品层面的管理，对应的国际标准为 ISO 14067：2018《产品碳足迹 - 温室气体量化的要求和指南》[41]。

中国钢铁生产企业组织层级的碳核算边界包括了企业的直接排放以及外购电力和热力带来的间接排放，核算方式为企业总进总出碳平衡，并不涉及具体工艺、工序细节。钢铁企业流程长、工序多，这种总进总出黑匣子式的核算方式，更多的是应用于国家对企业的碳排放管理，以及企业自身对总量的摸底，并不能有效指导钢铁企业细化减碳路线规划。

基于 LCA 的产品碳足迹则是根据产品的实际工艺路径进行核算，其计算逻辑为工序直接排放加上各次间接排放，按照 GB/T 30052—2013《钢铁产品制造生命周期评价技术规范（产品种类规则）》[42]，可表达为

$$b_{T,F,g} = b_{F,g} + \sum a_{T,i} b_{i,g} \tag{4-1}$$

式中　$b_{T,F,g}$——以功能单位 F 为基准的基本流 g 的累积量；

　　　$b_{F,g}$——以功能单位 F 为基准的基本流 g 在产品生产过程的直接流量；

　　　$a_{T,i}$——原燃料在产品系统中单元过程 i 每功能单位的直接消耗量；

　　　$b_{i,g}$——基本流 g 在单元过程 i 的直接流量；

$\sum a_{T,i} b_{i,g}$——以功能单位为基准的基本流 g 在所有前景过程（foreground process，如原材料的开采过程、运输过程等）和所有背景过程（background process，如产品的使用过程、废弃物利用过程等）的累积量。

LCA 的边界可根据实际情况确定，通常有：

"从摇篮到坟墓（from cradle to grave）"：即产品全生命周期，包括资源、能源的开采、生产，加工，制造，使用和维护，废弃回收利用。

"从摇篮到大门（from cradle to gate）"：从资源、能源的开采、生产，到所研究产品的制造完成运出工厂大门这一过程。

"从大门到大门（from gate to gate）"：从进工厂大门到出工厂大门，即制造阶段。

对于钢铁产品，由于下游用途广泛，针对特定用户才能开展"从摇篮到坟墓"的研究。因此，钢铁企业普遍开展"从摇篮到大门"的 LCA，即从铁矿石、煤炭等原料、燃料开采、运输，经过焦化、烧结等原料加工工序，炼铁、炼钢、轧钢及热处理等制造工序，形成钢铁产品的过程。

LCA 面向的对象是产品，产品是碳排放的载体。全流程、全系统的变化，如能源结构变化、能源效率提升、成材率提升、新技术应用等，都能反映到产品碳排放的变化。产品碳足迹的变化，需要与组织层级的碳核算建立关联关系，将细化的 LCA 碳足迹结果与钢铁企业总体碳排放关联，这样才能指导低碳路线规划。根据 LCA 与组织层级碳核算计算逻辑与边界的分析比较，可采用式（4-2）建立关联：

$$E = \sum \left(p_i \times \mathrm{LCA}_{\mathrm{CO}_2, i} \right) \qquad (4\text{-}2)$$

式中　　E ——LCA 系统边界内碳排放总量；

　　　　p_i ——产品 i 的外卖量（离开系统边界）；

$\mathrm{LCA}_{\mathrm{CO}_2, i}$ ——产品 i 的 LCA 结果中 CO_2 排放量。

　　式（4-2）表达的物理意义在于，离开系统边界的所有碳排放载体承载的碳排放总和，内部利用的中间产品不计入计算。例如生产的热轧卷一部分外卖，一部分用于冷轧产品生产，则用于冷轧的中间产品不计入式（4-2）计算。

　　根据《中国钢铁生产企业温室气体排放核算方法与报告指南（试行）》中的核算边界，式（4-2）可细化为

$$E_{\text{钢铁企业}} = \sum \left[p_i \left(\mathrm{LCA}_{\mathrm{CO}_2, \text{gate-to-gate}, i} + \mathrm{LCA}_{\mathrm{CO}_2, \text{外购电力与热力}, i} \right) \right] \qquad (4\text{-}3)$$

式中　　$E_{\text{钢铁企业}}$ ——按指南边界的钢铁企业碳排放总量；

　　　　p_i ——产品 i 的外卖量（离开系统边界）；

$\mathrm{LCA}_{\mathrm{CO}_2, \text{gate-to-gate}, i}$ ——产品 i 的 LCA 结果中 gate-to-gate 边界内的 CO_2 排放量；

$\mathrm{LCA}_{\mathrm{CO}_2, \text{外购电力与热力}, i}$ ——产品 i 的 LCA 结果中外购电力与热力边界带入的 CO_2 排放量。

　　（3）LCA 在钢铁企业低碳规划中的应用

　　通过建立覆盖全企业的产品生命周期评价模型，可量化评估新技术新工艺应用、产品结构变化、能源结构变化、废钢利用率提升、节能减排改进、供应链优化等因素的碳减排绩效，如图 4-22 所示。

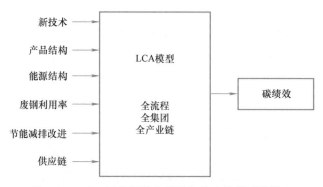

图 4-22　LCA 量化评估各措施与策略的碳减排潜力

1）新技术新工艺应用的碳减排潜力评估。新技术、新工艺的应用是 LCA 最常见的典型应用场景。LCA 的比较，是建立在同功能单位基础上的比较，即在实现相同功能条件下，对资源能源和环境排放的影响。图 4-23 是转炉炼钢与电炉炼钢这两条不同工艺路径的 LCA 分析，图中显示了不同工艺的产品碳足迹构成，如有需要，还可进一步细化厂内部分的构成情况。

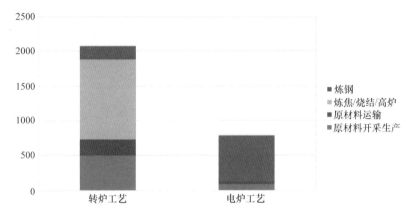

图 4-23 典型转炉工艺与电炉工艺钢坯的碳足迹比较（单位：$kgCO_2e/kg$ 钢坯）

类似的分析可以用于低碳工艺的应用，预测减碳潜力及其详细构成情况。如氢基竖炉直接还原铁 - 电弧炉工艺与传统的高炉 - 转炉工艺的 LCA 模拟等。

2）产品结构对碳达峰的影响。有一种观点认为，钢铁行业碳达峰实际上就是钢产量达峰，这种观点，在产品结构相对固定的情况下，是有一定道理的。但是如果产品结构发生变化，深加工产品比例上升，同样钢产量的条件下，碳排放有可能大幅上升。LCA 结果显示，不同产品的碳足迹差异还是相当大的，表 4-2 是世界钢铁协会发布的 2020 年钢铁产品生命周期碳足迹全球平均值，数据显示，不同的产品其碳足迹差异甚至达到近一倍，如果考虑取向硅钢、不锈钢等，其差异甚至可能超过三倍。因此，碳达峰规划，必须要考虑产品结构带来的影响。

表 4-2 世界钢铁协会发布的钢铁产品碳足迹全球平均值节选[43]

（从摇篮到大门，$kgCO_2e/kg$- 产品）

产品名称	型材	钢筋	热轧卷	彩涂卷
碳足迹	1.578	1.966	2.343	2.894

采用式（4-3）可动态模拟不同产品结构下企业总的碳排放的变化情况，式中 p_i 即产品结构，LCA 为企业产品结构与企业碳排放总量建立了关联，为企业调整与优化产品结构提供支撑。

3）能源结构对碳排放的影响。改变能源结构是碳减排、碳中和的重要途径，即在能源供应端，尽量采用非碳能源替代化石能源发电、制氢，构建绿色清洁的电力系统和能源供应系统。当然这个过程是漫长的，钢铁企业制定碳减排路线图的时候，须逐步规划各个阶段的减碳目标。在 LCA 模型中，可以通过调整能源的构成及其使用效率，建立能源使用与总体碳排放的联系，从而制定合理的调整能源结构减碳路线图。

钢铁厂常见的燃料单位热值的碳排放如图 4-24 所示。从图中可以看出，**"煤改天然气"是降低碳排放的一个途径**。LCA 研究表明[44]，钢铁企业现有工艺下，煤炭能源的 60% 以上主要作为还原剂等原料而非燃料功能，可进行"煤改天然气"的场合主要是电厂燃煤机组、高炉喷吹煤粉、焙烧喷吹煤粉等。与现状相比，电厂"煤改天然气"，可实现碳排放降低 33%。混合煤气是钢铁企业副产资源的综合利用，如替换为天然气，则会造成副产煤气资源的浪费。

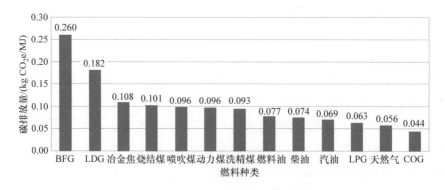

图 4-24　钢铁厂常见燃料单位热值的碳排放

改变电力结构，是钢铁企业减碳的重要方向。图 4-25 列出了各种电力的生命周期碳足迹数值，数据来源于中国汽车生命周期数据库（CALCD）。LCA 可模拟钢铁企业关闭燃煤电厂，外购电网电，外购绿电的减碳潜力。

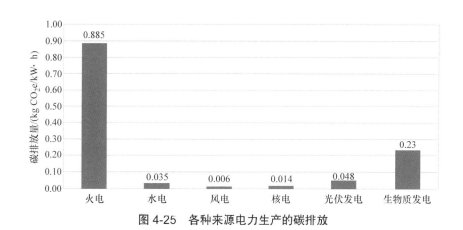

图 4-25　各种来源电力生产的碳排放

4）废钢利用率提升的减碳潜力预测。废钢利用率的提升对于减碳的效果是显著的。在评价废钢利用率提升的减碳效果时，应从生命周期视角考虑废钢产业链全过程，包括废钢铁回收、拆解、加工破碎、配送与应用等环节。由于废钢资源的供应还不能满足钢铁生产的需求，因此在做废钢利用率提升的低碳规划时，需要考虑废钢资源可获取性，逐步提升废钢利用率。

废钢的利用率主要从两个方面提升，一是提高高炉转炉废钢比，二是增加电炉炼钢比例。LCA 模拟提高转炉废钢比的情景中，可动态调整 LCA 模型中铁水与废钢的构成，以及废钢比提升后需要增加的补热剂等参数，从而构建废钢比提升与企业总体碳排放的关联。增加电炉炼钢比例的情景模拟中，在企业钢产量被限定的情况下，需要在 LCA 模型中保持电炉路径与转炉路径的总体钢产量的平衡。

LCA 模拟结果表明，废钢利用率的提升对于钢铁企业的碳减排比例，与企业产品结构相关，后续深加工产品比例较高的话，则冶炼系统碳排放比重相对较低，废钢比提升对于总体减碳比例也相对较低。

5）供应链碳管理。从钢铁产品碳足迹构成分析，供应链及外部运输占钢铁产品碳足迹的 20%~30%，是钢铁产品碳足迹的重要组成部分，钢铁企业的低碳规划不能只关注企业内部的减碳，供应链也应纳入到规划中，适当情况下也可以向供应商转移部分减碳压力，促进产业链的低碳化。

　　图 4-26 所示是对电极的不同供应商产品的 LCA 分析，到电炉钢水生产完成，电极使用对电炉钢水生命周期碳排放的影响，不同的供应商提供的产品是不一样的。钢铁企业可通过建立供应商 LCA 绿色评价系统，建立与积累产品碳数据库，待数据积累到一定程度，可建立绿色准入制度，逐步淘汰高碳排放产品。

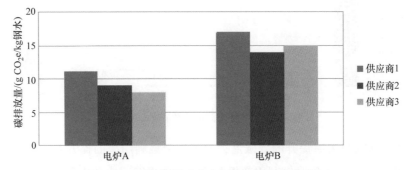

图 4-26　对不同供应商电极产品碳排放的比较

　　（4）钢铁材料生命周期碳信息的常态化披露支撑汽车产业碳足迹核算与减碳规划

　　提到钢铁业对环境的影响，往往有一种误解，认为钢铁产品生产过程中消耗了大量的能源，同时排放了大量的二氧化碳和其他污染物，所以简单地认为钢铁材料是非环保材料。这个观点是比较片面的，钢铁材料作为人类社会应用最广、产量最大的材料，到目前为止，还没有别的材料能够替代。钢铁产品性能的提升、生产高附加值的产品，一般会增加钢铁制造流程的环境负荷，但却可能更大程度地减少下游产业以及全社会的环境负荷，钢铁行业实际上承载了更多的社会责任。在汽车行业，采用高强度薄板、线棒材，能使汽车轻量化，提高汽车能源经济性，减少能源消耗及其温室气体排放。采用激光拼焊板能够简化汽车制造环节加工工艺，从而降低对环境的影响。高强钢和激光拼焊板的使用同时还能提高汽车的安全性能。热镀锌高强钢、电镀锌高强钢、汽车排气系统用不锈钢等都能延长汽车零部件的使用寿命，减少废弃，从而降低碳排放。因此在制订行业低碳发展规划时应从全社会、全产业链角度系统化考虑，做出科学决策。从生命周期评价的理念看，如果不使用钢铁材料而又要实现同样的功能及达到同样的产量，就意味着比使用钢铁有更高的环境负荷，这就是钢铁材料环保特性之一。双碳背景下，有必要建立钢铁材料的生命周期碳信息披露平台，以支撑下游汽车行业及其他行业的碳足迹核算及减碳路线规划。

LCA 是国际绿色低碳领域对话的标准语言，在"碳中和"已成为全球绿色发展的前沿热点和趋势的大背景下，LCA 在低碳领域将承担更重要的角色。中国钢铁行业积极参与国际钢铁 LCA 工作，将更有利于推动中国钢铁行业绿色低碳发展，提升绿色低碳形象，增加在该领域的话语权和参与国际市场竞争。

在应对国际绿色贸易壁垒、国际环境税（如欧盟碳边境调节机制），增强国际绿色低碳产品领域话语权方面，想在国际竞争中占有有利地位，就必须增强在国际碳标签评价体系建设的参与度和话语权。我国应当积极参与碳标签评价体系的制定，不断加强话语权，通过和其他国家的有力竞争增强我国在国际贸易中的核心竞争力。

（5）结论与建议

钢铁企业在"碳达峰、碳中和"路径规划中应站在钢铁全产业链、产品生命周期全过程的高度，科学系统地制定减碳路线图。应用生命周期评价方法可以系统化、定量化地对钢铁企业进行低碳规划。通过建立覆盖全公司的产品生命周期评价模型，可量化评价新技术新工艺应用、产品结构变化、能源结构变化、废钢利用率提升、节能减排改进、供应链碳管理与优化等因素的碳减排绩效，实现数字化碳减排路线图的描绘。通过披露钢铁材料生命周期碳信息，必将对上下游产业链产生推动作用，促进全产业链参与绿色低碳工作。钢铁材料生命周期碳信息的常态化披露能更好地支撑汽车产业碳足迹核算与减碳规划。

3. 铝加工行业低碳化转型的思考

据中国有色金属工业协会统计，2020 年，我国有色金属工业 CO_2 总排放量占全国总排放量的 6.5%，铝是有色金属行业产量最大的产品，也是有色金属行业碳排放量最大的领域，我国铝行业 CO_2 排放量占有色行业的 77%，占全国总量 5%，碳减排潜力巨大。

（1）铝及铝合金材料在汽车行业碳减排的重要性

据统计，车重每减少 100kg，二氧化碳排放可减少约 5g/km，可见，汽车轻量化对节能降耗有着非常重要的意义。实验证明，若汽车整车重量降低 10%，燃油效率可提高 6%~8%；汽车整备质量每减少 100kg，百公里油耗可降低 0.3~0.6L，电动车的续驶里程就能提高 6%~11%；汽车重量降低 1%，油耗可降低 0.7%。 $^{\ominus}$

就重量而言，金属材料零部件占汽车全部零部件的 85% 以上，因此，如何使金属零部件轻量化成了汽车轻量化的关键，也就是说，金属材料零部件轻量化是实现汽车轻量化最可靠的途径。由于铝是一种轻金属，密度约为钢的三分之一，且具有良好的导电、导热性和良好的耐蚀性；同时铝合金的机械加工性能优于传统的金属材料；铝合金的熔点低，在整个使用和回收利用过程中铝的回收率高于 90%，具有非常好的再生性；因此铝合金是目前替代钢铁实现汽车轻量化最理想的材料。

中国铝业集团高端制造股份有限公司（以下简称"中铝高端制造"）于 2019 年 9 月由中国铝业集团有限公司和重庆市人民政府合作成立，2020 年 11 月开始正式运行，注册地位于重庆市九龙坡区，注册资本 150 亿元，其中，中铝集团占比 65%，重庆市政府占比 35%。

中铝高端制造管理的子企业包括西南铝、东轻、西北铝、中铝瑞闽、中铝铝箔、中铝萨帕、洛阳铝加工、贵州彩铝、中铝沈加、中铝材料院，研发生产基地分布在重庆、黑龙江、甘肃、福建、四川、河南、贵州、辽宁、北京 9 个省市，装备了国际先进水平的熔铸、热连轧、冷连轧、中厚板、锻造、挤压等生产线，主要生产铝及铝合金板、带、箔、管、棒、型材及锻件，技术研发和创新实力国内领先，产品出口 40 多个国家和地区，是目前国内最大的铝加工企业。

（2）铝加工行业碳排放现状

目前，中铝高端制造所属各企业中仅西南铝和西南铝事业部被纳入重庆市试点碳市场，未纳入全国碳市场，其余企业均未纳入全国和试点碳市场。经统计，中铝高端制造 2018—2020 年碳排放量分别为 115.38 万 t CO_2e、117.71 万 t CO_2e 和 118.82 万 t CO_2e。

中铝高端制造铝材碳足迹主要由原料碳足迹和自身碳排放两个部分组成。原料的碳足迹是指从铝土矿开采、氧化铝生产和电解铝生产除铝锭全过程的

$\ominus$　铝合金复合材料在汽车轻量化上的应用 . 朱泽刚 .《轻金属》，2011 年第 10 期。

碳排放强度；自身生产碳排放包括铝锭重熔和加工使用燃料、热力和电力产生的碳排放。经测算，公司铝产品碳足迹强度为 11.81t CO_2e/t 铝加工材，其中自身生产碳排放强度为 1.05t CO_2e/t 铝加工材，原料碳足迹强度为 10.76t CO_2e/t 铝。如果分产品类别计算，挤压材加工环节碳排放强度约为 5.69t CO_2e/t 铝（根据西北铝数据测算），压延材加工环节碳排放强度约为 0.79t CO_2e/t 铝（根据中铝瑞闽数据测算），如图 4-27 所示。

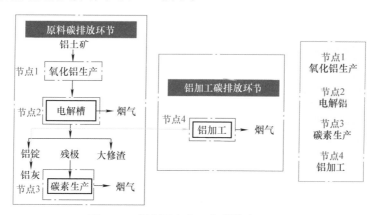

图 4-27　铝主要生产环节碳排放示意图

对主要节点的碳排放进行分析，见表 4-3。

表 4-3　铝生产主要节点碳排放测算

节点	碳排放环节	碳排放 /（t CO_2e/t 铝）	占比（%）
1	氧化铝烧结法	3.69	21.6
	氧化铝拜耳法	1.2	7.0
2	预焙阳极	0.42	2.5
	电解槽	9.96	58.3
3	碳素生产	0.76	4.4
4	铝加工	1.05	6.1

根据测算过程，首先分析不同原料的碳排放强度，见表 4-4。

表 4-4　不同原料的碳足迹

使用场景	碳排放强度 /（t CO_2e/t 铝）		
原料	普通原铝锭	绿色铝锭	再生铝
	14.8	3.05	0

加工环节的碳排放强度，主要取决于加工材的成品率和加工环节的能源碳排放水平，一般来说，加工环节的综合成品率每提高一个百分点，碳排放同比下降一个百分点，同时，提高加工环节的电网清洁能源使用，可以大幅降低加工过程的碳排放。

（3）铝行业碳减排分期推进计划

铝行业中原铝生产 CO_2 排放量约占铝行业 CO_2 排放量的 93.9%，原铝生产中，能源消耗排放的 CO_2 占比较大，达到 77.5%（其中，电能消耗排放的 CO_2 量约占 64.4%，热能消耗排放的 CO_2 量占比 13.1%），如图 4-28 所示。

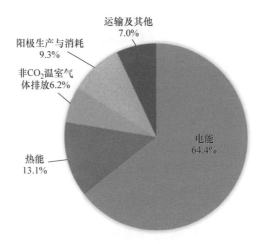

图 4-28　原铝生产中各排放源占比图

据安泰科数据，用火电生产 1t 电解铝的碳排放总量约为 13t，其中发电环节碳排放 11.2t，电解环节碳排放 1.8t。而用水电生产电解铝时，单吨排放量仅为 1.8t，其中发电环节无碳排放，仅有电解环节产生 1.8t 的 CO_2。水电铝碳排放量较火电铝减少 86%。由此可见，原铝使用绿色清洁能源碳减排潜力巨大。

2021 年 6 月 8 日，在中铝集团第四届社会责任工作大会暨第五届降碳节活动上，中铝集团发布的《中铝集团碳达峰、碳中和行动方案》明确提出，力争 2025 年前实现碳达峰、2035 年降碳 40%。截至 2020 年，中铝集团电解铝产能为 446 万 t，绿色能源电解铝占比达 49.98%，按照欧美绿色电解铝占比 75%~90%，假定中铝集团实现碳中和需绿色电解铝占比达到 75% 以上，不同的技术路线减排潜力分析见表 4-5。

表 4-5　不同技术路线的减排潜力分析

序号	技术路线	减排潜力	备注
1	加强碳资产管理	较大	管理措施
2	节能新技术新设备推广应用	中等	技术措施 / 降碳技术
3	淘汰部分落后产能产量	较大	结构调整
4	电网清洁能源使用	巨大	绿色能源
5	提高再生铝比例	较大	结构调整
6	零碳技术	较大	降碳技术
7	负碳项目开发	较大	降碳技术
8	提高能效	较小	技术措施

（4）铝加工行业实现低碳转型的基本路径

通过分析可以看出，铝行业减排的"牛鼻子"是电解铝，而电解铝实现减排的关键是电网清洁能源的使用，下面主要就铝加工行业实现低碳转型的路径做简要的说明。

1）**大力推动上游原材料端结构调整，发展循环经济**。根据中铝高端制造铝材碳足迹测算结果，原料碳足迹占比为 91%，可见减碳的重点在于减少原料的碳足迹。对于降低原材料碳足迹，一是提高绿色原材料使用占比，重点提高水电、太阳能、风电等清洁能源生产的原铝锭及其他原料比例；二是发展集群化产业，推动产业集聚发展，降低物流运输的碳排放，推进电解铝合金化减少二次重熔，降低能源消耗和二次重熔带来的金属损耗和碳排放，向清洁能源集中地布局，推进能源资源梯级利用、废物循环利用和污染物集中处置；三是完善再生铝回收体系，发展循环经济，打通废铝回收渠道，配齐回收装备，加大内部和外购废铝消化力度，重点研发废铝保级利用技术，探索"升级"利用的可行性；四是把握低碳机遇，助力终端减排，持续推广铝材在航空航天及国防军工、新能源、交通运输、建筑结构、包装、电子、催化、医药、节能环保等领域的应用；五是大力推广新型铝材料在汽车轻量化、铝制家具、铝制导体材料等领域的应用，积极推进"以铝代钢""以铝代木""以铝节塑"，实现铝材降碳社会效益最大化。

2）**全面推进节能改造和清洁能源使用，降低自身碳排放**。根据中铝高端制造铝材碳足迹测算结果，加工环节碳排放占比约为 9%，加工环节碳排放主要来源于外购电力、热力的使用和天然气燃烧，那么，自身的节能改造和清洁能源的使用就显得至关重要。对于降低加工环节的碳排放，一是持续优化产品工艺，不断提高产品综合成品率，降低工艺能源浪费；二是强化设备管理，提升设备运转效率；三是加大自动化、信息化和智能化，实施专项节能技改，推广余热利用、节约用水技术，开发余热余压利用、生物质能源、空压机改造、电机变频改造等项目；四是调整能源结构，提高清洁能源使用比例，合理布局风、光等分布式能源；五是强化固定资产投资项目节能审查，对新建项目、并购重组等增量严格执行能评、环评、碳评制度，从源头和全过程推进节能降碳，避免出现碳排放量急剧攀升；六是开展清洁生产审核工作和能源审计，降低产品全生命周期的环境影响，降低企业的原材料消耗和能耗，提高物料和能源的使用效率，查找问题，挖掘节能潜力，提出切实可行的节能措施并实施。

3）**开展碳资产管理，提前布局碳市场**。随着全球气候治理与节能减排的不断深入，以及碳交易的全球影响力不断扩大，碳资产也受到广泛重视。如何获取更多的碳资产成为企业未来发展的重要任务之一。碳交易作为实现碳中和的重要政策工具，为企业获取更多的碳资产提供了途径。

首先，需要逐步打造一支经过专业培训、具备相应专业知识、具有过硬素质的队伍；其次，要提前布局，摸清企业碳排放的情况，在纳入碳市场后获取到足够的碳配额；第三，采用合同能源管理模式，积极开发厂房屋顶光伏、分布式风电、余热余压利用、生物质能源、电机变频改造等项目，并积极开发风电、光电、造林碳汇等温室气体自愿减排核证项目，做好碳资产储备。

4）**研究负碳技术，迈向碳中和**。企业要实现碳中和，仅依靠碳市场和节能降碳还远远不够。碳市场是为企业争取更多的碳配额，并不能达到自身减碳的目的。节能减排将碳排放量降低到一定程度后，再下降的难度较大。因此，企业要实现碳中和，使用负碳技术将是主要路径。目前，负碳技术主要有两种，分别是负排放技术和碳捕集、利用与封存技术。企业在未来的发展过程中可重点关注负碳技术的发展，择机采用投资合作的方式布局负碳技术。

5）**发展碳金融，助力实现双碳目标**。碳金融泛指所有服务于限制温室气体排放的金融活动，包括直接投融资、碳指标交易和银行贷款等，其作用主要是引导资金流向碳减排技术开发。碳金融工具可分为交易类、融资类和支持类三类，主要包括碳交易、CCER、碳期货、碳远期、碳掉期、碳期权、碳债券、碳质押/抵押、碳基金/信托、碳资产回购、碳资产托管、碳指数、碳保险等。

随着全国碳市场的发展，企业对清洁能源、节能降碳等建设项目，对照央行碳减排支持工具适时申请碳减排贷款，降低企业融资成本，实现碳减排与公司投融资的相互促进、协同发展。

（5）结论和建议

2021 年 3 月，国际铝业协会发布了《2050 年铝业温室气体排放路径》，提出全球铝行业温室气体减排目标。参照国际铝业温室气体减排目标，结合我国当前铝行业 CO_2 排放现状，以及中国有色金属工业协会提出的有色行业力争 2025 年前实现碳达峰，2040 年减排 40% 目标，尽管我国铝工业已经采取了控制电解铝产量、淘汰落后产能等措施，但仅依靠产能调控和技术进步无法实现铝工业低碳化发展。为实现碳减排目标，建议从以下方面应对：

一是优化产业布局，打造集群化产业基地，推动产业集聚发展，降低物流运输和金属重熔过程中的碳排放，在铝材和最终产品生产环节，实现电解铝厂、铸件厂和铝材加工企业的优化组合，通过提高铝液直接铸轧的比例，减少烧损量和能源消耗量。

二是打造废铝闭环回收利用体系，推动再生铝替代原生铝。推动国家健全资源循环利用回收体系，破解社会废料回收难题，完善再生金属循环利用体系，加大再生有色金属科技研发投入，提高再生铝的质量，避免降级使用。

三是优化能源结构，提高铝工业清洁能源比例，鼓励企业主动调整用能结构，完善市场机制在减排方面的作用，如尽快将铝行业纳入碳交易市场，完善铝行业核证自愿减排量（CCER）方法学，尽快重启 CCER 体系等。

4. 车用塑料如何实现低碳发展

自 20 世纪 50 年代以来，高分子材料的产量超过 80 亿 t，几乎存在于人类生活的方方面面，而且需求仍在不断增长[45]。塑料作为高分子材料中用量最大的品种，因其可塑性强，重量轻，回收再利用率高的特性，在汽车工业中的应用非常广泛。无论是内饰件，外饰件，还是功能性结构件，都越来越多地采用塑料[46-48]。据统计，我国自产的每辆汽车上塑料的平均用量约 80kg，而发达国家中、高级车型上单车塑料平均用量达 100~120kg。近年来汽车工业一直朝着"轻量化"的方向发展，塑料在汽车中的应用占比逐渐上升，同时也伴随着大量废弃车用塑料待处理的问题。并且随着塑料产量逐年增大，越来越多的废塑料因难降解性、不易回收利用而成为环境污染的重要来源和资源循环利用的关键难题。其对环境和生活在地球上的生物的负面影响越来越大，尤其是塑料垃圾、海洋塑料、微塑料等导致的生态环境问题关注度与日俱增[49-51]。

近年来全球变暖问题一直是研究和关注的热点，随着 2015 年《巴黎协定》的通过，更进一步推动世界各国纷纷制定温室气体减排目标，我国也在 2020 年确定碳达峰和碳中和目标[52-53]。生命周期评价（LCA）是标准化的环境影响评估方法，能够科学、全面地探究各种环境影响问题，包括生态毒性、资源消耗、全球变暖等[54, 55]。产品碳足迹（CFP）的计算理论就是基于单环境影响类别的 LCA 法，即计算产品在整个系统边界范围内所有温室气体排放和消除的总和，该总和以二氧化碳当量统计，国际标准号为 ISO 14067：2018。

研究表明，降低汽车质量能够有效降低油耗以及排放量，整车质量每下降 10%，油耗下降 6%~8%，排放量下降 4%~10%，目前汽车行业以塑代钢的减重已为整车带来了良好的减碳效果。其一，从单位重量材料碳排角度分析，大部分塑料的碳足迹都远低于金属的碳足迹，从生产阶段来看，相对传统的整车材料而言，塑料本身相比金属能带来更低的碳排放[56-59]；其二，从汽车使用阶段来看，统计结果表明，汽车每减重 100kg，百公里油耗可降低 0.4L，二氧化碳排放量可减少 1kg，塑料的使用使得整车重量下降，对应的使用阶段能耗大大降低，有助于使用阶段的碳排放降低[59-61]；其三，从材料回收阶段来看，有色金属的回收大部分采用的是重熔法，而塑料回收大部分采用的是机械回收，机械回收相对于重熔法工艺流程所需能耗更低，有助于回收阶段的碳排放降低[62-64]。

高分子材料目前的原料绝大部分来自化石基，因此现阶段针对高分子材料降低碳排放的大多数研究首先是采用更好的废物处置方式，如使用再生塑料来替代原生塑料从而实现减少碳排放，其次以生物基材料替代化石基材料减少环境影响[65-74]。塑料循环使用整个生命周期从原料开始，经过原料加工、产品制造、产品包装及运输和销售，然后由消费者使用、回用和维修，最终再循环或者废弃物处理和处置。现在车用塑料经济模式正向循环经济发展。未来更倾向于将车用废塑料转化为可循环利用的资源，使塑料充分循环利用，实现车用材料的低碳可持续发展[72-78]。同时，塑料将在未来汽车轻量化和低碳化中扮演重要作用，塑料在整车材料中的占比也必将逐步增加，这也预示着兼具优异使用性能和低碳环保的新型高分子材料是未来车用塑料的发展方向。根据以上趋势分析，预测未来高分子材料减碳路径主要有以下几个方面。

1）材料替代：①从树脂原料的碳排放角度，使用碳排放低的塑料原料替代碳排放高的塑料原料，如使用再生塑料，预计2025—2035年完成；②非化石基材料替代化石基材料，生物基高分子材料、新能源 - 碳源耦合高分子材料，预计2035—2050年完成；③近零碳、负碳高分子材料的研究，通过技术创新研发近零碳、负碳高分子材料，进行碳减排、碳抵消来协助碳达峰、碳中和目标的实现，预计2040—2060年完成。

2）回收技术优化：①回收范围拓展，通过非组织性地回收江河湖海的塑料垃圾，拓展废旧塑料回收范围，预计2035—2050年完成；②回收技术路线升级，从传统的物理回收逐渐向化学回收转化，预计2035—2050年完成，从基体回收逐渐向助剂回收拓展，预计2050—2060年完成。

目前应用在汽车上的塑料主要有聚丙烯（PP）、聚乙烯（PE）、聚酰胺（PA）等高分子材料，其中PP主要应用于保险杠、仪表盘、门内饰板等；PE主要应用于内护板、油箱、刮水器等；PA主要应用于齿轮、带轮、水泵叶轮等。这3种材料占比车用塑料总量的70%以上，因此选取应用较多的PP、PE和PA为研究对象，功能单位为1kg的改性塑料产品，系统边界为摇篮到大门，如图4-29所示。

根据ISO 14067，选取GWP 100a为环境影响指标，并根据以上高分子材料碳减排分析和趋势推测等多因素进行建模，模拟评估计算PP、PE和PA改性塑料在未来40年内的生命周期碳排放强度，见表4-6。

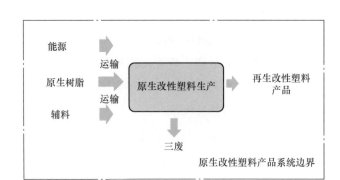

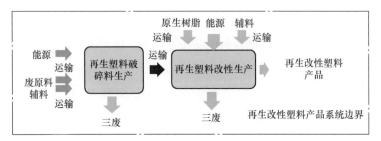

图 4-29   原生和再生改性塑料产品系统边界

表 4-6   2021—2060 年改性塑料碳排放强度趋势预估

年份	2021	2025	2035	2040	2050	2060
路径	—	材料替代 - 再生塑料	材料替代 - 再生塑料	材料替代 - 生物基塑料 + 循环材料	材料替代 - 生物基 + 循环材料	近零碳、负碳 + 循环材料
参数名称	1kgPP 改性塑料					
PP 改性塑料碳排放强度	100	79	58	42	29	17
HDPE 改性塑料碳排放强度	100	71	51	37	29	14
PA6	100	87	67	56	30	13
改性塑料平均水平	100	79	59	45	29	15

综上所述，低碳化是近几年也是未来若干年汽车工业发展的重要方向。与发达国家相比，我国在汽车上的塑料用量差距还比较大，这也表明塑料在我国汽车工业上有着广泛的应用前景，预示着汽车塑料碳减排是一个持续的长久的过程。因此，在进行车用塑料碳减排实施的时候，要结合汽车行业实际发展情况和塑料行业具备的相关技术选择合适的实施路径，层层递进，逐步实现碳减排目标。

结合现有行业技术情况分析和对未来的预测，建议在目前继续加强对于以塑代钢的减碳效果评价，进一步通过轻量化来实现制造和使用阶段碳排放减少；此外通过循环回收塑料来逐步代替原生塑料，继而再通过生物基材料替代化石基材料进一步降低汽车行业碳排放，最后通过研发近零碳、负碳材料来助力实现汽车行业的碳中和。基于目前我国对于碳减排并非强制要求，也建议国家出台相关的规定进行汽车行业材料碳减排强制试点，推动再生材料在汽车行业碳减排中发挥作用。由于目前再生材料来源广泛，质量参差不齐，建议国家出台相关政策要求再生塑料必须通过专业实验室和认证机构的质量评价，促进再生材料在汽车行业中的安全使用。建议国家相关部门对在车用材料碳减排工作中有较大贡献或突出业绩的企业进行排名表彰，来鼓励或激励车用材料的循环再生使用，同时加大对于车用材料轻量化技术研发的扶持和补贴。此外，汽车轻量化也要求塑料行业具备领先的新型复合材料的生产工艺和技术。因此，这也需要国家搭建相关平台，加强塑料企业与汽车企业的项目合作，加速新型车用塑料产品的研发生产。

5. 科思创材料低碳化转型

为应对国内外碳排放管理的政策要求，汽车产品全生命周期都将逐步被车企纳入低碳化管理，在此背景下，与碳排放相关的指标将被逐步引入到与汽车产品相关的各个环节。未来五年随着低碳政策的深入执行，计算减碳效益、寻找关键技术路径将会成为服务于汽车行业的材料生产企业的必修课。

作为高分子聚合物材料的供应商，科思创结合企业特征，制定科学的碳排放目标和具体的行动路线图，发展和培育低碳技术，并致力于为汽车厂商研发和提供"低碳"产品。同时，与汽车产业链上下游企业共同建立全供应链的碳中和管理体系，运用数字化转型赋能并关注碳风险管理，也是科思创积极探索的方向。本节重点讨论聚碳酸酯、乘用车涂料、聚氨酯材料和黏合剂的低碳化材料以及相关减碳工艺的材料方案。

（1）零碳足迹 Makrolon®RE 聚碳酸酯

科思创开发了全球首款**零碳**足迹的 Makrolon®RE 聚碳酸酯产品，该产品已实现商业化生产。图 4-30 所示是它与现有 Makrolon® 聚碳酸酯产品的碳排放对比图。

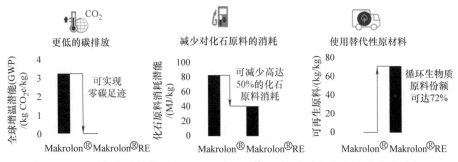

图 4-30　科思创全球首款零碳足迹 Makrolon®RE 聚碳酸酯产品的碳排放对比图

零碳足迹的 Makrolon®RE 聚碳酸酯的重点在于原材料和能耗环节。原材料使用了**含部分生物质的原材料**。该原料基于质量平衡方法（它是一种监管链方法，允许化石原料和替代性原料在生产中混合，但在碳记账簿中分开，由此可通过价值链跟踪物料，并将例如生物基原料等替代原料分配给选定的最终产品），使用生物废弃物和残渣替代传统化石原料，由此生产出来的产品与传统的化石基产品相比能大幅度降低碳排放。在能耗环节，则在生产中使用"绿电"。科思创位于德国于尔丁根的生产基地从德国光伏发电站获得了"平价上网绿电的溯源认证证书"，这些绿电被分配用于满足特定的电力需求，包括对于聚碳酸酯生产至关重要的电解制氢工艺和其他工艺步骤。简言之，通过在生产流程中引入可再生电力，同时使用含部分生物质的原材料，科思创的 Makrolon®RE 聚碳酸酯产品实现了从摇篮到大门生命周期阶段的零碳排放。[从摇篮到大门的生命周期评估包括从原材料提炼（摇篮）到离开工厂大门并发运给客户之前的所有阶段。此生命周期评估基于 ISO 14040/14044，已通过 TÜV Rheinland 认证。评估采用了供应链数据，考虑了生物的碳吸收，并且基于在科思创的生产过程中采用可再生能源]。

上文中**含部分生物质的原材料**包括基于质量平衡方法生产的原料苯酚和丙酮，使用这两种原料可以合成双酚 A（BPA），它是聚碳酸酯聚合反应的必需单体，化学反应式如图 4-31 所示。

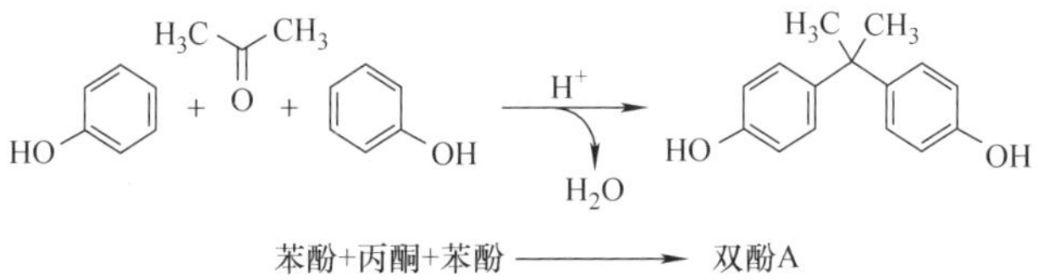

图 4-31　苯酚与丙酮合成双酚 A 的化学反应式

BPA 进一步与光气反应即可聚合成聚碳酸酯产品。由于在单体分子合成阶段（分子水平）就采用了生物质原料，因此该聚合物的宏观性能与基于传统化石原料生产的聚合物宏观性能没有差别，见表 4-7。

表 4-7　科思创全球首款零碳足迹 Makrolon®RE 聚碳酸酯产品的物理性能对比

性能	测试条件	单位	标准	Makrolon®2807	Makrolon®2807 RE
熔融指数（体积）	300℃ /1.2kg	cm³/10min	ISO 1133	9.0	9.0
抗拉模量	1mm/min	MPa	ISO 527-1，-2	2400	2400
屈服应力	50mm/min	MPa	ISO 527-1，-2	66	66
屈服应变	50mm/min	%	ISO 527-1，-2	6.1	6.1
Izod 缺口冲击强度	23℃/3mm	kJ/m²	基于 ISO 180/A	70P[①]	70P

① P 表示部分断裂。

零碳足迹 Makrolon®RE 聚碳酸酯产品与现有 Makrolon® 聚碳酸酯产品加工条件也没有变化，见表 4-8。

表 4-8　科思创全球首款零碳足迹 Makrolon®RE 聚碳酸酯产品的加工性能对比

建议成型工艺参数	单位	Makrolon®2807	Makrolon®2807 RE
标准熔体温度	℃	300	300
模具温度	℃	80~120	80~120

（2）汽车行业中聚碳酸酯再生材料的应用

科思创同时也致力于汽车生命周期末段的回收利用环节，使用经认证的循环产品（消费后 PCR 及工业后 PIR 回收再生材料）开发出基于可再生原料的直接替代产品。

用于汽车车灯的聚碳酸酯具有纯净度高且易于加工的特点。通过严选回收料来源，可将其循环利用。在回收的聚碳酸酯中添加原生料，制成消费后回收材料牌号，可降级作为生产笔记本电脑、打印机、充电器和其他电子设备的原料。经过对制成品生命周期进行评估，最高达75%的消费后回收聚碳酸酯与原生料相比可减少高达50%的碳排放量。同时这些产品在抗冲击性、耐热性、薄壁设计和阻燃方面仍拥有出色表现，可媲美原生料的性能。例如Bayblend®FR3040EV（PC/ABS合金）可应用于电动汽车电池底座，与其对应的含有PCR的产品是Bayblend®FR3040 R35，二者物理性能与加工性能的对比见表4-9、表4-10。

表4-9　科思创PC/ABS产品以及与其对应的含有PCR产品的物理性能对比

性能	测试条件	单位	标准	Bayblend® FR3040EV	Bayblend® FR3040 R35
熔融指数（体积）	240℃ /5kg	cm^3/10min	ISO 1133	17	18
抗拉模量	1mm/min	MPa	ISO 527-1，-2	2700	2550
屈服应力	50mm/min	MPa	ISO 527-1，-2	65	65
屈服应变	50mm/min	%	ISO 527-1，-2	4.0	4.2
断裂应力	50mm/min	MPa	ISO 527-1，-2	50	49
Izod缺口冲击强度	23℃	kJ/m^2	ISO 180/A	30	35
维卡软化温度	50N，120℃ /h	℃	ISO 180/A	108	105

表4-10　科思创PC/ABS产品以及与其对应的含有PCR产品的加工性能对比

建议成型工艺参数	单位	Bayblend®FR3040EV	Bayblend®FR3040 R35
熔体温度	℃	240~270	250~290
模具温度	℃	60~90	70~100

从以上PC/ABS产品以及与其对应的含有PCR产品的物理性能和加工性能对比可以看出，含有PCR的产品与原产品相比会有变化。导致这些变化的主要原因有：

1）PCR原料经过了使用和回收环节会发生部分降解。以车灯料为例，大多数回收的车灯料来源于报废汽车，拆下来的车灯经过长时间使用（被车灯光源反复加热和冷却）和长期紫外线照射（老化）后会发生不同程度的降解。部分车灯还存在涂层，在处理回收料的过程中还需要将涂层通过物理化学手段去除，再进行破碎和清洗，经过这个过程后回收车灯料也会发生部分降解。最后将破碎料熔融加工成粒子形态的过程也会对回收车灯料造成相当程度的降解。

2）PCR 原料的来源有较大的波动性。 从事聚碳酸酯回收的企业会回收不同应用来源的材料，比如车灯料、板材料、外壳料以及光盘料等，他们往往按照熔融指数范围区分回收料，因为熔融指数可以反映回收料的平均分子量水平，却很少将这些原料按照应用来源严格区分。然而熔融指数不能反映回收料的分子量分布，更无法反映回收料中不同的添加剂种类及含量，因此在使用回收料制成成品后，会发现该成品与使用原生料制成的成品相比，波动性增大。

用聚碳酸酯（PC）制成的复合材料同样也具有优异的可回收性。用再次造粒法将预浸料废料和产品加工边角料、报废件（PIR）切碎成一定尺寸，再与新的 PC 粒子和其他添加剂进行共混造粒，即可得到短碳纤维增强的 PC 粒子。这种粒子加工后可呈现一种天然大理石般的独特纹理外观，作为一款复合材料，不仅减重效果明显，还带来更多的设计空间和灵感。广汽电动概念车 ENO.146 的碳纤维座椅背板即采用了科思创的工业后回收"大理石"板。

如果将有化学反应（单体分子来源）的回收称为"化学回收"而将未发生化学反应的回收称为"物理回收"，那么对比二者可以发现，化学回收对最终产品的性能影响小，但是成本相对较高。物理回收对最终产品的性能影响相对较大，需要调整配方或者切换应用场景。

（3）生物基涂料和新型工艺涂料体系

乘用车涂料是指涂装于各类乘用车车身及零部件上的涂料；根据使用场景，又可分为原厂涂料以及修补漆。根据行业估计，2021 年中国乘用车涂料的总量达到了 27 万 t 左右（不包括电泳漆），成为全球最大的乘用车涂料生产和消耗国家，且在未来保持稳定增长。

如此之大的市场体量，如果能在减碳方向做出调整，对应的碳减排数据将非常可观。目前国内外企业在碳减排的研究发展方向上，主要有如下几项。

第一类：使用更加环保的原材料替换石化基的原材料，以达成碳减排的目的。这里可以使用的环保原材料包括生物质、废弃物，甚至是 CO_2。在生物质的使用上，根据最后是否可以在成品中进行直接检测，分为（部分）生物基材料以及质量平衡法材料（前文已有介绍）。其中（部分）生物基材料可以通过对其中的 C14 进行追踪，进而确定其中生物质材料的含量。以汽车双组分聚氨酯清漆为例，涂料所使用的固化剂组分，可选用部分生物基产品，其原材料部分来自于可再生的植物，如玉米。与同类石油基产品相比，在保持优异性能的基础上，即可减碳30%，又可减少对于石油这类不可再生资源的依赖。在 2021 年的中国国际进口博览会上（CIIE），科思创与岚图和 PPG 共同推出的部分生物基清漆解决方案中，已使用此产品。而质量平衡法材料，需要供应商提供含量报告，无法通过 C14 直接进行检测。目前我们已经看到在产业链具有领导力的公司在该类新材料上做出的尝试。

第二类：就是通过使用更加精益化的工艺，来达成减碳的目的。比如：①缩减掉某些工艺，尤其是对能源高度依赖的工艺，可以大大降低生产过程中的碳排放，一些紧凑型的涂装工艺（如 B1B2）就是源于此类理念。甚至汽车行业中的一些先行者已经开始将塑料件与金属车身共线喷涂，进一步通过升级工艺来降低整车制造中的碳排放。②通过降低某一工艺中的能源用量来达到减碳的目的，比如使用可以更低温度固化的涂料，来达成降低烘箱温度的目的，进而大大减少能源的消耗量。目前的技术已可以在 100℃甚至以下达到涂料的固化，这对于车企在车身涂装实施环节的节能减碳的贡献也是客观的。

（4）零碳足迹 MDI：用于汽车领域的低碳聚氨酯材料和黏合剂

科思创已经开始向客户提供一款零碳足迹的 MDI（二苯基甲烷二异氰酸酯）。通过经 ISCC PLUS 认证的质量平衡方法，基于植物废弃物的替代性原材料被分配给该产品，由此实现其从摇篮到大门生命周期阶段的零碳排放。新 MDI 规格可广泛应用于建筑、冷链和汽车领域。科思创在上海漕泾一体化生产基地、德国克雷菲尔德 - 于尔丁根和比利时安特卫普基地目前都生产该零碳足迹 MDI 及其前体，这三个基地均已获得 ISCC PLUS 质量平衡认证。

通过应用质量平衡法（前文已有说明），替代性原材料被引入产业链，同时充分利用现有的具有规模经济的高效化工生产基础设施，从而加速高分子化工材料行业向循环经济的转型。科思创零碳足迹 MDI 是一个可直接应用的解决方案——客户可以立即在生产中使用，无需改变工艺流程，也不会影响最终产品品质。

MDI 是聚氨酯的主要原料，而汽车仪表板，行李舱地板，顶篷，汽车座椅、扶手和空腔填充等都大量使用聚氨酯。新能源汽车的蓬勃发展，对电池包轻量化和性能提出了更高的要求。使用复合聚氨酯材料替代金属材料的电池上盖解决方案，既可以满足耐高温，阻燃的性能，又极大地降低了产品的重量。

除了"看得见的"外部车身和内饰环保材料的应用之外，也要关注"看不见的"内部材料的低碳应用。同样利用质量平衡法解决方案，科思创已经成功为全球领先的黏合剂制造商提供用可再生原料（如植物废料、废油脂和植物油）制备的低碳足迹聚氨酯原材料，用于生产聚氨酯反应型热熔胶。此外，以生物基为原料的水性聚氨酯树脂产品也是未来值得探索和研究的方向。

根据 Material Economics 及多个欧盟气候组织于 2018 年的共同研究预测，若主要工业原材料生产导入循环经济模式，于 2050 年可降低 56% 碳排放。其中，**材料循环、材料使用效率**这两大策略，合计贡献总减碳效益的近 80%，而这两者都需要通过好的材料选择来达成。**材料循环**指增进材料循环使用，减少新材料投入；例如通过选择再生材料，避免新材料的使用，并同时创造再生材料的市场需求。**材料使用效率**指减少制造过程单位产品所需的材料量；例如选择更轻更强的材料，或制备过程效率较高的材料。**循环商业模式**指利用商业模式的改变，减少达成特定需求所需的产品量，例如产品服务化，主要的效益源自商业模式的改变。

科思创的公司愿景是全面拥抱循环经济。为此科思创在研发、设计、生产、销售以及售后服务的环节中正努力践行着循环经济的理念。

综上，聚合物材料未来无论是在"钢铁之躯"的传统燃油车中还是"电池加身"的新能源车里都将继续发挥重要的节能减排作用。汽车企业也将会对聚合物生产企业提出更多的零碳足迹或者低碳足迹聚合物的要求，而聚合物生产企业需要通过创新进一步降低低碳产品的成本以便大规模市场普及应用。

4.2.5 路径五：生产数字化转型

1. 背景

目前，随着汽车需求的不断增加，中国已经成为世界汽车产销第一大国。汽车行业也是我国的重点耗碳领域之一，如何实现精准的低碳控制和管理，已成为汽车制造业需要共同面对的重要课题。工业数字化是利用大数据、云计算、人工智能等新一代信息技术，对工业中的人、机、料、法、环要素全面连接，通过碳数据量化、碳数据优化、智能控制等实现全产业链、全价值链的资源最优配置，是新工业革命的重要基石，也是汽车行业低碳发展的必经转型路径。

汽车及零部件行业低碳发展有四个主要途径，如图4-32所示，即由高碳化能源结构向清洁能源迈进、由粗放式能源管理向精准能源管理迈进、形成生产工艺的低碳优化能力和低碳产品的创新能力。由于本书前面章节已经大量讨论了清洁能源，本节将从后三个途径分析工业数字化技术对汽车行业低碳转型的作用。

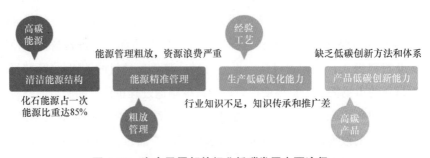

图4-32 汽车及零部件行业低碳发展主要途径

2. 工业数字化技术促进汽车行业低碳转型

（1）数字化技术助力"能源精准控制"，达到"可量化、可追溯"

能源的合理使用不仅影响生产的正常运行，而且对产品质量有效保障和节能减碳指标逐步降低等方面均有着非常重要的作用。当前汽车及零部件行业的能源管理方式还存在数据采集人工化、分析整理复杂化、事件处理滞后化和管理过程粗放化等问题。工业数字化技术通过大数据、云计算、工业互联网等新一代信息技术与能源管理深度融合，实现能源的可量化、可优化和智能控制闭环。如图 4-33 所示，数字化技术与能源管理形成双螺旋上升模式，进一步推动汽车及零部件行业低碳发展。

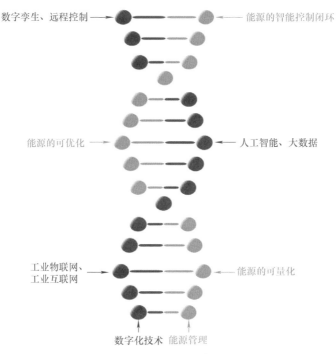

数字孪生、远程控制 → ← 能源的智能控制闭环

能源的可优化 → ← 人工智能、大数据

工业物联网、工业互联网 → ← 能源的可量化

数字化技术　能源管理

图 4-33　工业数字化与能源管理双螺旋模型

如图 4-34 所示，能源的可量化即通过工业物联网、工业互联网等技术的赋能，对水、电、气等相关数据进行采集及监控，从而实现实时预警，并通过同比、环比等数据统计方法，实现从能源计划、统计到考核的闭环管理。能源的可优化即运用人工智能、大数据等技术，以监测数据为基础优化模型和算法，从而实现能源系统的实时寻优运行，降低能耗，提高碳效率。能源的智能控制即应用数字孪生、远程控制等技术，基于能源优化分析结果，对工厂设备参数或工艺参数进行智能控制，最终完成关键环节能源的综合平衡和优化调度。

综上所述，工业数字化技术可以记录企业能源数据，有助于更加精确地进行能源管控及碳排放核算。同时，通过与区块链等技术的结合，可形成真实有效、不可篡改的能源（碳）数据链，建立企业的能源（碳）数字信用体系。

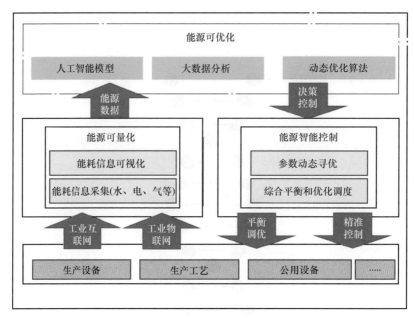

图 4-34   精准能源控制模型

（2）数字化技术助力"低碳工艺生产"，达到"可优化、可推广"

随着智能制造的持续推进，汽车及零部件行业的生产线越来越先进，基本做到了"流程的标准化和自动化"。但与之相比，企业的生产工艺、原料技术等还比较落后。例如汽车零部件生产中压铸参数设置、机加调刀管理等工艺，大多仍然依靠经验调整，导致原料、能源和设备被大量浪费，碳效率难以提升。汽车及零部件行业的低碳式发展，亟需通过数字化技术实现"知识的标准化和自动化"，从而助力生产工艺低碳优化。

铝是最重要的汽车制造金属材料之一，被广泛用于汽车车身骨架、发动机、保险杠、车轮、电池系统、各类零部件等。但是铝行业却是高耗能、高碳排放行业，据统计，2020 年铝生产行业碳排放量约为 4.26 亿 t，约占全社会碳排放总量的 5%。因此，如何精准地控制铝材料用量，对汽车行业降低碳排放量具有重要的作用。

以车轮为例，其生产工序主要有熔炼、压铸、热处理、机加工和涂装，其中机加工是将热处理后的铸造毛坯通过车削、钻孔等加工方式使轮毂造型、尺寸符合要求。加工后的铝车轮与法兰、扣帽、螺栓、平衡块、轮胎、气门嘴等进行装配, 做到不影响刹车盘、转向节等部件工作。如图 4-35 所示, 传统铝车轮机加工生产过程中, 技术人员根据毛坯基本状态和三坐标质检结果, 依靠经验进行停机工艺调整。由于机床刀号和加工位置对应的尺寸链是多对多的网状关系, 即一个位置对应多个刀号, 调整一个刀号也同时影响多个位置, 由于尺寸链复杂, 即便人工反复调整测试, 也难以保证铝车轮尺寸的精准控制。这就在无形之中提高了原料碳和工艺碳。

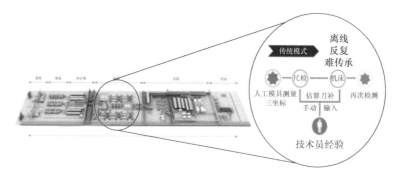

图 4-35　传统轮毂机加工工序存在的问题

　　针对上述问题, 中信戴卡与精诺数据联合研发了"智能刀补调整方案", 如图 4-36 所示。该方案通过模拟尺寸加工链、解析调机参数和自动下发, 实现了 CNC 机床 AI 闭环调整, 更重要的是智能模型持续优化刀补知识图谱, 沉淀工艺经验, 从而完成了轮毂尺寸的精准控制, 该方案不仅实现了轮毂的减重, 更节约了原料碳、工艺碳。

图 4-36　智能刀补调整方案示意图

综上所述，只有通过数字化技术量化生产过程，优化生产工艺，才能解决传统制造中存在的经验式工艺，助力汽车及零部件行业生产向自动化、柔性化、数字化、智能化和低碳化的方向发展。

（3）数字化技术助力"低碳产品创新"，达到"可设计、可增值"

当前，碳中和引发全球关注并成为国际共识，涵盖汽车全生命周期的国际碳贸易壁垒已经形成。汽车行业是国民经济的支柱产业，其产业链长、覆盖面广、带动性强，在原材料获取、汽车生产、汽车使用以及报废回收四个生命周期阶段给能源、资源和环境都带来了较大的压力。汽车行业的碳排放很大程度上是由设计所决定的，在传统的汽车生产中，汽车的相关性能通常会进行事后评估，在低碳环保的大背景下，更需要在汽车设计之初给出事前评估的方法，需充分运用工业数字化技术辅助企业在汽车生命周期的不同阶段采取不同的低碳技术措施。

目前，一些国外车企已经建立了包含低碳、健康、成本等方面的汽车创新评价指标体系，并运用到汽车的全生命周期过程，以帮助汽车在不同开发过程中迭代升级，下面将分别介绍。

1）**奔驰：环境管理系统**。为了应对汽车研发中的各种挑战，平衡不同指标之间的相互影响和不同开发环境中潜在的相互矛盾的现象，奔驰依托 ISO 14001 环境管理体系开发了环境管理系统，构建了气候保护和空气质量、资源维护、健康的指标体系，在产品的设计阶段综合考虑功能因素、经济因素和碳排放因素，实现汽车研发生产全流程的指标验证，设计人员根据反馈结果对产品结构做出相应改进，最终得到最优设计方案。

2）**丰田：生态汽车评估系统**（Eco-Vehicle Assessment System）。丰田深入贯彻汽车生命周期评估（LCA）的综合环保评价标准，开发了生态汽车评估系统，从车辆使用阶段的燃耗、尾气排放、噪声指标以及报废阶段的可再生利用性、环境负荷物质的削减、整个生命周期的环境影响六个方面构建指标体系，实现汽车全生命周期的碳排放指标跟踪与检查，并对产品进行迭代升级。

3）**福特欧洲：产品可持续性指数**（Product Sustainability Index，PSI）。福特欧洲为了同时提高产品在环境与健康、经济和社会方面的表现，建立了产品可持续性指数，主要包括生命周期空气质量、生命周期成本、可持续材料、安全和移动性能等方面。福特欧洲在产品研发的全过程持续地追踪产品可持续指数的变化，不断地进行调整和改进，并实现产品开发方案的迭代优化。

综上所述，汽车设计研发阶段的决策会影响 70%~80% 汽车整体表现，有效的前期评价方法有利于辅助决策不同阶段采取不同的低碳方法。奔驰环境管理系统、丰田生态汽车评估系统、福特产品可持续性指数都是在设计研发阶段对汽车各项指标进行评估，通过反馈有规划地制造出符合标准的产品，有效控制了碳成本。数字化技术能够在汽车的全生命周期中，结合不同指标对所采取的数字化技术进行科学评估，实现新产品的低碳开发。建议国内车企建立面向碳中和的汽车全生命周期事前评价体系，实时调整数据获得评估结果，并反馈到开发计划中，最终建立产品低碳创新能力。

3. 减排能力预测

工业数字化技术助力汽车行业实现能源精准管理、低碳工艺生产和低碳产品创新，是汽车行业低碳发展的必由之路，见表 4-11，依托工业数字化技术，预计到 2025 年，单车生产碳排放降低 30% 以上，动力蓄电池碳排放降低 20% 以上；到 2050 年，单车生产碳排放降低 80% 以上，动力蓄电池碳排放降低 60% 以上；到 2060 年，单车生产碳排放降低 100%，动力蓄电池碳排放降低 80% 以上。在"双碳"背景下，建议大力推动汽车行业数字化转型。

表 4-11　单车生产及动力蓄电池碳减排比例预测

情景类别	参数名称	2025 年	2030 年	2050 年	2060 年
基准情景	单车生产碳排放减排百分比	20%	40%	60%	80%
汽车行业 2060 年前碳中和情景	单车生产碳排放减排百分比	30%	50%	80%	100%
汽车行业 2050 年前碳中和情景	单车生产碳排放减排百分比	40%	60%	100%	100%
基准情景	动力蓄电池碳排放减排百分比	15%	30%	50%	60%
汽车行业 2060 年前碳中和情景	动力蓄电池碳排放减排百分比	20%	40%	60%	80%
汽车行业 2050 年前碳中和情景	动力蓄电池碳排放减排百分比	30%	50%	80%	100%

4.2.6　路径六：交通智慧化转型

1. 现状与问题

近年来，互联网、大数据、人工智能等新技术与交通运输的融合不断深入，推动着交通运输数字转型、智能升级，运输服务新业态、新产品不断涌现，交通运行管理模式不断升级，人民群众的获得感也不断提升。

1）**交通新基建和数字化加快推进**。智慧公路项目数量和规模快速增长，广泛采用智能感知技术，并积极开展恶劣天气行车诱导、主动安全防控等试验[79]；公路建筑信息模型（BIM）广泛应用，70%左右的设计单位和超过50%的建设施工企业已经开发了BIM平台，并在部分工程中应用[80]；初步建成全国公路网 GIS-T 基础平台；公路行业积极开展交通能源融合示范，例如，山东荣乌高速公路、上海长兴岛服务区等启动了分布式光伏发电试验。

2）**交通运行管控智能化不断提高**。高速公路视频云平台基本建成，实现云联网方式接入超过 1 万套交通流、20 万套视频及 2.46 万套 ETC 门架设备；网约车监管信息交互平台已接入 168 家网约车企业和 213 万余辆车辆[81]；深圳、杭州等城市交通"数据大脑"建设取得突破，跨部门协作的交通运输综合监测、仿真推演和智能调度系统初步形成；北斗卫星导航服务已经覆盖亚太大部分地区。

3）**互联网出行创新应用成效显著**。电子客票应用覆盖800个道路客运站；高速公路客车 ETC 使用率超过71%，高速公路广播已经覆盖22个省；交通一卡通服务实现全国 280 个地级以上城市互联互通[81, 82]；"掌上出行"等新业态不断推出，新冠疫情期间地铁预约进站等特定场景预约出行实践逐步开展，网约车、共享单车服务规模和发展水平居世界前列。

4）**智慧物流服务新模式不断涌现**。危险货物道路运输电子运单使用率突破 30%，主要快递企业电子运单使用率达到 90%；各类网络货运企业整合货运车辆超过 240 万辆[81, 82]；物流运输装备智能化技术应用日渐成熟，自动引导运输车（AGV）、自动输送分拣系统等在部分物流园区已经投入规模化应用；邮政快递业分拨中心已基本实现自动化分拣。

5）**车路协同及自动驾驶快速发展**。自动驾驶企业纷纷开始有条件 / 高度自动驾驶级研发和试验，无人驾驶出租车在部分城市已经完成试运营，无人驾驶货车在特定区域实现商业落地，达到世界先进水平；智慧高速公路新建项目中，超过 70% 的项目开展了车路协同或自动驾驶技术应用实验[79]；全国 60 多家自动驾驶测试场、示范区投入使用，自动驾驶开放测试道路超过 3000km。

尽管交通智慧化转型取得了长足发展，但是与交通强国提出的智能、绿色发展要求相比，还存在以下几个方面的不足。一是数字化基础依然薄弱。数据动态感知的范围较窄、深度不够，以"可视"为主、"可测"为辅，距离"可控、可服务"还有较大差距；行业成体系、成规模的公共数据较少，数据开放与社会期望还存在差距。二是应用协同性不强。不同方式和领域之间发展不平衡，除高速公路 ETC 全国联网系统以外，纵向的全国一体化协同应用较少，横向的跨领域、跨部门综合性应用尚未充分整合、有效联动。三是运输服务一体化程度不高。旅客联程运输和货物多式联运总体处于起步阶段，客运"一票制"、货运"一单制"的全程数字化服务体系尚未建立；全过程全天候出行解决方案、预约式出行服务平台及配套设施等供给能力与公众的迫切需求还不匹配。四是融合创新不充分。车路协同、自动驾驶、交能融合等新技术仍然处于试验测试阶段，可落地的应用场景还比较缺乏，与具体应用场景配套的技术方案和建设模式还不成熟，部分涉及跨部门协同的运行体制机制还不健全，大规模商业运营计划还不清晰。

2. 未来发展趋势

交通运输的数字化、网联化、智能化、共享化、低碳化发展，正在改变交通运输的运营模式、管理模式和服务模式，推动着智慧交通与智能汽车、智慧能源、智慧城市融合发展，为人们构筑一个更加安全、高效、智慧、绿色、经济的交通运输体系，有效衔接生产、分配、流通和消费领域，使人享其行、物畅其流。

（1）数据要素驱动交通运输生产方式变革

随着数字经济的快速发展，数据成为关键要素，推动物理空间和虚拟空间加速实现相互表达、逐渐融合、协同进化，进而引发生产力质的飞跃和生产关系重大变革。远程办公、视频会议、网络购物等正在使得人们减少出行或通过新技术选择新的出行方式。网约车、共享单车、分时租赁等共享交通将不断提高交通工具的利用效率，大运量干线公共交通＋共享交通的组合模式，将有效缓解城市群内部日益尖锐的交通资源有限性与交通需求快速增长之间的矛盾。摩根士丹利估计，到 2030 年，共享汽车将占到全球行驶里程的26%[83]。同时，数字化模糊了交通供给和需求的界限，基于大数据的共享平台，将通过打通数据流、客流、货流，以高时效性、高频次、精准匹配、多方整合、无缝衔接等特征的运输组织，实现动态响应需求的一体化客货运输服务。2035 年，网上预约出行将成为常态，共享出行全面普及，生物识别、无感通行、无感支付大规模应用；推广货物多式联运智能化技术，城市共同配送占比超过 50%，物流实现全程可视化。2050 年，实现"门到门"一站式全程智能客运服务、一单式全链条智能货运服务。

（2）四网融合构建新型公路基础设施网络

近年来，党中央、国务院密集部署加快推动 5G 网络、数据中心等新基建。公路新基建是国家新基建战略的重要组成部分，也是交通强国的重要篇章。《交通强国建设纲要》《国家综合立体交通网规划纲要》均明确提出"推进交通基础设施网与运输服务网、信息网、能源网融合发展""交通基础设施绿色化建设比例达 95%，交通基础设施数字化率达 90%"。这就要求公路交通主动适应不断增长的高品质、多样化、个性化的旅客出行需求和高价值、小批量、时效强的货物运输需求，通过前沿技术赋能传统公路基础设施，推动公路基础设施与信息基础设施、能源基础设施统筹布局规划建设，实现由条块分割的各自发展转变为集成共享的协同融合发展。同时，大数据、互联网、人工智能、区块链等新技术的不断创新突破，推动发展动能从生产要素驱动向创新驱动转变，要求公路网、信息网、能源网不断提升数字化、网络化、智能化水平，以数据为融合剂，形成广泛互联、智能绿色、开放共享的新型综合基础设施体系。到 2035 年，公路基础设施实现全要素、全周期数字化；城市群高速公路超快充、大功率电动汽车充电设施广泛覆盖。到 2050 年，全面实现公路设施设备自动检测预警、智能维护，公路运行实现全路网、全要素、全天候实时感知和全过程主动管控；建成便利高效、互联共享的充换电网络。

（3）车路协同自动驾驶改变交通管理模式

随着车路协同自动驾驶技术的发展，公路交通的服务对象由人转向机器，服务主体由单一主体各自独立转向多主体协同，服务方式由单向信息提供转向双向 / 多向信息交互，这需要公路交通运行规则和管理模式进行革命性变化。据预测，到 2030 年，我国部分自动驾驶（PA）、有条件自动驾驶（CA）级智能网联汽车在当年汽车销售市场份额超过 70%，高度自动驾驶（HA）级智能网联汽车达到 20%，并在高速公路广泛应用、在部分城市道路规模化应用；到 2035 年，高度自动驾驶级智能网联汽车大规模应用[84, 85]。在全球汽车销售市场，智能网联汽车销售占比将在 2040 年后接近饱和，2050 年基本实现全面电动化、自动化和网联化[86]。在车路协同方面，2035 年 S3 级有条件的车路协同技术大规模推广，到 2050 年 S4 级高度的车路协同技术大规模推广[87]。在数字经济的主导下，多主体协同合作的新一代道路交通控制网和交通大脑，将实现车车、车路的协同感知、协同决策和协同控制，到 2035 年，在高速公路网和经济发达地区的城市道路网大规模应用；2050 年，在全国路网大规模应用。

3. 减排潜力分析

（1）智慧交通促进运输结构优化

过去，从马车、火车到汽车、飞机，载运工具的变革是影响综合交通运输系统能力和结构的决定性因素；20 世纪 80 年代以后，信息技术的发展成为交通运输变革的最大驱动力。电动化、数字化、智能化、网联化，在改变汽车动力系统和控制系统的同时，更为重要的是，改变着交通运输的供给和需求。在共享交通新服务替代下，私人拥有交通工具的需求将逐步降低。同时，在共享交通模式和智能控制技术的双重作用下，单车的空载率和停车时长有效降低，单位车公里完成的人公里或吨公里效率将明显提高。在城际交通中，公路客运班线市场份额快速削减，铁路和城际轨道交通将成为主要运输方式；长距离大宗货物运输逐渐从公路向铁路、水路转移，自动驾驶货车编队将在干线运输中发挥重要作用，有效提高运输速度并减少交通事故。在城市内部交通中，轨道交通与常规地面公交的衔接互补、一体化运营和精细化服务，将显著提高绿色交通分担率；社会化共同配送将缓解城市交通拥堵并降低能耗、减轻污染。

（2）智慧交通提升道路通行能力

自动驾驶车辆能够有效减少车头时距、提高行车安全，从而大幅提升单条车道的通行能力。然而，考虑到自动驾驶车辆的渗透率，自动驾驶和人工驾驶混行将是一个长期的过程，在混行交通中，既要考虑自动驾驶车辆对人工驾驶车辆的负面影响，还要考虑出入口、交织区等特殊区域混行交通行为的影响，因此，在 2035 年前，自动驾驶对整体道路通行能力的提升非常有限。另一方面，随着自动驾驶车辆渗透率的不断提高，具备智能网联能力的自动驾驶车辆作为大型移动智能终端，在智能交通系统中的作用越来越大。新一代道路交通控制网和交通大脑，将通过人、车、路、环境等有效互通，利用数据驱动的交通管控和服务技术，深度挖掘既有交通资源效率，实现交通运行全局调度和管理的智能化、精准化，实现交通需求和供给时空分布的合理匹配，从而有效提升路网的整体通行效率。

（3）智慧交通提高能源利用效率

汽车的电动化、网联化、智能化及其与公路基础设施网、能源网、信息网的广泛互联、融合发展，将深刻改变公路交通的能耗规模和结构。电动汽车保有量的不断增长，将对公路沿线充换电设施布局规模和运营维护提出更高要求。智慧公路沿线建设了大量网联化、智能化用电设施，也将大幅提高传统公路自身的能源消耗。但是互联网、大数据、人工智能等新技术集成应用，将实现交通网与能源网的动态协同运行和管控，从而提高能源利用效率。同时，自动驾驶车辆编队行驶，空气阻力减小，能够有效节约燃料消耗和降低尾气排放。从长期来看，随着自动驾驶车辆的广泛普及，智慧交通将通过车车、车路交互以及智能感知、协同运行和控制，优化车辆驾驶行为，提高车辆行驶速度或保持匀速行驶，从而减少能源消耗和尾气排放。

4. 结论与建议

交通运输的数字化、网联化、智能化、共享化、低碳化已经成为确定性发展趋势，智慧交通与智能汽车、智慧能源、智慧城市的融合发展，将推动跨领域协同式发展和社会经济大生态融合，优化交通运输结构，提升路网整体的安全和效率，并减少能源消耗和环境污染。

为推动智慧交通发展，要进一步夯实数字化基础，推动公路基础设施和载运工具的数字化、网联化、智能化；要根据技术发展的阶段性特征和成熟度，加强可落地的应用场景创新，针对共享交通、车路协同、四网融合等具体应用场景，做细、做实技术方案和运营模式设计，健全跨部门协同的运行体制机制，推进智慧交通技术规模化、商业化应用；要加强政策引导，坚持"市场先行、政府补位"，鼓励社会资本加大智慧交通投资建设运营，培育智慧交通产业生态。

4.2.7 路径七: 出行共享化转型

交通运输领域是包括多种社会经济影响因素在内的社会经济系统, 这些影响因素逐渐成为交通运输业低碳转型的变革性驱动因素。例如: 城市形态的转变可以最大限度地减少汽车的行驶从而减少碳排放; 对共享价值观和共享经济的重视可以引起出行者的行为变化从而减少碳排放; 将充电系统适应电网的新方式从而提高电力运输的效率等。在众多碳减排驱动因素中, 共享经济理念的传递能够为社会经济带来更高的效率[88, 89], 推动城市转型, 将眼光跳出单一行业为全社会福祉的增加贡献力量。并且越来越多的证据表明, 共享经济通过其经济活动组织方式的改变, 相较于单一家庭而言, 具有更大的社会群体支撑, 表现出更大的碳减排潜力[88, 90]。

共享出行作为共享经济中发展最快的领域近年来得到广泛的关注[90]。共享出行是指人们无需拥有车辆所有权, 以共享和合乘方式与其他人共享车辆, 按照自己的出行要求付出相应的使用费的一种新兴交通方式, 包括以网约车、汽车共享等为代表的一大批创新模式。这种新出行模式主要通过替代私家车出行、提高车辆使用效率、提升城市交通系统效率等途径实现减排。替代私家车出行方面, 根据 Greenblatt&Shaheen 预估, 每辆共享汽车会从道路上移除 9~13 辆汽车[90]; 提高车辆使用效率方面, Martinez&Viegas 的研究表明, 共享出行可以使车辆的使用从每天大约 50min 增加到 12h[91]; 提升城市交通系统效率方面, 国际交通论坛 (ITF) 研究表明, 通过拼车的共享出行模式, 交通拥堵将会减少 48%, 从而二氧化碳的排放也会降低 50%[92]。考虑到网约车的全球消费者支出占共享出行市场的 90% 以上[93], 本节以网约车模式为例, 基于汽车生命周期评价模型 (CALCM) 探讨六种情景下, 乘用车 (私家车) 共享出行的碳减排潜力。

(1) 我国新能源网约车市场现状

随着我国新能源汽车的推广和市场普及度的提高, 新能源汽车规模优势和成本优势逐步显现, 电动网约车凭借其综合运营成本优势更明显的特点成了新能源汽车的主要应用领域。从汽车的主要用途来看, 新能源车辆市场主要由七类构成，分别是私家车、网约车、出租车、共享租赁车、物流车、公交客车和重型货车。由中国新能源汽车大数据联盟所提供的数据分析[94]，我们发现 2020 年网约车的日均行驶里程为 157.8km，仅次于出租车的日均行驶里程，如图 4-37 所示。

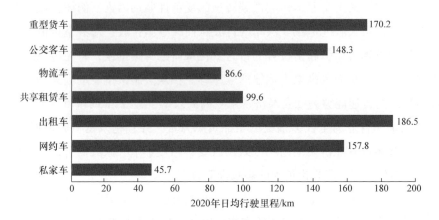

图 4-37　2020 年不同用途新能源汽车日均行驶里程

2019 年我国新能源网约车整体的日均行驶平均时长为 6.99h，相较于 2018 年的 5.88h，增加了 1.11h；日均行驶里程为 167.25km，相较于 2018 年的 141.67km 也有较大的增幅。并且一线城市的网约车日均行驶时长在 8h 以上的占比远高于其他城市，四线、五线城市在 8h 以上的占比明显低于其他级别城市。而 2020 年网约车日均行驶里程、日均行驶时长都略微有所下降，其中主要原因可能是 2020 年黑天鹅事件爆发，使用户对公共出行的需求短期内迅速锐减，市场短期可能会有所收缩；驾驶员出车面临生理和心理的重重压力；为了保障车内的日常消毒和安全，平台的运营成本陡增。但从长期来看，网约车仍具有占据市场主要出行方式的趋势。大量研究也表明，与传统的共享车队相比，共享电动汽车在服务、旅行时间和等待时间方面都达到了相同的水平，甚至在运营和维护成本方面更容易实现。

（2）网约车共享出行的碳减排潜力

该部分采用全生命周期的方法进行纯电动汽车与传统燃油汽车在不同共享出行情景模拟下的碳减排率的核算，从而分析共享出行的碳减排效果。在研究过程中采用中汽数据有限公司提供的数据进行汽车全生命周期的碳排放核算，包括汽车全生命周期的材料输入、基本参数、碳排放因子等。

共享出行可以通过组合出行有效地减少车辆行驶里程（VKT），也为车队缩减、缓解拥堵以及潜在的能源和排放减少提供了基础[95-98]。相比于传统的燃油汽车，电动汽车在减排方面具有较大的优势，从汽车全生命周期的不同阶段来看，由于电池的生产，电动汽车在车辆周期呈现出更大的碳排放趋势，但在燃料周期中具有传统燃油汽车不具有的低排放优势。研究设定了两个背景下的六种情景：参考背景为我国目前纯电动汽车在乘用车所占比率保持不变；政策背景假设我国未来全面实现汽车电动化，电动汽车的市场占有率为100%。两种背景下分别考虑了 4 人共享、3 人共享和 2 人共享车辆的六种情景，从汽车的车辆周期与燃料周期分别探讨六种背景下的碳减排率。

用共享出行相对于传统出行方式的碳减排率来表征碳减排效果，碳减排量为传统出行方式与共享出行碳排放量的差值，碳减排率为共享出行碳减排量占传统出行方式碳排放量的比例，计算公式为

$$EM_r = EM_F - EM_E$$

$$e = \frac{EM_r}{EM_F}$$

式中　EM_r——共享出行方式相较于传统出行的碳减排量（kg）；

　　　　e——共享出行方式相较于传统出行方式的碳减排率（%）；

　　EM_F——传统出行方式的碳排放量（kg）；

　　EM_E——共享出行的碳排放量（kg）。

如图 4-38 所示，六种模拟情景下，共享出行碳减排效果主要体现在燃料周期，燃料周期的碳减排率平均约 66%，车辆周期的碳减排率平均约为 13%。对于网约车而言，共享出行在一定程度上减少了私家车上路频率，对私家车替代作用最大，而基于现有燃油汽车的保有量视角，我国燃油汽车占比约97%，燃油汽车的燃料周期碳排放是汽车生命周期碳排放的主要贡献，因而，使用端人均碳排放的分摊是对共享出行碳减排的最大贡献者。横向对比不同共享方式，每多一人参与共享，大约可以贡献 5% 的碳减排率，多人共享意味着更低的人均出行的碳排放，碳减排率更大，这也意味着公共交通对私家车

的出行方式替代可以实现更大的碳减排效果。通过对比参考背景和政策背景的结果发现，全面实现电动化的碳减排率更高，政策背景的三种情景较参考背景而言，平均碳减排率增加了13%，见表4-12。近年来，随着电动汽车技术的进步，为实现交通领域的净零碳排放，越来越多的共享汽车公司正在使用纯电动汽车替代他们的车队[99]，例如在北京，GOFun是首汽集团针对共享出行推出的一款新能源租车产品，其所有车型均为电动汽车，为用户提供便捷、绿色、快速、经济的出行服务。全球成功的电动汽车共享市场也应运而生，例如法国的 Autolib、德国的 SHARENOW 和美国的 Zipcar[98]。

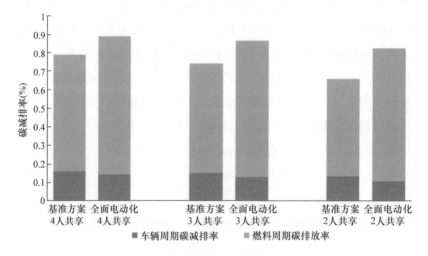

图 4-38　六种模拟情景下共享出行的碳减排率

表 4-12　不同情景下共享化参数设置

情景类别	参数名称	2025 年	2030 年	2050 年	2060 年
基准情景	共享率	5.00%	14.29%	51.43%	70.00%
汽车行业 2060 年前碳中和情景	共享率	8.00%	18.50%	60.50%	80.00%
汽车行业 2050 年前碳中和情景	共享率	10.00%	24.00%	80.00%	80.00%
基准情景	共享碳减排率	6.87%	19.20%	64.14%	79.91%
汽车行业 2060 年前碳中和情景	共享碳减排率	10.32%	24.74%	73.97%	87.94%
汽车行业 2050 年前碳中和情景	共享碳减排率	12.88%	32.44%	88.03%	88.17%

（3）共享出行发展所遇到的壁垒

共享经济背景下的共享出行可以有效解决城市交通、能源消耗、空气污染和身体健康等问题，网约车是实现共享出行目前应用最广的方式，但是网约车的新业态的发展也面临着一系列的新问题：由于网约车的监管法律法规不完善，乘客的信息和人身安全时常得不到保障，遇见问题时还会存在严重的责任划分问题；政府为进一步对交通运输资源进行合理配置，强化网约车安全保障，制定严格的监管细则，则网约车的入门门槛太高，这在一定程度上对网约车市场的发展有不良的影响；在定价机制上，由于网约车定价没有一个透明的机制，存在着网约车平台利用动态价格调整机制而侵犯消费者知情权的问题；网约车为人们带来的便利也具有一定的环境负效应，它们在取代私家车的同时，也存在着取代公共交通和非机动交通的风险。而共享电动汽车的充电是一个较大的问题，传统汽车的加油站数量多，而专用于电动汽车的充电桩却相对较少，为充电建设大量的充电桩与新能源汽车共享有效利用现有资源的初衷南辕北辙；此外新能源汽车也面临着里程焦虑的现状，实现共享后新能源汽车每日的行驶里程将会远高于原有行驶里程，尤其在北京、上海等大城市，实现跨区的行驶很容易遇到半路上没电的困境。

随着人民生活水平的提升，对于出行质量和要求愈来愈高，传统的公共交通出行方式已经不能满足部分人群所追求的高品质、高精度的出行需求，在城市出行方式多样化的背景下，电动汽车共享出行是交通出行领域新的发展态势，共享出行在缓解城市交通拥堵、节约资源利用、降低碳排放等方面具有优于其他出行方式的优势，并且在结合交通大数据、智能网联技术后通过共享经济这一全新的经济范式，增加全社会的福利。但共享经济的发展存在着责任分配、定价机制、基建设施对公共交通出行有不利影响等亟待解决的问题，因此政策制定者在加快共享经济所需的基础设施、人力资源和公共环境建设的同时，也要加强商业运营环境治理，制定具有影响效力的社会信用体系，促进共享经济助力我国经济增长，扩宽共享经济的发展道路。

4.2.8　路径八：资源循环化转型

1. 汽车资源回收利用

（1）产业发展的现状与趋势

过去几年我国汽车保有量和回收量均保持快速上升的趋势。据公安部统计，我国汽车保有量从 2017 年的 2.17 亿辆增长至 2021 年的 3.02 亿辆。与此同时，报废汽车回收量也呈现稳步上升趋势，2021 年报废汽车回收量 297.5 万辆，回收量约占保有量的 1%，如图 4-39 所示。

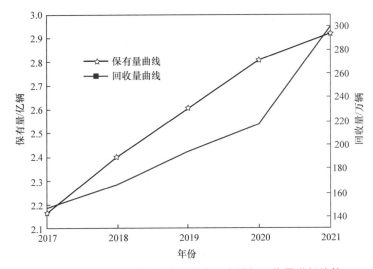

图 4-39　2017—2021 年我国汽车保有量与回收量增长趋势

为了减少汽车产业对自然资源的过度依赖，减小资源开采对社会环境的消极影响，响应"碳达峰，碳中和"的政策号召，汽车产业有必要向"资源节约型、环境友好型"方向转变。以"减量化、再利用、资源化"为原则的报废汽车回收、拆解及资源循环化利用是实现汽车产品闭路循环不可缺少的关键一环。以汽车拆解循环利用为龙头和抓手，以循环产业链为科技支撑和经营体系，适应以产业大循环为主体，国内国际相互促进的新发展格局[100]。

（2）汽车资源回收利用发展趋势与预测

世界各国对汽车资源回收利用都非常重视。美国占每辆车重量 75%~80% 的部件被再利用。目前美国有超过 1.2 万家报废汽车拆解企业，2 万家零部件再制造企业和 200 家拆后报废汽车粉碎企业，报废汽车回收产业在美国每年利润达数十亿美元。早在 2000 年 9 月，欧盟发布了报废汽车回收指令（2000/53/EC）。从 2007 年 1 月 1 日起，成员国开始全面执行该指令。该指令规定汽车制造商在欧盟上市新车时必须出具证明，证明其投入市场的新款汽车的材料回收率至少要占重量的 85%，可利用率至少为 95%，才能获得市场准入许可证。日本报废汽车回收利用企业约有 8.5 万家，氟利昂处理企业 2.3 万家，拆解企业 5000 家，破碎企业 140 家，报废汽车回收利用率接近 100%。

我国也相继出台政策对汽车资源回收进行规范管理。随着 2019 年《报废机动车回收管理办法》《报废机动车回收拆解企业技术规范》的正式实施，我国报废机动车回收处理行业面临重大发展机遇和挑战。2020 年 7 月 31 日，商务部等 7 部门联合发布《报废机动车回收管理办法实施细则》，从回收拆解行为规范、回收利用行为规范等方面进行了明确规定。提出发动机、方向机、变速器、前后桥、车架等"五大总成"可以进行回收利用。2021 年 7 月，国家发展改革委印发《"十四五"循环经济发展规划》明确提出加强报废机动车、报废船舶、废铅酸蓄电池等拆解利用企业规范管理和环境监管。

汽车行业各大品牌也纷纷制订量化碳减排目标。沃尔沃集团提出其目标是到 2025 年将每辆汽车的碳足迹减少 40%，争取到 2040 年完全实现气候中和。大众汽车集团提出在 2025 年之前实现每辆汽车碳减排 30%，并在 2050 年最终实现汽车全生命周期碳中和。丰田提出在 2030 年汽车生命周期 CO_2 排放减少至 2001 年的三分之一，并计划在 2050 年前实现全生命周期净零排放。此外，这些国际车企在开发设计新车型时，通过加大低碳材料的开发和利用力度、减少材料使用量、增加再生材料使用等方式，实现材料生产过程的碳减排。

随着政策逐步规范，我国报废汽车产业规模也在稳步上升。据 2.4 节预测，未来我国汽车保有量将持续增长。按照 2021 年回收量（297.5 万辆）占保有量（3.02 亿辆）约为 1% 的比例计算，参考全球发达国家水平在 5%~7% 左右，假定在 2025 年我国达到 3%，2030 年达到 5%，2035 年之后稳定在 7% 左右，未来我国汽车保有量和回收量具体数据见表 4-13。

此外，由于新能源汽车包含动力蓄电池的回收利用，其回收处置技术不同，需要单独计算。2021 年全年，新能源汽车产销分别完成 354.5 万辆和 352.1 万辆，同比均增长 1.6 倍，市场占有率达到 13.4%。截至 2021 年底，全国新能源汽车保有量达 784 万辆，占汽车总量的 2.6%。据中汽中心中汽数据有限公司预测，未来汽车电动化将加速发展，市场占有量快速提升，见表 4-13。

表 4-13 我国未来汽车保有量和回收量预测

时间	保有量 / 亿辆	新能源汽车保有量 / 万辆	回收率（占保有量的比例）	回收量 / 万辆	新能源汽车回收量 / 万辆
2025 年（预测）	3.61	2839	3%	1083	85.2
2030 年（预测）	4.46	7395	5%	2230	369.8
2035 年（预测）	5.02	14611	7%	3514	1022.8
2050 年（预测）	5.47	32130	7%	3829	2249.1
2060 年（预测）	5.38	38003	7%	3766	2660.2

（3）汽车资源回收利用减排潜力分析

我国汽车保有量已居世界第一，汽车资源回收利用对于汽车全生命周期碳排放的管控、实现产业闭路循环具有十分重要的经济效益与社会效益。根据行业调研，再生钢与原生材料相比可减少约 80% 的碳排放；再生塑料与原生材料相比可减少约 80% 的碳排放；再生铝与原生材料相比可减少约 90% 的碳排放。汽车主要材料回收碳减排数据及回收量见表 4-14[101]。

表 4-14 材料再生利用减排数据

类型	减排效果 /（t CO$_2$/t 材料）	单辆燃油车材料回收量 /kg	折损比
钢铁	1.9	2534.48	1.08
铝	14.7	28.95	1.18
塑料	3.4	21.73	1.19

对于燃油车而言

$$减排量 = \frac{减排效果}{折损比} \times 回收量$$

根据上述公式计算可知，单辆燃油车材料再生利用减排为 4.9 t CO$_2$。此外，对于新能源汽车而言，需要考虑动力蓄电池回收对碳减排的贡献。格林美对动力蓄电池回收利用与材料再制造的碳足迹进行计算，每回收利用 1kW·h 动力蓄电池可减排 19kgCO$_2$，平均每个电池包按 50kW·h 计算，每回收一个电池包可减排 950kgCO$_2$。因此单辆新能源汽车回收利用碳减排为 5.8t CO$_2$。

（4）汽车资源回收处置技术

报废汽车的结构件以钢铁为主，目前拆解企业对车体和结构件等进行压扁或切割、破碎作业，获得符合一定尺寸规范和密度要求的产品，售卖至钢铁冶炼厂进行循环利用。废钢冶炼相对于铁矿石可以减少煤炭、水和精矿粉的使用，碳减排效果显著[102]。报废汽车破碎后的金属材质中有色金属大概占3%~4.7%，以铝、铜为主和少量的镁合金、锌、铅及轴承合金[103]。为保证再生铝产品质量，在制成再生铝前需要经过破碎、分选、熔体净化等环节，如采用颜色分选技术、激光诱导能谱分析技术（LIBS）等可对不同类型的废杂铝进行精细分类[104]。汽车中的纯铜主要用于制动管、散热管等，铜合金主要用于散热器、制动阀阀座、化油器通气阀本体等。这部分废铜资源经回收、分选、熔炼、电解精炼等环节制成符合规范要求的铜产品。在报废汽车中，塑料所占的比例为8%~12%[105]。综合来说，汽车塑料资源化利用方式主要可以分为直接利用、物理再利用、化学再利用和能量回收。

零部件回收再利用是报废汽车资源化利用的首个阶段，其经济价值属于报废汽车回收价值体系中价值最大的一部分。零部件回收再利用一般可细分为直接再使用、再制造和升级再制造三个部分。零部件直接再使用主要针对事故车辆或使用频率较小的车辆。由于这些车辆的零部件使用年限或使用次数较少，所以其大部分零部件都处于正常服役年限内，只需通过简单的清洗、检测就可以继续发挥功能作用；零部件再制造是对零部件进行再加工和检修后的二次再利用，提高再制造零部件的可靠性是保证再制造产品质量稳定性的重要手段，也是再制造产品被认可的必经之路；零部件的升级再制造是在原制造的基础上进行改造升级以满足新的标准和要求。研究结果表明：每回收1000辆小型客车，其发动机的直接再使用（或再制造）价值相当于44台（或21台）新的发动机[106]。汽车发动机再制造与新品相比，降低成本50%左右，节约能源60%、节约原材料70%[107]。

（5）汽车资源回收利用面临的机遇与挑战

在我国汽车产业持续发展的背景下，汽车资源回收利用行业面临较大机遇。主要有以下几方面。

1）我国汽车报废率将持续增长，未来五年可能达到3%以上。这主要有三大因素：老旧汽车淘汰更新换代加快，汽车保有量提高带动回收量攀升，车辆使用年限缩短[108]。

2）新能源汽车和动力蓄电池回收量将显著增长，动力蓄电池回收利用空

间大，有利于企业发展壮大。

3）危险废弃物贮存处置逐步规范化，非法回收处置行为将进一步被管控或淘汰。

4）碳交易的兴起给行业带来新的增长点。我国已经在北京市、天津市、上海市、重庆市、广东省、湖北省、深圳市开展碳排放权交易试点。2021 年碳配额开盘价为 48 元/t，而欧盟碳交易价格已经超过 50 欧元/t。汽车蕴含有 80% 左右的可再生金属资源，这对钢铁行业节能降耗和碳减排具有明显贡献，未来也会成为报废汽车处理中的可预期收益。

尽管汽车回收利用行业发展前景广阔，经济效益与社会效益突出，但是依然面临以下挑战。

1）**资质企业的总体回收量偏低**。资质企业回收的报废车辆只占报废机动车市场份额的约 40%，退役及报废汽车的正规化处置渠道亟待打通，实际报废量要更多进入正规渠道并提升回收率，回收率促进企业效益提升，进而促进汽车资源循环利用水平。

2）**设备自动化程度低，管理水平不足**。多为手工加半自动化拆解，效率低下且附加值低，报废机动车回收拆解企业精益化管理、精细化、智能化拆解水平不足。

3）**产业企业参差不齐、普遍企业规模小**。如何实现分级回收拆解、区域性集中破碎中心的合理布局以及行业收购整合是发展趋势。

基于以上问题，未来汽车拆解及回收产业必然要向精细化、智能化拆解方向发展，同时开展破碎拆解尾料的精细化分选及高值化利用，提高产品的附加值。此外，需要政府加强对非法渠道的监管力度，实现区域性集中规范拆解破碎。

（6）结论和建议

我国汽车保有量远远未达峰值，汽车行业将维持长期的增长趋势，随着碳交易等政策的实施，汽车回收和资源化利用行业正处于高速增长阶段。汽车行业是高能耗和高排放行业，在"双碳"背景下，汽车回收和资源化显得尤为重要。2021 年我国汽车回收量为 297.5 万辆，预计到 2060 年回收量将达到 3766 万辆。

当前，汽车回收利用产业发展面临较大的提档升级挑战，在企业不断提升自身技术、价值竞争力的同时，也需要政府加强对非法回收拆解行为的监管，共同促进回收利用行业的快速健康发展，实现汽车产业链全环节的同频共振，进而推动我国汽车产业强国梦的实现和高质量的可持续发展。

2. 向循环资源转型

全球范围内，由于收入增加和人口增长，预计 2019 年到 2070 年人均出行距离将翻一番，而汽车保有量将增加 60%[109]。为达到《巴黎协定》中的气候变化目标，必须尽快实现公路运输去碳化。快速扩大电池电动车（BEV）的规模并逐步淘汰和替换内燃机（ICE）车辆也至关重要。国际能源署和彭博新能源财经等机构的情景假设表明，从长远来看，BEV 可占到全球乘用车总量的 85% 以上，全球超过 60% 的重型商用车可采用电池电动模式运行[110, 111]。特别是，由于 BEV 系统能效高，技术相对简单，专家预计 BEV 将长期保持相对于燃料电池电动车（FCEV）、插电式电动车（PHEV）和合成燃料汽车（e-fuel）的成本优势[112]。

包括本书在内的研究显示，BEV 的生命周期排放量已降至同等汽油内燃机排放量的 45% 左右[113]。随着向清洁电力的转型，这一数字到 2030 年可进一步降至 28% 左右[⊖][114]。当内燃机系统广泛更新为电动传动系统（由去碳化程度越来越高的可再生能源驱动），将在中期内消除尾气二氧化碳排放。大部分环境足迹（温室气体、颗粒物、富营养化等）将由此从使用阶段转移到制造阶段的材料[116]。电池成本占一辆 BEV 价值的 30%，占 BEV 温室气体排放量的 30% 至 60%[117, 118]。由于电池生产相对耗能，目前 BEV 生产造成的温室气体"负担"仍比内燃机高 66%[⊜] 到约 79%[⊛]。许多领先 BEV 生产商的实践表

⊖ Ricardo Energy & Environment 公司数据显示，2020 年，在欧盟地区，每台汽油内燃机每汽车公里平均释放 269g 二氧化碳，而每辆电池电动汽车每汽车公里平均仅排放 120g 二氧化碳（相当于前者的 45%）。到 2030 年，上述两类车辆同等条件下的排放量将分别降至 239g 和 67g，届时电池电动汽车的排放量仅相当于汽油内燃机的 28%。

⊜ Ricardo Energy & Environment 公司数据显示，每辆内燃机汽车的二氧化碳排放量是 6.1t，而每辆电池电动汽车的二氧化碳排放量是 13.9t，前者相当于后者的 66%（2020 年）。

⊛ 国际交通论坛数据显示，每辆内燃机汽车的二氧化碳排放量是 6.4t，而每辆电池电动汽车的二氧化碳排放量是 11.2t，前者为后者的 75%（2020 年）。

⊠ 德国智库 Agora Verkehrswende 的数据显示，每辆内燃机汽车的二氧化碳排放量为 6.7～6.9t，而每辆电池电动汽车的二氧化碳排放量为 12.4t，前者相当于后者的 79%（2019 年）。

明，虽然采用更多的可再生能源有望显著减少电池生产的能耗，但要充分实现碳减排的潜力，汽车行业还必须解决材料和生产中的排放。如图 4-40 所示，钢铁、铝和塑料均为额外温室气体密集型材料。而汽车行业需要加强循环回收，不仅是因为汽车材料中包含大量温室气体排放（产生于制造阶段），也是因为不可持续的资源开采导致可用资源下降与其他破坏性影响[119]。

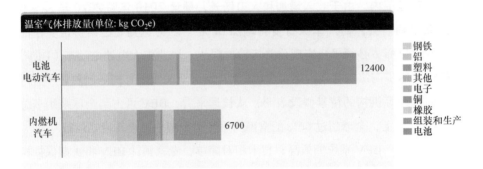

图 4-40　车辆生产的温室气体排放量对比（不包括报废环节的排放量）——电池电动汽车和内燃机汽车[120]

来源：海德堡能源与环境研究所；德国智库 Agora Verkehrswende。

联合国国际资源专家委员会的数据显示，全球半数以上的温室气体排放是由自然资源开采和加工活动引起的[121]。金属、矿物和塑料（"材料"）产生了近四分之一的全球排放量[122]。虽然通过使用可再生能源来减少工业流程的排放量不可或缺，但这不足以在 2050 年之前实现净零排放，因为对资源的需求不断上升（预计到 2060 年将增加一倍），而且一些难以减排的行业也不可避免会产生排放，这些都将加速排放水平[123]。到 2060 年，GDP 和世界人口的迅猛增长预计将会把全球资源年度开采量提升至 1900 亿 t 以上，远远超过 2015 年的 880 亿 t[124]。除了和温室气体排放密切相关之外，资源开采还会对环境产生其他负面影响，进一步挑战地球承载边界。这些影响包括土地系统变化和相应的生物多样性丧失、全球水循环承压、化学污染和氮磷流动混乱等。

循环经济旨在实现资源的优化、可持续使用，将负面环境影响与经济价值创造脱钩。循环经济措施能够提高资源生产效率，有望大幅降低初级原材料的使用，而真正落实循环经济需要采取全面系统的策略，考虑一辆车的整个生命周期，甚至是多个生命周期。世界各地的决策者开始将生命周期理念纳入评估和立法工作 [125]。比如，欧盟和中国正在考虑如何将生命周期评估核算纳入汽车温室气体排放评估 [126, 127]。越来越多的证据显示，必须采取系统性循环经济策略，实现绝对的资源脱钩，以实现政治层面制定的气候目标 [128]。有鉴于此，必须消除材料中包含的碳排放——解决这一问题并没有灵丹妙药，但有各种循环手段可供决策者选择。

汽车行业的循环经济起点很低。 行业目前基本采用单一的优化方法，比如选择性再制造和低价值的循环再利用，但是一些更加专业的循环解决方案和材料增效战略也开始受到青睐 [129]。为了实现碳中和的目标，汽车行业必须更进一步，彻底改变资源的使用方式，全面、系统地改变整个价值链和商业模式。为此，汽车行业必须优化每乘客公里原始材料的影响。该指标可以通过提高回收材料的使用比例和报废价值进行优化，同时提高每乘客公里车程的利用率、乘坐率和使用寿命。虽然汽车行业必须系统性采用所有的循环手段⊖，才能有望实现去材料化⊜，但本章内容重点关注的是**通过回收手段实现整个价值链的材料闭环**，以减少初级资源的开采并降低对环境的影响。

目前的经济体系和汽车行业依赖于新资源的大量流入。 材料闭环的目标是消除或大幅减少这种具有负面环境外部性和经济损失的资源流入。全球每年使用的 1000 亿 t 资源中，只有约 9% 重新被引入经济生产，其余资源均成为废弃物或在生产过程中被消耗 [130]。这是因为全球材料的使用量在 50 年内几乎翻了两番，从《巴黎协定》到《格拉斯哥气候公约》的短短 6 年内，全球经济消耗了 5000 亿 t 原始材料 [131]。这种开采速度加上前述外部性，对地球的未来构成持续威胁。在此情况下，使用过的原材料应尽可能长时间循环使用，并重新用于制造新车辆（闭环）。打造闭环的方式包括回收、再加工 / 再循环和使用二次材料，并减少加工材料和质量的损失。由于严格的汽车材料规格和要求，回收工艺应以高质量回收为宗旨，尽可能避免降级回收。为了达到二次材料（即回收物）利用的宏伟目标，就必须确保高质量的二次材料供应，

⊖ 通过高质量回收利用形成材料闭环；按照循环经济原则，（通过部件的再使用和再制造）优化车辆设计，提升性能、延长使用寿命和提高寿命末期的残余价值；推动实行循环商业模式，将收入创造和资源消耗脱钩，提高车辆的生产效率（比如拼车 / 合伙用车，参见 4.2.7 节）。

⊜ 去材料化是指降低经济活动的材料密度，尤其是降低单位产出的材料需求。

但由于回收能力、技术和工艺（特别是拆解）的局限以及材料和复合物（如技术塑料）日益复杂，这一点目前仍受到限制。为确保足够的二次材料，汽车行业可回收生产废料和报废车辆、进行可拆解式和可循环式汽车设计⊖，并提高对回收物的需求，从而刺激市场。

材料闭环的可行性取决于能否从报废汽车中回收足够的高质量二次材料。 尽管汽车是回收程度最高的产品 [132]，但由于目前回收工艺和技术的局限，大量汽车材料和相关经济价值在回收过程中流失。材料回收过程的价值保留率低，仅 8% 的回收钢材符合再利用的质量标准，铝被其他金属污染，而总体汽车塑料的回收率仅有 9%，大部分都是开环回收 [133, 134]。由于预计到 2020 年中才会出现牵引用电池的反向流动，目前几乎没有任何电池得到回收，但 Duesenfeld 或 Redwood Materials 等回收公司宣称电池材料的回收潜力超过 90%，期望发掘这一新兴商业机会。除了材料损失，如果车辆出口到废弃物管理设施不足的地区，重要资源同样会流失，车辆组件和材料也就无法形成高质量的价值循环 [135]。

汽车原始设备制造商越来越重视改善报废车辆的回收和再加工流程，并承诺提高车辆中的可回收成分比例。 目前，一方面材料回收的价值仍然偏低，另一方面实现汽车材料回收利用闭环的雄心与日俱增，为了弥合这一差距，报废要求和流程需要进行重大优化。由于这些要求和流程因材料类型而异，下文针对三种关键材料进行简要说明。

1）**对于牵引电池，高质量回收至关重要，因为这涉及核心材料的可用性问题以及相关的环境和社会影响。** 随着资源价格的水涨船高，高质量的回收变得愈发重要。目前，锂或石墨等材料的回收在经济上尚不可行。由于 BEV 的应用仍处于起步阶段，因此电池回收率十分迟缓，而对有毒成分进行安全处理又增加了整个电池回收过程的复杂性 [136]。虽然整个电池（以及其中不同比例的特定材料，如 85% 的锂和 98% 的钴）[137] 将近 100% 可以被回收用于闭环，但在可预见的未来，从回收电池中获得的二次电池材料仍不足以满足对电池材料的需求。随着公路运输大规模电气化的到来 [138]，原始电池材料需

⊖ 可拆解性设计和可循环性设计是指通过以再循环为导向的车辆设计实现对报废车辆的高质量回收再利用，并最大限度地减少因为和其他材料的混合而造成的降级回收。

求的增长曲线会急剧上升。一旦达到长期稳定的状态，即回收电池的量接近新生产的量，资源的不平衡就可以通过有效的回收过程得到弥补。因此，现在有必要建立电池回收基础设施，并由新兴公司来挖掘这一商业机会。在产品和工艺层面，需要多方协作努力（如电池生产商和回收商等）和进行系统化循环设计。具体包括整个电池组的模块化和循环设计，以及电池组与汽车的可拆卸整合。同时，回收基础设施的设计和设置应该考虑不断发展的电池技术。此外，为了构建透明、有效的循环电池价值链，需要采用让所有经济参与者都能共享的数字工具，比如落实数字孪生和电池护照技术，以优化电池和嵌入式材料的生命周期价值。作为一种优化和政策工具，这些数字技术已经在全球范围内获得发展动力。

2）对于金属，钢和铝是除电池之外在数量和碳排放方面最重要的材料。金属可以无限循环而不会损失，金属（回收）价值链在某种程度上已经实现循环[139]。金属产品通过机械处理进行再加工，随后重新进入生产循环。就钢铁而言，运输部门占最终用途钢材的16%[140]，约90%的报废钢铁从车辆中收集和回收[141]。钢材必须是无污染和足够优质的，以满足汽车制造的要求。汽车是用高度专业化和合金化的钢种制造的。将这些材料与其他金属一起粉碎，会导致污染以及与铜等化合物的混合。这种污染会导致品质下降，并最终导致钢材被降级用于建筑等行业[142]。如果通过适当的拆解工艺和更清洁的废品流程，特别是以避免铜污染的方式来防止钢材降级，那么预计85%的钢材（甚至是优质钢）需求都可以通过回收来满足[143]。这种思路同样适用于包括铝在内的有色金属。铝的回收率已经超过90%，但最终产品的等级较低[144]。在拆解过程中，废铝与不同等级的合金和其他多余的金属发生混合。为了最大限度地确保铝对汽车制造的价值和再利用率，必须在回收过程中解决不同合金的混合问题。

因此，二次金属的可用性将取决于报废流程的质量。要形成材料闭环，就需要在回收过程中尽可能地减少报废车辆的铜污染。这就对报废处理提出了更高的要求。车辆设计应当考虑如何便于拆解和分拣流程，这种设计改良对提高回收能力至关重要[145]。

3）就车用塑料而言，轿车和货车的塑料用量占塑料总产量的9%。现如今，为了（至少在一定程度上）抵消整车尺寸和整车重量的增加所带来的不利因素，汽车轻量化战略变得愈发重要。因此，轿车和货车的塑料用量占塑料总产量的比重未来有望进一步提升[146]。据预计，到 2050 年，每辆汽车的塑料用量（按重量计算）将比现在增长约三分之一，汽车塑料的总需求量因此将增长 25%[147]。塑料在汽车中的应用分布呈高度分散状态，车用塑料集成在复杂构件中，且使用超过 39 种不同类型的聚合物[148]。由于汽车行业使用的工程塑料和塑料复合材料具有复杂和高度专业化等特征，因此很难利用废旧车辆破碎机分离出单个聚合物，致使车用塑料的机械化回收利用极具挑战性。从报废车辆上拆解塑料部件仍属于非主流做法，因为尽管此举有助于获得清洁且无污染的废物流，但考虑到汽车零部件的多样性和复合结构的复杂性，这种做法的经济效益不佳，且几乎无法实现自动化作业[149]。因此，报废汽车上车用塑料的宿命主要是留存在车辆破碎机打出的破碎残渣中。由于尚不具备先进的后破碎机技术能力，而且目前大众广泛关注金属可回收性，塑料垃圾通常以填埋方式处理，或者越来越普遍地采用具有余热回收功能的焚烧方式进行处理。尽管适用于高性能塑料的先进（化学）回收工艺目前在经济上仍不具可行性，但是越来越多的塑料生产商正积极探索和推广先进的回收技术（尤其是热解和气化技术）⊖。截至目前，塑料件所蕴含的材料价值大部分都丧失殆尽。为了从汽车行业获得再生塑料，我们需要进一步优化车用热塑性塑料的收集和拆解工艺，对破碎残渣进行科学归类，同时进一步扩大稳定的终端应用市场，以鼓励相关机构加大对材料回收的投资力度（例如通过设定回收物占比目标）。目前发展态势表明，由于塑料在汽车上的用量及比例逐年上升，而且塑料中含有化石燃料成分，与管理报废车辆产生的塑料垃圾相关的环境压力或将日趋沉重，从而引发更大规模的垃圾填埋和焚烧，并导致温室气体排放量增加。在整个系统层面，如果采用机械回收技术，每回收 1t 废塑料聚合物，相当于减排大约 1.1～3.6t 二氧化碳当量，能有效缓解气候风险[150]。

　　⊖　机械回收取决于多种因素，比如使用优质原料能够获得高质量回收物，然后再次用于汽车配件；化学回收技术能够持续生产出相当于原生聚合物的回收物。鉴于化学回收技术仍然处于相对初期的阶段，只有少量的规模化工厂在使用（这类工厂已经过了概念验证阶段，通过规模化运作获得了经济回报），以及鉴于政策和全价值链规模经济尚不明朗，因此化学回收技术还面临巨大的不确定性。

　　然而，仅仅依靠回收再利用技术和提高车辆和电池中回收物的占比，尚**不足以解决与资源持续开采相关的环境问题**。回收再利用是循环经济中不可或缺的重要组成部分。它要求我们减少原生材料持续开采和加工所带来的负面影响，并应尽快实现材料闭环循环。但为了与气候目标保持一致，联合国政府间气候变化专门委员会在预测低排放发展（LED）情景时指出，为了实现将全球升温限制在 1.5℃的目标，到 2050 年，绝对原生材料消耗量必须比 2020 年下降近 20%[151]。《循环差距报告》指出，汽车行业可通过提高车辆的回收利用率和回收物占比来减少绝对原生材料消耗量——但要实现资源脱钩并进一步实现将全球升温限制在 1.5℃的目标，还需要提高汽车利用率和耐久性，完善汽车设计，并减少整体出行需求[152]。与这些目标大相径庭的是，数据表明，汽车的重量和尺寸呈日益增长势头：已上路行驶的新登记车辆的平均重量以每年 0.6% 的速度增长[153]。再加之汽车销量的持续增长——据美国能源信息署（EIA）预计，全球汽车保有量将于 2038 年达峰，到 2050 年，全球上路行驶的汽车数量将达到 22.1 亿辆[154]——即使针对新生产车辆设定极具雄心的回收利用率和回收物占比目标（目标设定为 70%，目前仅为 30%），也无法实现达成气候目标所需的绝对资源脱钩（图 4-41）。

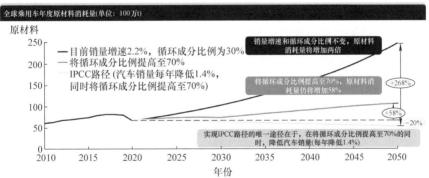

图 4-41　汽车原生材料预测和为了实现 IPCC 情景所必须脱钩的资源绝对量。SYSTEMIQ 根据国际能源署（2022）和国际清洁交通委员会（2021）数据进行的分析[155]

假设：汽车销售量和保有量数据来源于国际能源署 Global EV Data Explorer（2022）。作为参考权重因子的欧洲车辆平均重量数据来源于国际清洁交通委员会《2021—2022 年欧洲汽车市场统计数据》；为了实现 IPCC 的"低排放发展"情景，原材料绝对消耗量需减少近 20%。（2050 年之前的汽车保有量将达到 8.5 亿辆），因此可以作为假定目标（Grubler et al.2018）。循环成分比例假定如下：2010 年达到 20%，2021 年达到 30%，2030 年达到 50%，2050 年达到 70%。

为了缩小这一差距并降低 OEM 不跟进制定的日益雄心勃勃的回收物占比目标，所有循环手段——从延长寿命到通过共享出行提高车辆利用率都应得到支持和遵循。特别是，我们需要更有效地利用现有车辆及其制造材料，以减少未来对（原生）材料的需求。据国际资源专家委员会称，到 2050 年，包括汽车共享和拼车在内的共享模式有望在不改变消费者出行工具的同时，将七国集团的汽车总保有量降低 13% ~ 57%[156]。车辆使用率提高后，可以通过以下两种方式将汽车所有权与出行需求脱钩：一种是共享汽车，即车辆归集体所有，但个人通过租赁方式获得使用权；另一种是拼车，即车辆归个人所有，但通过共享服务提高使用率。尤其需要提高共享出行系统的使用率，解决当前叫车服务导致车辆保有量和产量不降反增的核心问题[157]。新车销售、原生材料使用和营收之间的紧密关联需要实现脱钩。去材料化的循环商业模式日益彰显出一种潜力，即在生产者责任制的推动下，将产品与数字化服务结合，以此抵消销量下降所导致的营收损失问题[158]。

4.2.9　路径九：捕集利用和封存

二氧化碳捕集利用与封存技术（CCUS）能够实现电力、钢铁等行业的近零排放，有效降低汽车全生命周期电力和钢铁相关的温室气体排放。负排放 CCUS 技术能够抵消汽车行业部分难减排的 CO_2，最终实现行业碳中和目标。本节主要介绍 CCUS 和相关负排放技术的发展现状、发展前景，分析 CCUS 技术降低电力、钢铁等行业碳排放的潜力，充分展现 CCUS 技术对于汽车行业碳中和的重要意义。

1. 二氧化碳捕集利用与封存对于汽车行业碳中和的重要意义

2021 年，全球新能源汽车行业发展势头强劲、潜力巨大、机遇空前，为化石燃料替代做出巨大贡献，有效降低了交通运输业温室气体排放。但面向碳中和目标，汽车行业在原材料获取、整车生产、回收利用环节仍有部分碳排放难以通过电动化、氢能化消除，而二氧化碳捕集利用与封存技术（Carbon Capture，Utilization and Storage，CCUS）能够降低或抵消这部分碳排放，进一步减少汽车行业碳排放。如果与生物质能、直接空气碳捕集等技术结合，CCUS 技术甚至能够实现二氧化碳负排放，产生大量碳汇，最终实现汽车行业碳中和目标。

CCUS 技术是指将 CO_2 从工业过程、能源利用或大气中分离后或直接加以利用或封存，以实现 CO_2 永久减排的过程，如图 4-42 所示。生态环境部环境规划院 2021 年调查结果显示，目前我国已投运或建设中的 CCUS 示范项目约为 40 个，捕集能力 300 万 t CO_2/年，地质利用和封存量 182.1 万 t CO_2/年；我国全境 CO_2 地质封存潜力约为 1.21 万亿~4.13 万亿 t CO_2[159]。综合考虑 CCUS 技术在电力系统、工业部门的应用及其负排放潜力，研究显示预计到 2050 年，中国通过 CCUS 的减排需求约为 6 亿~14.5 亿 t CO_2/年，2060 年 CCUS 减排需求为 10 亿~18.2 亿 t CO_2/年。在全球范围内，联合国政府间气候变化专门委员会（IPCC）在《全球升温 1.5℃ 特别报告》中指出，到 2030 年全球各路径 CCUS 的减排总量为 1 亿~4 亿 t CO_2/年，到 2050 年 CCUS 的减排总量为 30 亿~68 亿 t CO_2/年[160]。

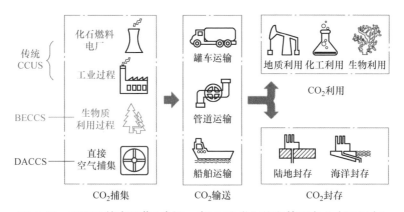

图 4-42　CCUS 技术环节 [来源：中国 21 世纪议程管理中心（2021）]

中国高度重视 CCUS 发展，在《关于完整准确全面贯彻新发展理念做好碳达峰碳中和工作的意见》《2030 年前碳达峰行动方案》等多项重要政策规划中均重点提及推动 CCUS 技术研发和试点示范。国家科技部于 2011 年、2018 年分别发布、更新《中国碳捕集、利用与封存技术发展路线图研究》[161, 162]，总体愿景是构建低成本、低能耗、安全可靠的 CCUS 技术体系和产业集群，为化石能源低碳化利用提供技术选择，为应对气候变化提供技术保障，为经济社会可持续发展提供技术支撑。现阶段 CCUS 流程的成本主要集中在 CO_2

捕集环节，每吨二氧化碳捕集成本在 100~480 元，2060 年有望降低至 20~130 元，有效支撑我国碳中和目标的实现 [159]。

电力和钢铁相关碳排放在汽车生命周期碳排放中占有重要位置，本部分内容将重点介绍电力、钢铁行业未来应用 CCUS 的减排潜力与发展趋势，以及 CCUS 负排放相关技术的应用前景。

2. CCUS 实现低碳电力和低碳钢铁

在电力行业，国际能源署（IEA）在 2020 年发布的报告《CCUS 在低碳发电系统中的作用》中指出，配备 CCUS 的火力发电厂将成为未来高度灵活的电力系统的重要组成部分 [163]。据预测 [164]，碳中和情景下 CCUS 技术对中国电力系统的减排贡献在 4.3 亿 ~16.4 亿 t。2019 年《中国能源电力发展展望》指出，我国电力需求到 2050 年预计增长到每年 12 万亿 ~15 万亿 kW·h，即使火电占比大幅缩减至 10% 左右，每年仍有数亿吨 CO_2 需通过 CCUS 技术减排才能实现电力系统的净零排放 [165]。

在钢铁行业，减少产量、节能技术、废钢循环利用、新能源替代都可以减少钢铁生产的碳足迹。然而，这些减排措施无法完全消除钢铁行业的碳排放，因此有必要部署 CCUS 技术以实现碳中和背景下钢铁行业二氧化碳减排目标。在关于中国钢铁行业路径研究中，多项研究认为中国钢铁行业将在 2030 年左右开始广泛应用 CCUS 技术，并在 2050 年将 CCUS 技术的渗透比例提高到 15%~35%[166, 167]。

《中国二氧化碳捕集利用与封存（CCUS）年度报告（2021）》梳理了 10 余项关于 2025—2060 年中国 CCUS 减排需求的预测，CCUS 在中国电力和钢铁行业的减排量预测结果见表 4-15。

表 4-15　2025—2060 年电力和钢铁行业 CCUS 二氧化碳减排需求潜力

（单位：亿 t/ 年）

年份	2025	2030	2035	2040	2050	2060
电力 - 煤电	0.06	0.2	0.5~1	2~5	2~5	2~5
电力 - 气电	0.01	0.05	0.2~1	0.2~1	0.2~1	0.2~1
钢铁	0.01	0.02~0.05	0.1~0.2	0.2~0.3	0.5~0.7	0.9~1.1

随着 CCUS 技术的推广，电力和钢铁行业的碳排放量将显著下降，有

效降低汽车全生命周期碳排放。根据 CCUS 技术在电力行业与钢铁行业的应用潜力，预计 CCUS 技术的应用对每度电和每吨钢铁排放因子降低的贡献见表 4-16。2060 年碳中和目标情景下，电力行业应用 CCUS 技术预计能够降低纯电动汽车全生命周期使用阶段约 0.54t 碳排放，见表 4-16。

表 4-16   CCUS 技术应用对于降低电力和钢铁碳排放的贡献预测

参数		年份						参考文献及依据
		2025	2030	2035	2040	2050	2060	
CCUS 对碳排放因子降低贡献	电力 / (t CO$_2$/MW·h)	0.0016	0.0038	0.0170	0.0395	0.0363	0.0349	根据 CCUS 在行业中减排量占比和碳排放因子现状推算得到
	钢铁 / (t CO$_2$/t 粗钢)	0.0068	0.0085	0.0962	0.1257	0.2040	0.3297	根据 CCUS 在行业中减排量占比和碳排放因子现状推算得到
电力部门应用 CCUS 技术对降低纯电动汽车使用阶段碳排放的贡献	t CO$_2$/ 辆	0.0248	0.0590	0.2656	0.6179	0.5672	0.5445	参照《中国汽车低碳行动计划研究报告 2021》，假设纯电动汽车平均使用寿命 10 年，年均行驶 12500km，百公里电耗 12.5kW·h

3. 负排放 CCUS 技术助力汽车行业碳中和

负排放技术能够从大气中回收二氧化碳，减缓气候变暖。实现负排放的方法包括造林 / 再造林、强化风化（矿物碳化）等方式，但目前最受关注的是直接空气碳捕集技术（Directaircapture and storage，DACCS）和生物质耦合 CCUS 技术（Bioenergy with carbon capture and storage，BECCS）。DACCS 是指直接对大气中低浓度 CO$_2$ 进行捕集的技术，如图 4-43 所示；BECCS 是指利用植物生长过程吸收大气中的 CO$_2$，并用 CCUS 将吸收的 CO$_2$ 进行永久封存的技术。

预计到 2060 年，中国每年仍有数亿吨电力、工业、交通行业排放的 CO$_2$ 以及部分非 CO$_2$ 温室气体难以实现减排，负排放技术能够直接从大气中回收 CO$_2$，抵消这部分碳排放，最终实现碳中和目标。DACCS 和 BECCS 两种负碳排放技术均有着装置灵活、可吸附分布式二氧化碳排放源的优势。根据《中国二氧化碳捕集利用与封存（CCUS）年度报告》的预测数据，我国BECCS技术的减排量在2050年预计达到2亿~5亿t CO_2/年，2060年可达3亿~6亿t CO_2/年；DACCS减排潜力在2050年预计达到0.5亿~1亿t CO_2/年，2060年可达2亿~3亿t CO_2/年[159]。

图4-43　位于瑞士的Climeworks直接空气碳捕集装置

汽车行业产业链长，涉及领域多，部分排放源零星分布，彻底减排难度大，预计最后将结合DACCS和BECCS等负排放技术实现碳中和。

4. 结论

CCUS技术能够减少电力和钢铁相关的碳排放，有效降低汽车全生命周期的碳排放。预计在2060年碳中和情景下，CCUS对于降低电力碳排放因子的贡献约为0.0349t CO_2/MW·h，对于降低钢铁碳排放因子的贡献约为0.3297t CO_2/吨粗钢。部分汽车行业难减排的温室气体能够通过DACCS和BECCS抵消，最终实现汽车行业碳中和目标。

4.2.10　路径十：生态碳汇化转型

1. 背景信息

党的十九大报告指出，既要创造更多物质财富和精神财富以满足人民日益增长的美好生活需要，也要提供更多优质生态产品以满足人民日益增长的优美生态环境需要。2018年5月18日，习近平总书记在全国生态环境保护大会上强调，加快解决历史交汇期的生态环境问题，必须加快建立健全以产业生态化和生态产业化为主体的生态经济体系。2021 年 4 月，中共中央办公厅、国务院办公厅印发的《关于建立健全生态产品价值实现机制的意见》提到，推进生态产业化和产业生态化，加快完善政府主导、企业和社会各界参与、市场化运作、可持续的生态产品价值实现路径。这一系列关于生态产品供给及其价值实现的重要部署和要求对汽车行业调整产业结构、转变生产方式，更好助力优质生态产品供给、助推碳中和目标实现提出了新的更高要求。

汽车产业的发展经历了"完全服务和服从于经济活动—先服务于经济活动再治理环境污染—服务于经济活动的同时考虑环境保护"等几个不同的阶段。在汽车产业完全服务和服从于经济活动的阶段，人类社会基本不考虑环境污染和生态破坏问题；汽车产业先服务于经济活动再治理环境污染的阶段仍然没有从根本上改变汽车的生产技术系统将生态效益纳入到产业发展中；现阶段，虽然在汽车新技术设计和生产时就开始考虑环境问题，包括材料的选择、燃料的选择等，一定程度上摒弃了先使用、先污染后治理的方式。但是客观来讲，目前汽车产业发展状况距离真正的系统化的汽车生态化还有一定距离。

产业"生态化"是指产业系统通过自身结构和功能的改造或调整，形成与自然和谐发展的过程。这个过程的内涵可以非常广泛多样，包含科学上、技术上和工程上的各种要素。这里所说的汽车生态化是指以汽车产品生产和经济社会可持续发展为目标，以节约资源和环境友好为根本基础，以人与自然和谐共生为行为准则，通过在汽车生产、分配、流通、消费、使用和报废与回收的各环节中建立绿色、低碳、可循环的流程化系统，最大限度地减少资源消耗和环境污染，并助力生态环境保护，以使自然生态系统提供更多优质生态产品，从而形成"产业发展—生态产品—生态健康"的良性循环。但是，目前仍然存在汽车生态化的内涵尚不清楚、其所产生的直接产品和衍生品特征尚不明晰、汽车生态化对碳中和与生态环境保护的贡献价值尚不知晓等问题。

在"双碳"目标背景和生态优先的大背景下，我们要培育经济高质量发展的新动力，深化生态产品供给侧结构性改革，不断丰富生态产品价值的实现路径，培育绿色转型发展的新模式，建立以产业生态化和生态产业化为主体的生态经济体系。汽车生态化是建立健全生态经济体系的重要组成部分，有利于让良好的生态环境成为经济社会可持续发展的有力支撑。这其中孕育着巨大的机遇，包括汽车生态化相关科学创新、技术革命、产业业态等方面，同时也面临着准确识别、精准核算、参与生态产品价值实现路径等挑战。

2. 未来预测

面向未来，应对百年未有之大变局和实现中华民族伟大复兴，我们必须立足新发展阶段，坚决贯彻"创新、协调、绿色、开放、共享"的新发展理念，努力构建"以国内大循环为主体、国内国际双循环相互促进"的新发展格局。汽车生态化提供了两种生态产品，一种是汽车本身的生态化，即提供了汽车这一类生态化的工业品，另一种是因汽车生态化而反哺自然生态系统的良性互动而提供的生态产品。第一种产品，我们比较容易理解，例如，汽车生产和使用过程的低碳化。第二种生态产品通常分为三大类：第一类是生态物质产品，包括食物、水资源、木材、生态能源及生物原材料；第二类是调节服务产品，主要有涵养水源、调节气候、固碳、生产氧气、保持土壤、净化环境、调蓄洪水、防风固沙等；第三类是文化服务产品，主要有休闲游憩、生态旅游、自然教育与精神健康等。

针对第一种生态化的汽车工业品，需要不断优化材料技术、生产技术和能源供给技术，争取 2025 年前后出现有明显突破的创新技术转折点，力争2030 年前实现碳达峰的时候形成完整清晰的技术框架和性能特征，形成绿色产业体系，为 2060 年前实现碳中和做出应有的贡献。

针对第二种生态产品，优质生态产品来源于良好的生态系统，汽车生态化首先减轻了对自然生态的破坏和对环境的污染，有助于提供更多的生态物质产品、调节服务产品和文化服务产品；其次，汽车的生态化可以为自然生态系统腾出更多空间固定其他路径的碳排放和污染物，提供更多碳固定、水质净化、空气净化、气候调节等生态产品。还要通过生态产业化，开展生态资本化运营，将生态产品所蕴含的生态效益转化为经济效益，生态优势转化为经济优势。这就要求到 2025 年前后，针对汽车生态化初步建立比较科学的对自然生态产品贡献的价值核算体系，使部分由此形成的生态优势转化为经济优势。到 2035 年，全面建立完善的与汽车生态化相关的生态产品价值实现机制。比如，可以参照内蒙古森工集团的碳汇交易开展核算和价值实现研究。内蒙古森工集团经营的大兴安岭林区生态功能区面积 10.67 万 km^2，年均减排量 700 万 t 二氧化碳当量。2014 年内蒙古森工集团在全国碳汇交易市场率先启动林业碳汇项目试点工作，2017 年第一笔 40 万元林业碳汇成功交易。可以参照这一交易体系，核算汽车生态化过程中的碳汇贡献以及对生态产品供给的贡献价值，再设置相应交易指标，开拓新型生态产品交易市场。

3. 结论和建议

汽车生态化是以人与自然和谐共生为准则，通过建立绿色、低碳、可循环的系统，形成"产业发展—生态产品—生态健康"的良性循环过程。研究认为汽车生态化提供了两种生态产品，一种是汽车本身的生态化，即提供了汽车这一类生态化的工业品，另一种是因汽车生态化而促使自然生态系统提供的生态产品，这其中蕴含着丰富的生态产品价值。这些观点是对汽车生态化内涵外延的拓展和延伸。

但是，研究也发现目前关于汽车生态化的定义内涵尚不清楚、其所产生的直接产品和衍生品特征尚不明晰、汽车生态化对碳中和与生态环境保护的贡献价值尚不知晓。因此针对汽车生态化，研究提出如下目标：2025 年出现有明显突破的创新技术，力争 2030 年前实现碳达峰的时候形成完整清晰的概念框架和性能特征，形成绿色产业。2025 年，初步建立比较科学的针对汽车生态化对自然生态产品供给贡献的价值核算体系。到 2035 年，全面建立完善的与汽车生态化相关的生态产品价值实现机制。

为了实现这一系列目标，本研究提出如下政策建议：坚持以习近平生态文明思想为指导，深入践行"绿水青山就是金山银山"理念；进一步界定汽车生态化的定义与内涵，明晰其产品特征和分类；进一步构建汽车产业以产业生态化和生态产业化为主体的生态经济体系；开展针对汽车生态化对于生态产品供给贡献的价值核算，构建生态产品价值核算体系；将汽车生态化所贡献的固碳产品纳入碳市场交易体系。

参考文献

[1] 中国电力企业联合会 . 中国电力行业年度发展报告 2021[M]. 北京：中国建材出版社，2021.

[2] IEA. Consistent，accurate and timely energy data and statistics[Z]. 2021.

[3] ICCT. The Global Automotive Electrification Transition：briefing 2020[Z]. 2021.

[4] EV VOLUMES. Global EV Sales for 2021[Z]. 2022.

[5] 中国中央人民政府 . 国务院办公厅关于印发新能源汽车产业发展规划（2021—2035 年）的通知 [Z]. 2020.

[6] 麦肯锡 . 2021 麦肯锡汽车消费者洞察：趋势引路破浪前行：加速全面转型领跑后疫情时代 [Z]. 2021.

[7] 2021 世界新能源汽车大会 . 碳中和愿景下的新能源汽车全面市场化战略 [Z]. 2021.

[8] 中国汽车工程学会，清华四川能源互联网研究院 . 中国电动汽车充电基础设施发展战略与路线图研究（2021—2035）[Z]. 2021.

[9] IEA. World Energy Statistics and Balances[Z]. 2021.

[10] IEA. Greenhouse Gas Emissions from Energy[Z]. 2021.

[11] Department of Energy Statistics of China. China Energy Statistical Yearbook[M]. Beijing：China Statistics Press，2022.

[12] GACC. China Customs Database[Z]. 2021.

[13] IEA. Oil 2021 Analysis and Forcast to 2026[Z]. 2021.

[14] MASNADI M S，EI-HOUJEIRI H M，SCHUNACK D，et al. Well-to-refinery Emissions and Net-energy Analysis of China's Crude-oil Supply[J]. Nature Energy，2018，3：220-226.

[15] IEA. World Energy Outlook 2018[Z]. 2018.

[16] SUN X，MENG F，LIU J，et al. Life Cycle Energy Use and Greenhouse Gas Emission of Lightweight Vehicle - a Body-in-white Design[J]. Journal of Cleaner Production，2019，220：1-8.

[17] MASNADI M S，EI-HOUJEIRI H M，SCHUNACK D，et al. Global Carbon Intensity of Crude Oil Production[J]. Science，2018，361（6405）：851-853.

[18] ARAMCO S. Manaing Our Footprint - Circular Carbon Economy[Z]. 2021.

[19] JING L，EI-HOUJEIRI H M，MONFORT J C，et al. Carbon Intensity of Global Crude Oil Refining and Mitigation Potential[J]. Nature Climate Change，2020，10：526-532.

[20] FONG S C，TAO Z，CHUNLI B，et al. Powering the Future with Liquid Sunshine[J]. Joule，2018，2，（10）：1925-1949.

[21] SOLER A. Role of e-fuels in the European Transport System. Literature Review Report no. 14/19[Z]. 2020.

[22] The Royal Society. Sustainable Synthetic Carbon Based Fuels for Transport-Policy Briefing[R]. London：The Royal Society，2019.

[23] European Commission. Renewable Energy-Recast to 2030（RED II）[Z].

[24] FONG S C，TAO Z，CHUNLI B. Liquid Sunshine：Opportunites and Pathways to a Green Future for All-A Viable Energy Strategy for China（Chinese Academy of Sciences Report）[Z]. 2017.

[25] MALEWAR A. InceptiveMind[Z]. 2022.

[26] ELVIDGE C D，ZISKIN D，BAUGH K E，et al. A Fifteen Year Recard of Global Natural Gas Flaring Derived from Satellite Data[J]. Energies，2009，2（3）：595-622.

[27] ZHANG Z，SHERWIN E D，BRANDT A R，Estimating Global Oilfield-sepcific Flaring with Uncertainty Using a Detailed Geographic Database of Oil and Gas Fields[J]. Environmental Research Letters，2021，16：124039.

[28] EI-HOUJEIRI H M，MASNADI M S，VAFI K，et al. Oil Production Greenhouse Gas Emissions Estimator OPGEE v2.0a，User guide & technical documentation[Z] 2017.

[29] IEAGHG. Understanding the Cost of Retrofitting CO_2 Capture in an Integrated Oil Refinery. 2017/TR8[Z]. 2017.

[30] TENG H，PRADIP P，HUI W，et al. Hydrogen Carriers[J]. Nature Reviews Materials，2016，1：16059.

[31] UECKERDT F，BAUER C，DIRNAICHNER A，et al. Potential and Risks of Hydrogen-based E-fuels in Climate Change Mitigation[J]. Nature Climate Change，2021，11：384-393.

[32] LIU C M，SANDHU N K，MCCOY S T et al. A Life Cycle Assessment of Greenhouse Gas Emissions from Direct Air Capture and Fischer-tropsch Fuel Production[J]. Sustainable Energy & Fuels，2020，4：3129.

[33] ZANG G，SUN P，ELGOWAINY A，et al. Life Cycle Analysis of Electrofuels：Fischer-tropsch Fuel Production from Hydrogen and Corn Ethanol Byproduct CO_2[J]. Environmental Science & Technology，2021，6（55）：3888-3897.

[34] CHRISTENSEN A，PETRENKO C. CO_2-based Synthetic Fuel：Assessment of Potential European Capacity and Environmental Performance[Z]. 2017.

[35] 世界钢铁协会. 钢铁为世界添彩 [Z]. 2018.

[36] International Energy Agency. Iron and Steel Technology Roadmap[Z]. 2020.

[37] 世界钢铁协会. 气候变化与钢铁生产 [Z]. 2021.

[38] International Standard Organization. Environmental management-Life cycle impact assessment-Principles and frame-word：[S]. ISO 14040：2006.

[39] International Standard Organization. Environmental management-Life cycle impact assessment-Requirements and guidelines：ISO 14044：2006[S].

[40] International Standard Organization. Greenhouse gases — Part 1：Specification with guidance at the organization level for quantification and reporting of greenhouse gas emissions and removals：ISO 14064-1：2018[S].

[41] International Standard Organization. Greenhouse gases — Carbon footprint of products — Requirements and guidelines for quantification：ISO 14067：2018[S].

[42] 中华人民共和国国家质量监督检验检疫总局. 钢铁产品制造生命周期评价技术规范（产品种类规则）：GB/T 30052—2013[S]. 北京：中国标准出版社，2014.

[43] World Steel Association. 2020 Life cycle inventory study report[R].Brussels：WSA，2020.

[44] 刘涛，刘颖昊. 从生命周期评价视角看钢铁企业"煤改天然气"[J]. 冶金能源，2019，38（3）：5.

[45] WA S B，RRA B. Life cycle assessment of bio-based and fossil-based plastic：A review-ScienceDirect[Z]. 2020.

[46] 倪红. 塑料在汽车上的运用及汽车塑料零件成本构成浅析 [J]. 中国科技信息，2008（19）：132-133.

[47] 曹诺，万超，王玲，等. 废旧汽车中塑料的高值化回收利用 [J]. 环境技术，2021，39（3）：221-226.

[48] 吕吉平. 塑料在汽车轻量化中的应用 [J]. 合成树脂及塑料，2020，37（6）：87-90，94.

[49] 薛俭，陈强强. 企业可持续发展能力评价研究综述 [J]. 中国经贸导刊（中），2021（2）：183-184.

[50] 宋俊彪. 吉林省节能环保企业可持续发展评价研究 [D]. 长春：长春工业大学，2018.

[51] 鞠茂伟，党超，张微微，王莹，等. 海洋微塑料无处不在 [J]. 世界环境，2020（2）：24-27.

[52] PWM Institute. An Introduction to Plastic Recycling. Plastic Waste Management Institute[Z]. 2019.

[53] RAMESH P，VINODH S. State of art review on Life Cycle Assessment of polymers[J]. International journal of sustainable engineering，2020，13（6）：411-422.

[54] 陈亮，刘玫，黄进.GB/T 24040—2008《环境管理 生命周期评价原则与框架》国家标准解读 [J]. 标准科学，2009（2）：76-80.

[55] CHEN Y D，CUI Z J，CUI X W，et al. Life cycle assessment of end-of-life treatments of waste plastics in China[J]. Resources，Conservation & Recycling，2019，146：348-357.

[56] 侯欣彤，田驰，韩振南，等.基于自主生命周期软件对原镁生产的碳足迹评价[J].辽宁化工，2020，49（12）：1522-1528.

[57] 张伟伟.有色金属工业碳排放现状与实现碳中和的途径[J].有色冶金节能，2021，37（2）：1-3.

[58] 李光霁，刘新玲.汽车轻量化技术的研究现状综述[J].材料科学与工艺，2020，28（5）：47-61.

[59] 范子杰，桂良进，苏瑞意.汽车轻量化技术的研究与进展[J].汽车安全与节能学报，2014，5（1）：1-16.

[60] 吕吉平.塑料在汽车轻量化中的应用[J].合成树脂及塑料，2020，37（6）：87-90，94.

[61] 马玲.汽车碳纤维增强塑料翼子板的设计及性能研究[J].塑料工业,2019,47（1）：156-158，162.

[62] 袁蔚景，涂杰松，李银华，等.回收工艺对再生铝合金性能影响述评[J].有色金属科学与工程，2021，12（5）：18-29.

[63] 陈杰，王渠东，彭涛，等.有色金属固态回收技术的研究进展[J].材料导报，2009，23（11）：77-80，89.

[64] 赵娟.废塑料回收利用的研究进展[J].现代塑料加工应用，2020，32（4）：60-63.

[65] FREDI G，DORIGATO A．Recycling of bioplastic waste：A review[J]. Advanced Industrial and Engineering Polymer Research，2021，4（3）：159-177.

[66] BORRELLE S B，RINGMA J，LAW K L，et al. Predicted growth in plastic waste exceeds efforts to mitigate plastic pollution[J]. Science，2020，369（6510）：1515-1518.

[67] COATES G W，GETZLER Y D Y L．Chemical recycling to monomer for an ideal，circular polymer economy[J]. Nature Reviews Materials，2020，5（7）：501-516.

[68] 倪吉，杨奇.实现碳中和，对化工意味着什么[J].中国石油和化工，2020（11）：26-31.

[69] YIN S，TULADHAR R，SHEEHAN M，et al. A life cycle assessment of recycled polypropylene fibre in concrete footpaths[J]. Journal of Cleaner Production，2016，112（JAN.20PT.4）：2231-2242.

[70] KOULOUMPIS V，PELL R S，CORREA-CANO M E，et al. Potential trade-offs between eliminating plastics and mitigating climate change：An LCA perspective on Polyethylene Terephthalate（PET）bottles in Cornwall[J]. Science of The Total Environment，2020，727：138681.

[71] HARDING K G，DENNIS J S，BLOTTNITZ H V F，et al. Environmental analysis of plastic production processes：Comparing petroleum-based polypropylene and polyethylene with biologically-based poly-β-hydroxybutyric acid using life cycle analysis[J]. Journal of Biotechnology，2007，130（1）：57-66.

[72] XIE M，LI L，QI Q，et al. A comparative study on milk packaging using life cycle assessment：from PA-PE-Al laminate and polyethylene in China[J]. Journal of Cleaner Production，2011，19（17-18）：2100-2106.

[73] 王洪涛，杜鹃花.再生循环的生命周期建模方法与案例研究 [Z]. 2017.

[74] DAVIDSON M G，FURLONG R A，MCMANUS M C. Developments in the Life Cycle Assessment of Chemical Recycling of Plastic Waste-A Review[J]. Journal of Cleaner Production，2021，293：126163.

[75] ERIKSEN M K，DAMGAARD A，BOLDRIN A，et al. Quality Assessment and Circularity Potential of Recovery Systems for Household Plastic Waste[J]. Journal of Industrial Ecology，2019，23（1）：156-168.

[76] DR INA V，MICHAEL J F. Jenks. Beyond Mechanical Recycling：Giving New Life to Plastic Waste[J]. Angewandte Chemie International Edition，2020，59（36）：15402-15423.

[77] ROSA A，RECCA G，SUMMERSCALES J，et al. Bio-based versus traditional polymer composites. A life cycle assessment perspective[J]. Journal of Cleaner Production，2014，74（1）：135-144.

[78] BROGAARD L K，DAMGAARD A，JENSEN M B，et al. Evaluation of life cycle inventory data for recycling systems[J]. Resources Conservation and Recycling，2014，87（87）：30-45.

[79] 交通运输部公路局.公路新型基础设施建设与公路数字化调研报告 [Z]. 2021.

[80] 交通运输部公路局.公路工程行业 BIM 技术应用问卷调查报告 [Z]. 2021.

[81] 交通运输部规划研究院.交通运输新型基础设施建设策略研究报告 [Z]. 2021.

[82] 交通运输部.数字交通"十四五"发展规划 [Z]. 2021.

[83] MORGAN STANLEY. Shared Mobility on the Road of the Future[Z]. 2016.

[84] 中国汽车工程学会.节能与新能源汽车技术路线图 2.0[Z]. 2020.

[85] 中国智能网联汽车产业创新联盟.中国智能网联汽车发展路线图 2.0[Z]. 2020.

[86] ADLER M W，PEER S，SINOZIC T. Autonomous，Connected，Electric Shared vehicles（ACES）and public finance：an explorative analysis[J]. Transportation Research Interdisciplinary Perspectives，2019（2）：100038.

[87] 中国公路学会.车路协同自动驾驶技术发展路线图研究报告 [Z]. 2021.

[88] SHARP D. Sharing cities for urban transformation：narrative，policy and practice[J]. Urban policy and research，2018，36（4）：513-526.

[89] MAGINN P J，BURTON P，LEGACY C. Disruptive urbanism? Implications of the 'sharing economy' for cities，regions，and urban policy[J]. Taylor & Francis，2018：393-398.

[90] GREENBLATT J B，SHAHEEN S. Automated vehicles，on-demand mobility，and environmental impacts[J]. Current sustainable/renewable energy reports，2015，2（3）：

74-81.

[91] MARTINEZ L M，VIEGAS J M. Assessing the impacts of deploying a shared self-driving urban mobility system：An agent-based model applied to the city of Lisbon，Portugal[J]. International Journal of Transportation Science and Technology，2017，6（1）：13-27.

[92] International Transport Forum. Shared Mobility Simulations for Lyon[Z]. 2020.

[93] Mckinsey. Shared mobility：Where it stands，where it' sheaded[Z]. 2021.

[94] 新能源汽车国家大数据联盟 . 中国新能源汽车大数据研究报告（2020）[M]. 北京：社会科学文献出版社，2020.

[95] PANGBOURNE K. Disrupting Mobility：Impacts of Sharing Economy and Innovative Transportation in Cities. Lecture Notes in Mobility，G. Meyer，S. Shaheen（Eds.），Springer，Cham（2017）：Elsevier，2019.

[96] SHAHEEN S，COHEN A，JAFFEE M. Innovative mobility：Carsharing outlook[Z]，2018.

[97] LU M J，TAIEBAT M，XU M，et al. Multiagent Spatial Simulation of Autonomous Taxis for Urban Commute：Travel Economics and Environmental Impacts[J]. Journal of Urban Planning and Development，2018，144（4）：04018033-1-04018033-12.

[98] CAI H，WANG X，ADRIAENS P，et al. Environmental benefits of taxi ride sharing in Beijing[J]. Energy，2019，174：503-508.

[99] KIM D，KO J，PARK Y. Factors affecting electric vehicle sharing program participants' attitudes about car ownership and program participation[J]. Transportation Research Part D-Transport and Environment，2015，36：96-106.

[100] 杨敬增，等 . "双碳" 形势下的汽车拆解园区化建设 [J]. 再生资源与循环经，2022（15）：15-18.

[101] 中汽中心 . 汽车资源综合利用碳排放影响研究进展介绍 [Z]. 2021.

[102] 郭达清 . 废钢对实现 "双碳" 目标作用重大 [N]. 中国冶金报 . 2022-1-13.

[103] 黄艰生，卢剑峰 . 报废汽车有价组分回收利用技术综述 [J]. 冶金管理，2019（24）：53-55.

[104] 池莉、张琪、刘正，等 . 报废汽车中金属资源种类及利用效益研究 [C]// 中国环境科学学会 2021 年科学技术年会——环境工程技术创新与应用分会场论文集（三）：北京：工业建筑杂志社有限公司，2021：497-499，524.

[105] 张琪、池莉、刘正 . 报废汽车非金属材料资源化利用研究 [J]. 再生资源与循环经济，2021，14（2）：27-30.

[106] 余林峰、杨斌、陈铭 . 报废汽车零部件回收再利用的价值潜力 [J]. 机械设计与制造，2021（1）：32-35，40.

[107] 张宇平 . 报废汽车拆解处理及资源回收技术研究进展 [J]. 资源再生，2011（5）：38-42.

[108] 曹辉.中国报废汽车回收拆解行业发展现状趋势 [Z]. 2021.

[109] International Energy Agency. Energy Technology Perspectives[Z]. 2020.

[110] IEA. Net Zero by 2050[Z]. 2021.

[111] Bloomberg New Energy Finance. Global EV Outlook 2021[Z]. 2021.

[112] PATRICK P. Hydrogen technology is unlikely to play a major role in sustainable road transport[Z]. 2022.

[113] Ricardo Energy & Environment. Determining the environmental impacts of conventional and alternatively fuelled vehicles through LCA[Z]. 2020.

[114] Transport & Environment. How clean are electric cars? T&E's analysis of electric car lifecycle CO_2 emissions[Z]. 2020.

[115] Ricardo Energy & Environment. Determining the environmental impacts of conventional and alternatively fuelled vehicles through LCA[Z]. 2020.

[116] Transport & Environment. How clean are electric cars? T&E's analysis of electric car lifecycle CO_2 emissions[Z]. 2020.

[117] Global Battery Alliance. A Vision for a Sustainable Battery Value Chain in 2030 : Unlocking the Full Potential to Power Sustainable Development and Climate Change Mitigation. Published by World Economic Forum[Z]. 2019.

[118] International Transport Forum. Good to go? Assessing the Environmental Performance of New Mobility[Z]. 2020.

[119] Global Battery Alliance. A Vision for a Sustainable Battery Value Chain in 2030 : Unlocking the Full Potential to Power Sustainable Development and Climate Change Mitigation. Published by World Economic Forum[Z]. 2019.

[120] Agora Verkehrswende. Klimabilanz von Elektroautos[Z]. 2019.

[121] UNEP International Resource Panel（IRP）. Global Resources Outlook 2019[Z]. 2019.

[122] POTOČNIK J OKATZ J. The benefits of a circular economy for effective climate action and society[Z]. 2021.

[123] UNEP International Resource Panel. Global Resources Outlook 2019[Z]. 2019.

[124] UNEP International Resource Panel. Global Resources Outlook 2019[Z]. 2019.

[125] Circular Cars Initiative. Paving the way : EU policy action for automotive circularity[Z]. 2021.

[126] European Union. Regulation（EU）2019/631 of the european parliament and of the council of 17 April 2019 setting CO_2 emission performance standards for new passenger cars and for new light commercial vehicles, and repealing Regulations（EC）No 443/2009 and（EU）No 510/2011[Z]. 2019.

[127] Marklines. China's technology roadmap : Targets for energy saving and new energy vehicles in 2030. EVs, PHVs to account for up to 50% of vehicle sales; focusing on

lightweight material development[Z]. 2017.

[128] Intergovernmental Panel on Climate Change. Climate Change 2022：Impacts，Adaptation and Vulnerability[Z]. 2022.

[129] World Economic Forum. Raising Ambitions：A new roadmap for the automotive circular economy[Z]. 2021.

[130] Circle Economy. The Circularity Gap Report 2022[Z]. 2022.

[131] Circle Economy. The Circularity Gap Report 2022[Z]. 2022.

[132] World Auto Steel. Recycling[Z]. 2022.

[133] Material Economics. The Circular Economy：A Powerful Force for Climate Mitigation[Z]. 2018.

[134] SYSTEMIQ. ReShaping Plastics：Pathways to a circular，climate neutral plastics system in Europe[Z]. 2022.

[135] Umweltbundesamt. Effectively tackling the issue of millions of vehicles with unknown whereabouts. European priority measure：establishing leakage-proof vehicle registration systems[Z]. 2020.

[136] Circular Economy Initiative Deutschland. Resource-Efficient Battery Life Cycles. Driving Electric Mobility with the Circular Economy[Z]. 2020.

[137] 工信部 .《新能源汽车废旧动力蓄电池综合利用行业规范条件》（行业俗称 "白名单"）企业申报值 [Z]. 2022.

[138] IEA. Global EV Outlook 2021[Z]. 2021.

[139] European Recycling Industries' Confederation. Metal Recycling Factsheet[Z]. 2020.

[140] World Economic Forum. How steel is proving a critical component in transport's journey to net zero[Z]. 2021.

[141] World Auto Steel. Recycling[Z]. 2020.

[142] Material Economics. The Circular Economy：A Powerful Force for Climate Mitigation[Z]. 2018.

[143] Material Economics. The Circular Economy：A Powerful Force for Climate Mitigation[Z]. 2018.

[144] European Recycling Industries' Confederation. Metal Recycling Factsheet[Z]. 2020.

[145] Material Economics. The Circular Economy：A Powerful Force for Climate Mitigation[Z]. 2018.

[146] European Commission. A European Strategy for Plastics in a Circular Economy[Z]. 2018.

[147] SYSTEMIQ. ReShaping Plastics：Pathways to a circular，climate neutral plastics system in Europe[Z]. 2022.

[148] SPI. The Plastics Industry Trade Association. Plastic Market Watch：Automotive. Automotive Recycling-Devalued is now revalued[Z]. 2016.

[149] SYSTEMIQ. ReShaping Plastics：Pathways to a circular，climate neutral plastics system in Europe[Z]. 2022.

[150] European Commission. Joint Research Centre. Environmental effects of plastic waste recycling[Z]. 2021.

[151] GRUBLER A at el. A low energy demand scenario for meeting the 1.5 ℃ target and sustainable development goals without negative emission technologies[Z]. 2018.

[152] Circle Economy. The Circularity Gap Report 2022[Z]. 2022.

[153] The International Council on Clean Transportation. European vehicle market statistics：Pocketbook 2021/22[Z]. 2021.

[154] US Energy Information Agency. EIA projects global conventional vehicle fleet will peak in 2038[Z]. 2021.

[155] IEA. Global EV Data Explorer[Z]. 2022.

[156] IRP. Resource efficiency and climate change[Z]. 2020.

[157] Intergovernmental Panel on Climate Change. Climate Change 2022：Impacts，Adaptation and Vulnerability[Z]. 2022.

[158] SYSTEMIQ. XaaS：Everything-as-a-Service. How businesses can thrive in the age of climate change and digitalization[Z]. 2021.

[159] 蔡博峰，李琦，张贤，等 . 中国二氧化碳捕集利用与封存（CCUS）年度报告（2021）——中国 CCUS 路径研究 [R]. 北京：生态环境部环境规划院，中国科学院武汉岩土力学研究所，中国 21 世纪议程管理中心，2021.

[160] IPCC. Special report on global warming of 1.5[Z]. 2018.

[161] 科学技术部社会发展科技司，中国 21 世纪议程管理中心 . 中国碳捕集利用与封存技术发展路线图（2011）[M]. 北京：科学出版社，2011.

[162] 科学技术部社会发展科技司，中国 21 世纪议程管理中心 . 中国碳捕集利用与封存技术发展路线图（2019）[M]. 北京：科学出版社，2019.

[163] IEA，Special Report on Carbon Capture Utilization and Storage – CCUS in clean energy transition[Z]. 2020.

[164] 张贤，李凯，马乔，等 . 碳中和目标下 CCUS 技术发展定位与展望 [J]. 中国人口·资源与环境，2021，31（9）: 29-33.

第5章 未来汽车行业碳减排潜力分析

5.1 单车生命周期碳减排效果分析

在前文所述的低碳转型路径基础上，本节对不同燃料类型的乘用车和商用车未来全生命周期碳排放进行了预测，预测过程中分别考虑了电力清洁化、车辆电动化（使用能效提升）、燃料脱碳化、材料低碳化和生产数字化这五个转型路径下的减排效果，捕集利用和封存与前几个路径合并展示结果未单独列出，交通智慧化和出行共享化这两个路径将在下一节车队的减排结果中展示，生态碳汇化由于数据不足在此未做量化分析。

根据前文所建立的三个未来预测情景——基准情景、汽车行业2060年前碳中和情景与汽车行业2050年前碳中和情景，分别分析了乘用车和商用车在单车层面未来的生命周期、车辆周期以及燃料周期碳排放情况并进行了各减碳路径下的减碳潜力分析。由于减碳措施之间存在耦合影响，例如电力清洁化（或燃料脱碳化）与使用能效提升两项措施施加的先后顺序不同，计算得到的两项措施产生的减排收益会有所不同，本节按照电力清洁化（或燃料脱碳化）、使用能效提升、材料低碳化、生产数字化的顺序进行评价。

5.1.1 乘用车生命周期碳减排效果

（1）不同燃料类型乘用车生命周期碳排放预测

在基准情景、汽车行业 2060 年前碳中和情景和汽车行业 2050 年前碳中和情景这三种减排情景下，汽油乘用车、柴油乘用车、常规混乘用车、插电混乘用车、纯电动乘用车和氢燃料乘用车六种燃料类型车 2025 年、2030 年、2050 年、2060 年的单位行驶里程生命周期碳排放数值预测如图 5-1 所示。三种减排情景下，六种燃料类型的乘用车均显示出明显的减排效果，但由于内燃机的特性，汽油乘用车、柴油乘用车和常规混乘用车的减排效果在 2050 年后降幅很小。

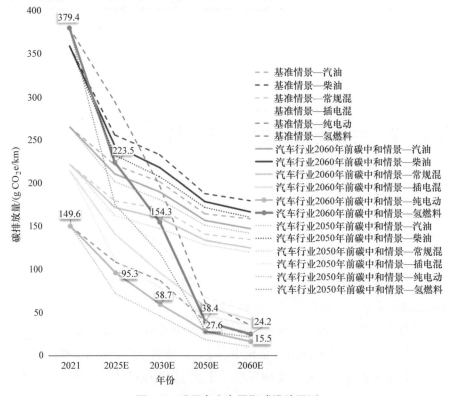

图 5-1 乘用车生命周期碳排放预测

据 2021—2060 年的单位行驶里程生命周期碳排放数据，减排效果按照氢燃料乘用车、纯电动乘用车、插电混乘用车、柴油乘用车、汽油乘用车、常规混乘用车的顺序依次降低。其中，氢燃料乘用车减排效果最为明显，基准情景、汽车行业 2060 年前碳中和情景和汽车行业 2050 年前碳中和情景下单位行驶里程碳排放分别降低 91%、94% 和 95%；其次是纯电动乘用车，基准情景、汽车行业 2060 年前碳中和情景和汽车行业 2050 年前碳中和情景下单位行驶里程碳排放分别降低 85%、90% 和 94%，但对于减碳潜力接近氢燃料乘用车的纯电动乘用车而言，其减碳难度远低于氢燃料乘用车，这是由于制氢储氢工艺进步的难度远高于改善电力结构而带来的电力清洁化效果；常规混乘用车减排效果最小，基准情景、汽车行业 2060 年前碳中和情景和汽车行业 2050 年前碳中和情景下单位行驶里程碳排放分别降低 40%、44% 和 46%；同时汽油乘用车在基准情景、汽车行业 2060 年前碳中和情景和汽车行业 2050 年前碳中和情景下减排效果分别降低 40%、45% 和 47%。未来生命周期碳排放减排空间较大的是氢燃料乘用车和纯电动乘用车，而减排空间较小的是常规混乘用车和汽油乘用车。

据 2060 年的单位行驶里程生命周期碳排放数据，碳排放强度依次按照柴油乘用车、汽油乘用车、常规混乘用车、插电混乘用车、氢燃料乘用车、纯电动乘用车的顺序依次降低。其中，纯电动乘用车碳排放强度最低，基准情景、汽车行业 2060 年前碳中和情景和汽车行业 2050 年前碳中和情景下单位行驶里程生命周期碳排放仅为 22.8gCO_2e/km、15.5gCO_2e/km 和 9.6gCO_2e/km，这是由纯电动乘用车燃料周期碳排放低且还将迅速降低决定的；柴油乘用车碳排放强度最高，基准情景、汽车行业 2060 年前碳中和情景和汽车行业 2050 年前碳中和情景下单位行驶里程生命周期碳排放分别为 178.8gCO_2e/km、165.9gCO_2e/km 和 159.6gCO_2e/km；同时汽油乘用车在基准情景、汽车行业 2060 年前碳中和情景和汽车行业 2050 年前碳中和情景下单位行驶里程生命周期碳排放分别为 157.7gCO_2e/km、146.4gCO_2e/km 和 140.9gCO_2e/km。2060 年，生命周期碳排放较大的是汽油乘用车和柴油乘用车，而碳排放具备明显低碳优势的是纯电动乘用车。

另外，如图 5-1 所示，通过比较六种燃料类型乘用车，可以发现燃油乘用车（汽油乘用车、柴油乘用车、常规混乘用车）与氢燃料乘用车的生命周期碳排放在未来存在一定的交叉，而纯电动乘用车始终为碳排放量最低的车型，是未来最低碳的发展方向。细化分析发现，在基准情景下，2030 年后，数年内氢燃料乘用车生命周期碳排放将逐步低于燃油乘用车；在汽车行业 2060 年前碳中和情景下，2030 年，氢燃料乘用车生命周期碳排放便可下降到和燃油乘用车中较为低碳的常规混乘用车相当的水平；在汽车行业 2050 年前碳中和情景下，2030 年后，数年内氢燃料乘用车生命周期碳排放将全面低于燃油乘用车。

由此可见，从生命周期碳排放角度来看，纯电动乘用车在全部燃料类型的乘用车中拥有着绝对的低碳排放优势，而氢燃料乘用车随制氢工艺的低碳化发展逐步建立碳排放优势，在 2025—2050 年间可以逐步完成对燃油乘用车（汽油乘用车、柴油乘用车、常规混乘用车）的赶超。

（2）不同燃料类型乘用车车辆周期碳排放预测

在基准情景、汽车行业 2060 年前碳中和情景和汽车行业 2050 年前碳中和情景这三种减排情景下，汽油乘用车、柴油乘用车、常规混乘用车、插电混乘用车、纯电动乘用车和氢燃料乘用车六种燃料类型车 2025 年、2030 年、2050 年、2060 年的单位行驶里程车辆周期碳排放数值预测如图 5-2 所示。

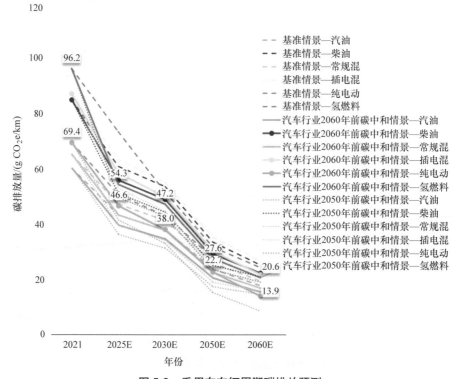

图 5-2　乘用车车辆周期碳排放预测

据 2021—2060 年的单位行驶里程车辆周期碳排放数据，基准情景下减排效果按照氢燃料乘用车、汽油乘用车、纯电动乘用车、柴油乘用车、常规混乘用车、插电混乘用车的顺序依次降低，其中，氢燃料乘用车减排效果最为明显，车辆周期碳排放降低 75%，插电混乘用车减排效果最小，车辆周期碳排放降低 70%；汽车行业 2060 年前碳中和情景下减排效果按照氢燃料乘用车、纯电动乘用车、插电混乘用车、汽油乘用车、常规混乘用车、柴油乘用车的顺序依次降低，其中，氢燃料乘用车减排效果最为明显，车辆周期碳排放降低 79%，柴油乘用车减排效果最小，车辆周期碳排放降低 74%；汽车行业 2050 年前碳中和情景下减排效果按照纯电动乘用车、氢燃料乘用车、插电混乘用车、汽油乘用车、常规混乘用车、柴油乘用车的顺序依次降低，其中，纯电动乘用车减排效果最为明显，车辆周期碳排放降低 88%，柴油乘用车减排效果最小，车辆周期碳排放降低 75%。

据 2060 年的单位行驶里程车辆周期碳排放数据，基准情景下车辆周期碳排放强度按照插电混乘用车、氢燃料乘用车、柴油乘用车、纯电动乘用车、常规混乘用车、汽油乘用车的顺序依次降低，其中，插电混乘用车车辆周期碳排放强度最高，达到 $26.7gCO_2e/km$，汽油乘用车车辆周期碳排放强度最低，达到 $17.7gCO_2e/km$；汽车行业 2060 年前碳中和情景下车辆周期碳排放强度按照柴油乘用车、插电混乘用车、氢燃料乘用车、常规混乘用车、汽油乘用车、纯电动乘用车的顺序依次降低，其中，柴油乘用车车辆周期碳排放强度最高，达到 $22.2gCO_2e/km$，纯电动乘用车车辆周期碳排放强度最低，达到 $13.9gCO_2e/km$；汽车行业 2050 年前碳中和情景下车辆周期碳排放强度按照柴油乘用车、氢燃料乘用车、插电混乘用车、常规混乘用车、汽油乘用车、纯电动乘用车的顺序依次降低，其中，柴油乘用车车辆周期碳排放强度最高，达到 $20.9gCO_2e/km$，纯电动乘用车车辆周期碳排放强度最低，达到 $8.5gCO_2e/km$。

综上所述，各类型乘用车 2021—2060 年间车辆周期碳排放呈稳步下降状态且下降趋势基本一致，除氢燃料乘用车外没有明显的差异，下降幅度在 69%~88% 之间，原因是各燃料类型乘用车车辆周期采取的减排措施基本一致且大部分由材料端贡献，氢燃料乘用车独有的氢燃料电池系统材料端碳减排贡献相对明显。

（3）不同燃料类型乘用车燃料周期碳排放预测

在基准情景、汽车行业 2060 年前碳中和情景和汽车行业 2050 年前碳中和情景这三种减排情景下，汽油乘用车、柴油乘用车、常规混乘用车、插电混乘用车、纯电动乘用车和氢燃料乘用车六种燃料类型车 2025 年、2030 年、2050 年、2060 年的单位行驶里程燃料周期碳排放数值预测如图 5-3 所示。

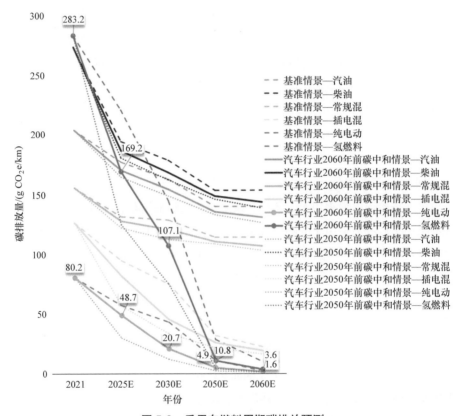

图 5-3　乘用车燃料周期碳排放预测

据 2021—2060 年的单位行驶里程燃料周期碳排放数据，基准情景下减排效果按照纯电动乘用车、氢燃料乘用车、插电混乘用车、柴油乘用车、汽油乘用车、常规混乘用车的顺序依次降低，其中，纯电动乘用车减排效果最为明显，燃料周期碳排放降低 97%，这是由于电力清洁化即使在基准情景下发展也能达到较高的水平从而帮助纯电动乘用车实现较大的减排，常规混乘用车减排效果最小，燃料周期碳排放降低 27%；汽车行业 2060 年前碳中和情景和汽车行业 2050 年前碳中和情景下减排效果按照氢燃料乘用车、纯电动乘用车、插电混乘用车、柴油乘用车、汽油乘用车、常规混乘用车的顺序依次降低，其中，氢燃料乘用车减排效果最为明显，燃料周期碳排放降低 99% 左右，其次是纯电动乘用车，燃料周期碳排放分别降低 98% 和 99%，非常接近氢燃料乘用车的水平，这是由于在汽车行业 2060 年前碳中和情景和汽车行业 2050 年前碳中和情景下，制氢储氢工艺的进步使得原本燃料周期碳排放较大的氢燃料乘用车的减排效果超过纯电动乘用车，常规混乘用车减排效果最小，燃料周期碳排放分别降低 31% 和 34%。

据 2060 年的单位行驶里程燃料周期碳排放数据，基准情景、汽车行业 2060 年前碳中和情景和汽车行业 2050 年前碳中和情景下燃料周期碳排放强度均按照柴油乘用车、汽油乘用车、常规混乘用车、插电混乘用车、氢燃料乘用车、纯电动乘用车的顺序依次降低，其中，柴油乘用车燃料周期碳排放强度最高，分别达到 153.6gCO$_2$e/km、143.7gCO$_2$e/km、138.7gCO$_2$e/km，纯电动乘用车燃料周期碳排放强度最低，分别达到 2.2gCO$_2$e/km、1.6gCO$_2$e/km、1.1gCO$_2$e/km。

综上所述，燃料周期整体碳排放变化趋势与图 5-1 所示全生命周期碳排放变化趋势类似。2021—2060 年，对燃油乘用车（汽油乘用车、柴油乘用车、常规混乘用车），因不同情景设置表现出不同的下降速度，但整体一直处在碳排放相对较高的水平，这是受内燃机的发展潜力所限，而插电混乘用车和纯电动乘用车长期处在碳排放相对较低的水平，尤其是纯电动乘用车一直处于绝对的低碳地位，这是由电力清洁化带来的稳定低碳发展决定的。较为特殊的是氢燃料乘用车，由于制氢工艺的快速发展，氢燃料乘用车燃料周期碳排放将在各类情境中迅速低于燃油乘用车，并在 2050 年前低于插电混乘用车，且于 2060 年接近纯电动乘用车的排放水平。

（4）纯电动乘用车生命周期碳减排潜力分析

经过以上对比发现，纯电动乘用车在生命周期、车辆周期和燃料周期的不同情景下均有出色的表现，结合前文车队研究对纯电动乘用车未来占比更加看好的情形，我们选择对纯电动乘用车进行三种情景下的生命周期碳减排潜力分析。

　　纯电动乘用车生命周期碳减排潜力分析如图 5-4 和图 5-5 所示。对纯电动乘用车减排贡献最大的因素为电力清洁化，2030 年在不同情景中减排贡献在 19%~43% 之间，2060 年在不同情景中减排贡献稳定在 51%~52%，这是由于随着电网结构的清洁化，电力碳排放水平已稳定到很低的水平；2030 年在不

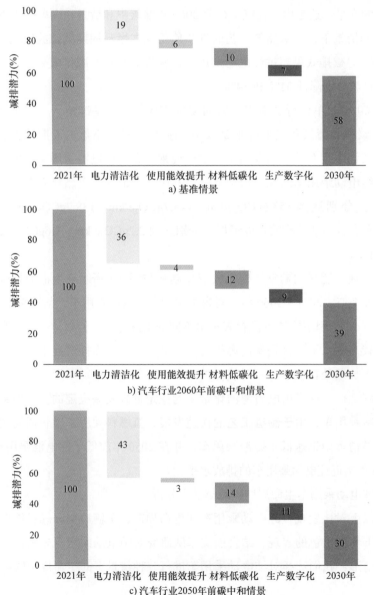

图 5-4　纯电动乘用车 2030 年生命周期碳减排潜力

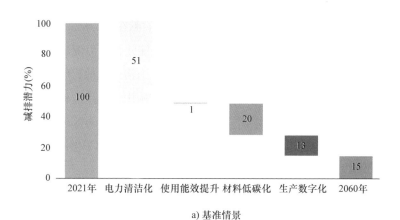

a) 基准情景

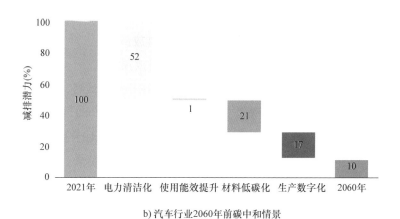

b) 汽车行业2060年前碳中和情景

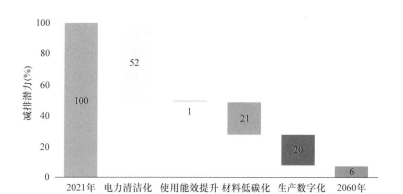

c) 汽车行业2050年前碳中和情景

图 5-5 纯电动乘用车 2060 年生命周期碳减排潜力

同情景中使用能效提升对纯电动乘用车的碳减排贡献在 3%~6%，2060 年在不同情景中减排贡献稳定在 1% 左右，这是由于使用能效与电力清洁化两者共同作用于纯电动乘用车燃料周期的碳减排，且随着电力清洁化的程度加大，使用能效提升的减排效果趋于降低，因此在不同减排措施中，使用能效提升的作用最不明显；材料低碳化对纯电动乘用车的碳减排也很重要，可降低纯电动乘用车 11%~21% 的碳排放；随着新能源技术的发展，纯电动乘用车生产数字化对纯电动乘用车碳减排的作用也越加明显，降幅在 7%~20%；在各因素的共同作用下纯电动乘用车生命周期碳排放在 2060 年最多可降低至 2021 年水平的 6%。

5.1.2 商用车生命周期碳减排效果

1. 不同燃料类型轻型货车未来生命周期碳排放预测

（1）不同燃料类型轻型货车全生命周期碳排放预测

图 5-6 为不同燃料类型轻型货车全生命周期碳排放量预测。如图 5-6 所示，燃油轻货（汽油轻货、柴油型货、常规混轻货）2021—2060 年全生命周期碳排放总量呈稳步下降趋势，下降幅度在 34%~76%，其中对于基准情景、汽车行业 2060 年前碳中和情景与汽车行业 2050 年前碳中和情景，汽油轻货碳排放降低 34%、58%、71%，柴油轻货碳排放降低 45%、66%、76%，常规混轻货碳排放降低 46%、66%、76%。纯电动轻货与氢燃料轻货全生命周期碳排放量呈快速下降趋势，下降幅度超过 90%，其中对于基准情景、汽车行业 2060 年前碳中和情景与汽车行业 2050 年前碳中和情景，纯电动轻货碳排放降低 93%、94%、95%，氢燃料轻货碳排放降低 94%、96%、97%。

另外，如图 5-6 所示，通过比较五种燃料类型轻型货车，可以发现燃油轻货（汽油轻货、柴油型货、常规混轻货）与氢燃料轻货的全生命周期单位周转量在未来存在一定的交叉与重合。随制氢工艺碳排放水平的降低，氢燃料轻型货车在后期逐渐显现出碳排放优势，而纯电动轻型货车始终为碳排放量最低的车型，仍为未来最低碳的发展方向。细化分析发现，在基准情景下，2030 年后，氢燃料轻货全生命周期单位周转量碳排放可逐步低于汽油轻货、柴油轻货与常规混轻货；在汽车行业 2060 年前碳中和情景下，2025—2030 年，氢燃料轻货全生命周期单位周转量碳排放可低于汽油轻货，在 2030 年后可低

于柴油轻货与常规混轻货；在汽车行业 2050 年前碳中和情景下，2021—2025
年，氢燃料轻货全生命周期单位周转量碳排放可低于汽油轻货，2025—2030
年，可低于柴油轻货，2030 年后可低于常规混轻货。

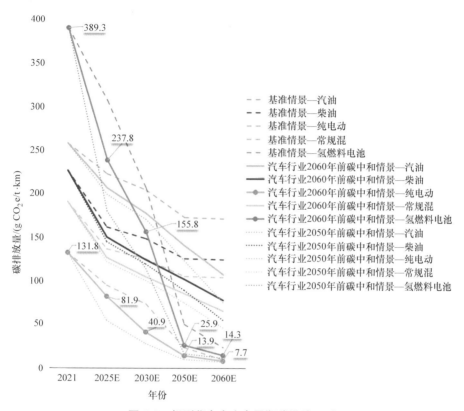

图 5-6　轻型货车全生命周期碳排放预测

由此可见，从全生命周期单位周转量碳排放角度而言，纯电动轻货在全
部燃料类型的轻型货车中拥有着绝对的低碳排放优势，而氢燃料轻货随制氢
工艺的低碳化逐步建立碳排放优势，在 2030—2050 年间可以逐步完成对传统
燃油轻货（汽油轻货、柴油轻货、常规混轻货）的替代。

（2）不同燃料类型轻型货车车辆周期碳排放预测

图 5-7 为不同燃料类型轻型货车车辆周期碳排放量预测。如图 5-7 所示，
各燃油类型轻型货车 2021—2060 年车辆周期碳排放总量呈稳步下降趋势，下
降幅度在 65%~78% 之间，下降趋势几乎处于平行状态，无不同车型的交叉

点，原因是各燃料类型轻型货车车辆周期采取的减排措施相同，减排量的区别仅与不同燃料类型轻型货车减排措施的分担率有关。

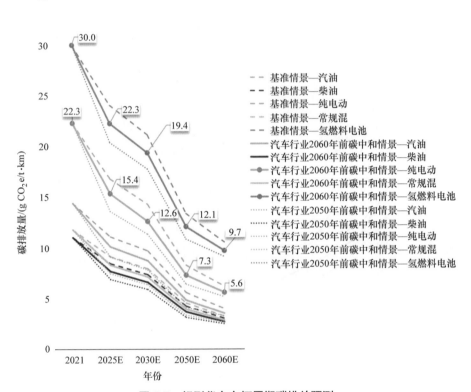

图 5-7　轻型货车车辆周期碳排放预测

（3）不同燃料类型轻型货车燃料周期碳排放预测

图 5-8 为不同燃料类型轻型货车燃料周期碳排放量预测。如图 5-8 所示，燃料周期整体碳排放变化趋势与图 5-6 所示全生命周期碳排放变化趋势类似。对于燃油轻货（汽油轻货、柴油轻货、常规混轻货），2021—2060 年，因不同情景设置表现出不同的下降速度，其主要原因与使用能效提升、燃料脱碳化程度等参数不同的设置水平有关。对于纯电动轻型货车与氢燃料轻型货车，在 2050 年之前，其燃料周期碳排放水平一直保持较快的下降速度，这与我国绿色电力的快速发展有关，2050 年后我国电力碳排放已经达到一个较低的水平，下降速度放缓，相对应的燃料周期碳排放下降速度放缓。

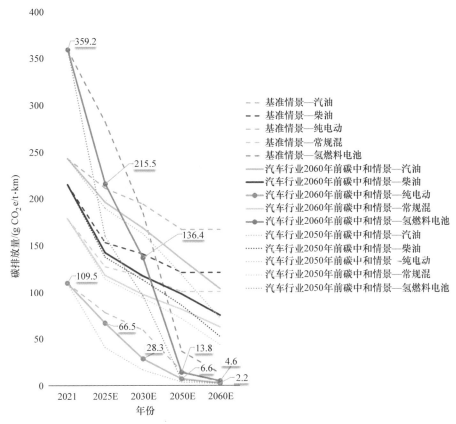

图 5-8　轻型货车燃料周期碳排放预测

（4）纯电动轻型货车生命周期碳减排潜力分析

经过以上对比发现，纯电动轻型货车在生命周期、车辆周期和燃料周期的不同情境下均有出色的表现，结合前文车队研究对纯电动轻型货车未来占比更加看好的情形，我们选择对纯电动轻型货车进行三种情景下的生命周期碳减排潜力分析。

纯电动轻型货车生命周期碳减排潜力分析如图 5-9 和图 5-10 所示。对纯电动轻型货车减排贡献最大的因素为电力清洁化，2030 年在不同情景中减排贡献在 29%~67% 之间，2060 年在不同情景中减排贡献稳定在 79%~81%，这是由于随着电网结构的清洁化，电力碳排放水平已稳定到很低的水平；使用能效的提升对纯电动轻型货车的碳减排作用有限，2030 年在不同情景中使用

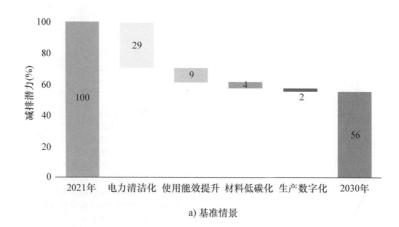

a) 基准情景

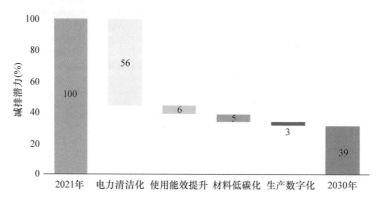

b) 汽车行业2060年前碳中和情景

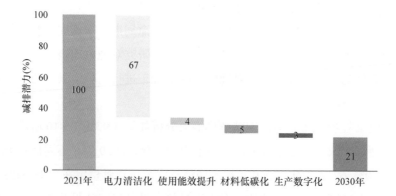

c) 汽车行业2050年前碳中和情景

图 5-9　纯电动轻型货车 2030 年生命周期碳减排潜力

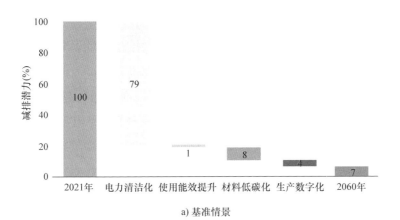

a) 基准情景

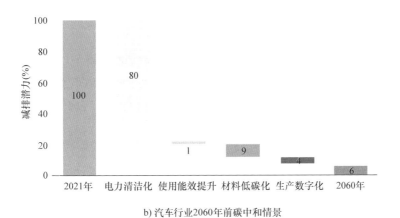

b) 汽车行业2060年前碳中和情景

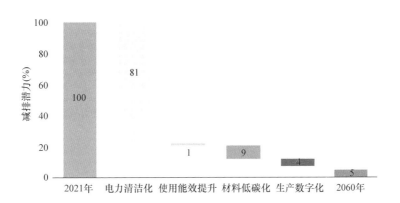

c) 汽车行业2050年前碳中和情景

图 5-10　纯电动轻型货车 2060 年生命周期碳减排潜力

能效提升对纯电动轻型货车的碳减排贡献在 4%~9%，2060 年在不同情景中减排贡献稳定在 1%，这是由于使用能效提升与电力清洁化两者共同作用于纯电动轻型货车燃料周期的碳减排，且随着电力清洁化的程度加大，使用能效提升的减排效果趋于降低，因此在不同减排措施中，使用能效提升的作用有限；随着材料低碳化发展，纯电动轻型货车使用低碳材料对纯电动轻型货车碳减排的作用在 4%~9%；生产数字化的减排贡献在纯电动轻型货车整个生命周期中占比只有 2%~4%，影响非常小，这是由于轻货整体碳排放较高，生产环节对它的影响有限；在各因素的共同作用下，纯电动轻型货车生命周期碳排放在 2060 年最多可降低至 2021 年水平的 5%。

2. 不同燃料类型重型货车未来生命周期碳排放预测

（1）重型单体车

1）不同燃料类型重型单体车生命周期碳排放预测。图 5-11 展示了不同燃料类型重型单体车全生命周期碳排放预测，每种燃料类型车辆都呈现出稳步

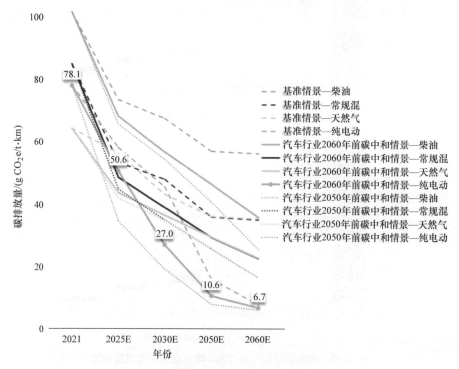

图 5-11　重型单体车全生命周期碳排放预测

下降的趋势。其中，以化石能源作为燃料的车型（柴油重型单体车、常规混重型单体车及天然气重型单体车）下降幅度不超过 50%。新能源车型中，纯电动重型单体车生命周期单位周转量碳排放在 2021 年略高于天然气车，在电力清洁化的推进下，在 2060 年成为碳排放水平最低的车型，生命周期碳排放降幅达到 95%。

2）不同燃料类型重型单体车车辆周期碳排放预测。图 5-12 展示了不同燃料类型重型单体车车辆周期碳排放预测结果，同全生命周期结果一致，车辆周期碳排放也呈逐年下降趋势。其中，纯电动及常规混重型单体车下降趋势呈现较大斜率，车辆周期至 2060 年减排可分别达 76% 与 77%。新能源类型车辆，纯电动乘用车车辆周期碳排放在 2021—2060 年始终高于传统燃料类型车辆，主要原因为新能源类型特有的零部件部分，如锂离子动力蓄电池，碳排放水平较高。

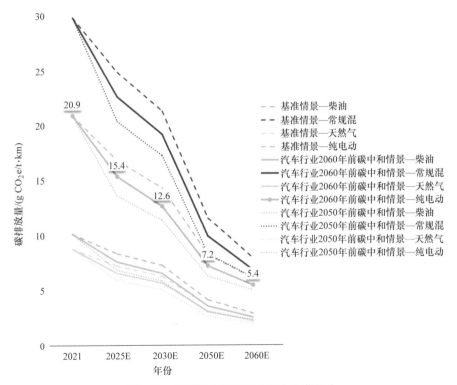

图 5-12　重型单体车车辆周期碳排放预测

3）不同燃料类型重型单体车燃料周期碳排放预测。图 5-13 展示了重型单体车燃料周期预测结果。由图可见，纯电动重型单体车燃料周期碳排放水平始终保持在最低的水平，随着电网清洁化的推进，其生命周期碳排放水平下降幅度可达 98%。

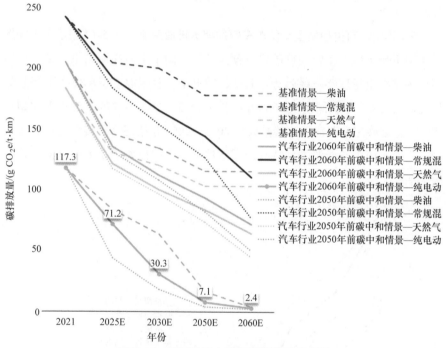

图 5-13　重型单体车燃料周期碳排放预测

4）纯电动重型单体车生命周期碳减排潜力分析。经过以上对比发现，纯电动重型单体车在生命周期、车辆周期和燃料周期的不同情境下均有出色的表现，而现阶段氢燃料重型单体车数量稀少，结合前文车队研究中纯电动重型货车在未来会有较大的发展，我们选择对纯电动重型单体车进行生命周期碳减排潜力分析。

纯电动重型单体车生命周期碳减排潜力分析如图 5-14 和图 5-15 所示。对纯电动重型单体车减排贡献最大的因素为电力清洁化，2030 年在不同情景中减排贡献在 30%~68% 之间，2060 年在不同情景中减排贡献稳定在 81%~83%，这是由于随着电网结构的清洁化，电力碳排放水平已稳定到很低的水平；使用能效提升对纯电动重型单体车的碳减排作用有限，2030 年在不同情景中使

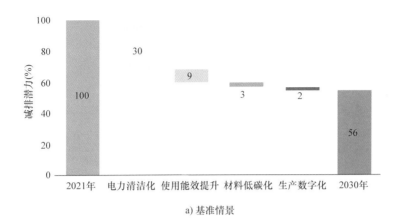

a) 基准情景

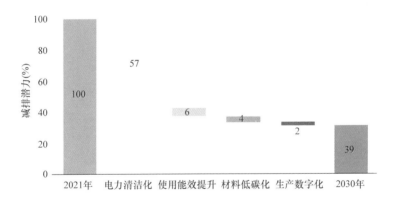

b) 汽车行业2060年前碳中和情景

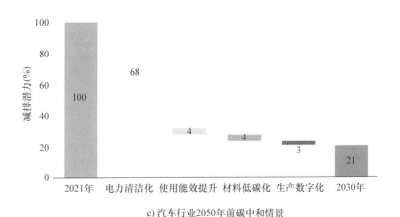

c) 汽车行业2050年前碳中和情景

图 5-14 纯电动重型单体车 2030 年生命周期碳减排潜力

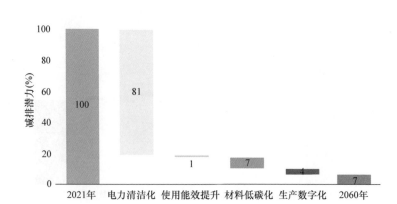

a) 基准情景

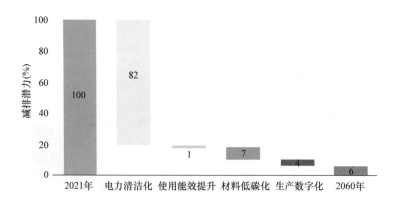

b) 汽车行业2060年前碳中和情景

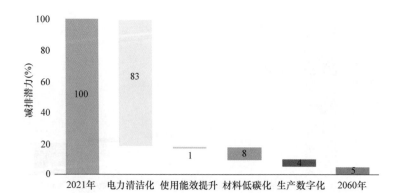

c) 汽车行业2050年前碳中和情景

图 5-15　纯电动重型单体车 2060 年生命周期碳减排潜力

用能效提升对纯电动重型单体车的碳减排贡献在 6%~9%，2060 年在不同情景中减排贡献稳定在 1% 左右，这是由于使用能效提升与电力清洁化两者共同作用于纯电动重型单体车燃料周期的碳减排，且随着电力清洁化的程度加大，使用能效提升的减排效果趋于降低；随着材料低碳化发展，纯电动重型单体车使用低碳材料对纯电动重型单体车碳减排的作用在 3%~8%；生产数字化的减排贡献在纯电动重型单体车整个生命周期中占比只有 2%~4%，影响非常小，这是由于重型单体车整体碳排放较高且集中在燃料周期，生产环节对它的影响有限；在各因素的共同作用下，纯电动重型单体车生命周期碳排放于2060 年可降低至 2021 年水平的 5%。

（2）重型自卸车

1）不同燃料类型重型自卸车生命周期碳排放预测。图 5-16 展示了不同燃料类型重型自卸车全生命周期碳排放预测，每种燃料类型车辆都呈现出稳步

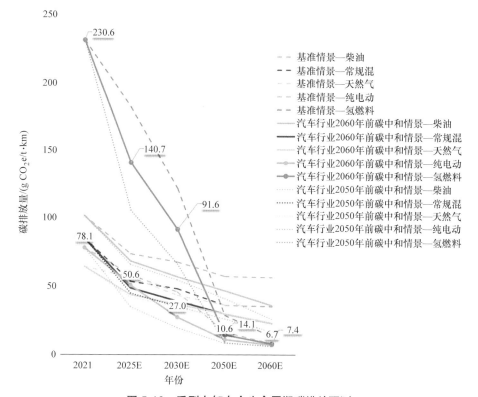

图 5-16　重型自卸车全生命周期碳排放预测

下降的趋势。不同于重型单体车，2021年天然气车为所有燃料类型中碳排放水平最低的车型，然而随着电力清洁化及制氢工艺清洁化工作的推进，氢燃料及纯电动重型自卸车的减排优势逐步凸显。基准情景下，柴油及天然气车减排潜力较为有限，2060年碳排放较2021年下降45%左右。而新能源车辆，纯电动重型自卸车及氢燃料车减排潜力可达90%及94%。汽车行业2050年前碳中和情景下，纯电动重型自卸车与氢燃料类型车辆减排潜力更是达92%及98%。

2）**不同燃料类型重型自卸车车辆周期碳排放预测。**图5-17展示了不同燃料类型重型自卸车车辆周期碳排放预测结果，同全生命周期结果一致，车辆周期碳排放也呈逐年下降趋势。其中，氢燃料、纯电动及常规混重型自卸车下降趋势呈现较大斜率，车辆周期减排至2060年可分别达66%，67%与62%。新能源类型车辆，纯电动重型自卸车及氢燃料车车辆周期碳排放在2020年至2060年间始终高于传统燃料类型车辆，主要原因为新能源特有的零部件部分，如锂离子动力蓄电池及氢燃料系统，碳排放水平较高。天然气重型自卸车车辆周期碳排放与柴油重型自卸车几乎一致，在图中较难识别出。

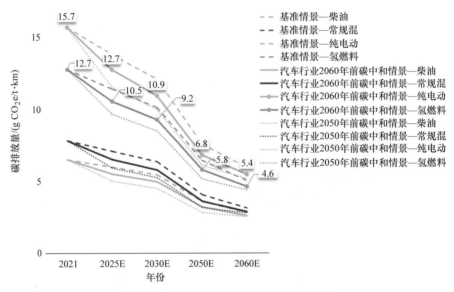

图 5-17　重型自卸车车辆周期碳排放预测

3）不同燃料类型重型自卸车燃料周期碳排放预测。图 5-18 展示了重型自卸车燃料周期预测结果。同全生命周期结果趋势一致，氢燃料车的碳排放在 2021 年为其他燃料类型的数倍，随着制氢工艺的清洁化，氢燃料在 2040 年至 2050 年间超越柴油、常规混合动力及天然气成为具有相对减排优势的燃料类型，但纯电始终为碳排放水平最低的燃料选项。

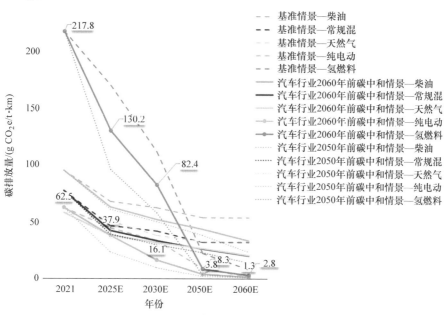

图 5-18　重型自卸车燃料周期碳排放预测

4）氢燃料重型自卸车生命周期碳减排潜力分析。经过以上对比发现，氢燃料重型自卸车在生命周期、车辆周期和燃料周期的不同情景下均有出色的表现，结合前文车队研究对氢燃料重型货车未来占比较为看好的情形，我们选择对氢燃料重型自卸车进行生命周期碳减排潜力分析。

氢燃料重型自卸车生命周期碳减排潜力分析如图 5-19 和图 5-20 所示。对氢燃料重型自卸车减排贡献最大的因素为燃料脱碳化，即氢燃料生产的碳排放逐渐降低，2030 年在不同情景中减排贡献在 22%~45% 之间，2060 年在不同情景中减排贡献稳定在 85%~92%，两个关键时间节点贡献占比差距较大，这是由于随着制氢工艺的进步，氢燃料的碳排放迅速降低，与燃料周期氢燃料重型自卸车碳排放的变化趋势相对应；2030 年在不同情景中使用能效提升对

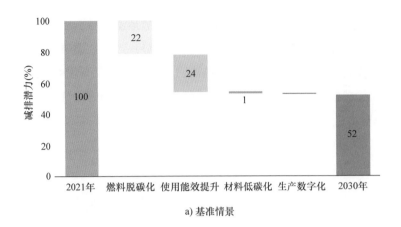

a) 基准情景

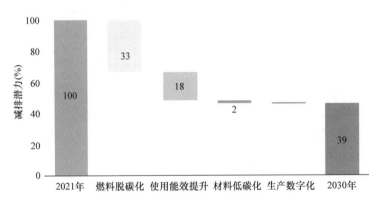

b) 汽车行业2060年前碳中和情景

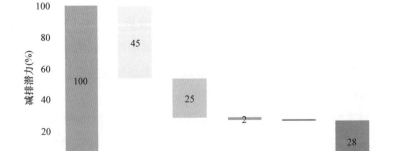

c) 汽车行业2050年前碳中和情景

图 5-19　氢燃料重型自卸车 2030 年生命周期碳减排潜力

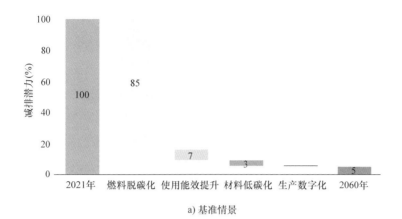

a) 基准情景

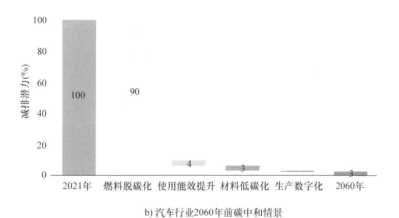

b) 汽车行业2060年前碳中和情景

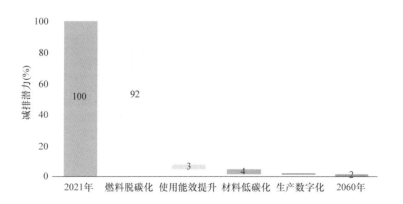

c) 汽车行业2050年前碳中和情景

图 5-20　氢燃料重型自卸车 2060 年生命周期碳减排潜力

氢燃料重型自卸车的碳减排贡献在 18%~25%，2060 年在不同情景中减排贡献稳定在 3%~7%，使用能效提升对氢燃料重型自卸车的碳减排作用在前期作用明显，但后期作用逐渐衰减，这是由于使用能效提升与燃料脱碳化两者共同作用于氢燃料重型自卸车燃料周期的碳减排，且随着燃料脱碳化的程度加大，使用能效提升的减排效果趋于降低；材料低碳化和生产数字化的减排贡献比较小，两者的碳减排效果累积在氢燃料重型自卸车整个生命周期中占比只有 1%~4%，尤其是生产数字化的作用几乎可以忽略，这是由于重型货车碳排放较大且集中在燃料周期，材料低碳化和生产数字化带来的减排效果较小；在各因素的共同作用下，氢燃料重型自卸车生命周期碳排放 2060 年可降低至 2021 年水平的 2%。

（3）重型牵引车

1）不同燃料类型重型牵引车生命周期碳排放预测。 图 5-21 展示了不同燃料类型重型牵引车全生命周期碳排放预测，每种燃料类型车辆都呈现出稳步

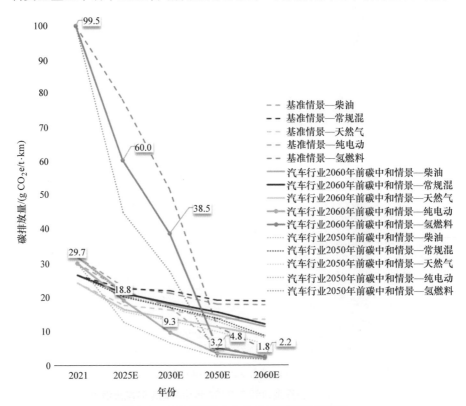

图 5-21 重型牵引车全生命周期碳排放预测

下降的趋势。其中，以化石能源作为燃料的车型（柴油重型牵引车、常规混重型牵引车及天然气重型牵引车）下降趋势较为平缓。新能源车型中，氢燃料重型牵引车下降速率最大，从 2021 年碳排放水平最高的车型，快速下降成为 2060 年碳排放水平最低的车型，降幅可达 99%。纯电动重型牵引车于 2021 年碳排放水平高于天然气及常规混重型牵引车，随着电力清洁化的推进，于 2030 年前快速成为碳排放水平最低的车型，直至 2060 年前后才被氢燃料重型牵引车超越，生命周期减排潜力达 95%。

由图可见，氢燃料重型牵引车由于目前制氢工艺的不清洁，2021 年碳排放水平远远高于其他燃料类型车辆。随着制氢工艺碳排放水平的下降，氢燃料重型牵引车逐渐显现出相对优势，于 2040 年前后超越柴油重型牵引车、常规混重型牵引车及天然气重型牵引车，于 2060 年进一步成为碳排放水平最低的燃料类型。

2）不同燃料类型重型牵引车车辆周期碳排放预测。图 5-22 展示了不同

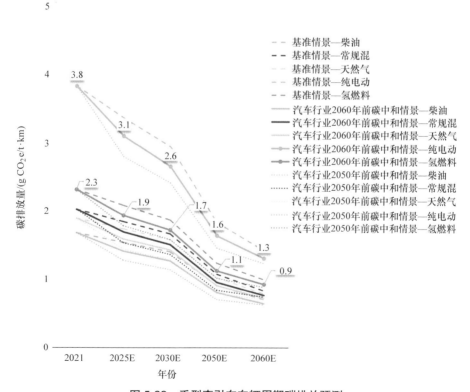

图 5-22　重型牵引车车辆周期碳排放预测

燃料类型重型牵引车车辆周期碳排放预测结果，同全生命周期结果一致，车辆周期碳排放也呈逐年下降趋势。其中，氢燃料、纯电动及常规混重型牵引车下降趋势呈现较大斜率，车辆周期减排至 2060 年可分别达 62%、68% 与 63%。新能源类型车辆，纯电动重型牵引车及氢燃料重型牵引车车辆周期碳排放在 2020 年至 2060 年间始终高于传统燃料类型车辆，主要原因为新能源特有的零部件部分，如锂离子动力蓄电池及氢燃料系统，碳排放水平较高。

3）不同燃料类型重型牵引车燃料周期碳排放预测。图 5-23 展示了重型牵引车燃料周期预测结果。同全生命周期结果趋势一致，氢燃料的碳排放在 2021 年为其他燃料类型的数倍，随着制氢工艺的清洁化，氢燃料在 2040 年至 2050 年间超越柴油、常规混合动力及天然气成为具有相对减排优势的燃料类型。

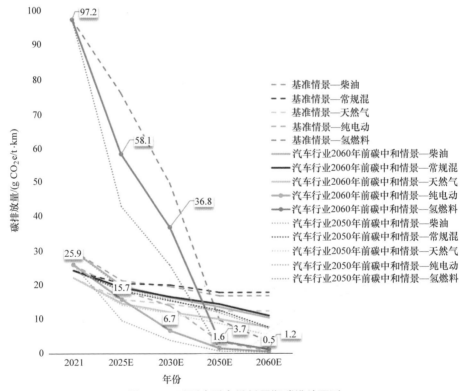

图 5-23　重型牵引车燃料周期碳排放预测

4）氢燃料重型牵引车生命周期碳减排潜力分析。经过以上对比发现，氢燃料重型牵引车在生命周期、车辆周期和燃料周期的不同情境下均有出色的表现，结合前文车队研究对氢燃料重型货车未来占比较看好的情形，我们选择对氢燃料重型牵引车进行生命周期碳减排潜力分析。

氢燃料重型牵引车生命周期碳减排潜力分析如图 5-24 和图 5-25 所示。对氢燃料重型牵引车减排贡献最大的因素为燃料脱碳化，即氢燃料生产的碳排放逐渐降低，2030 年在不同情景中减排贡献在 23%~46% 之间，2060 年在不同情景中减排贡献稳定在 87%~94%，两个关键时间节点贡献占比差距较大，这是由于随着制氢工艺的进步，氢燃料的碳排放迅速降低，与燃料周期氢燃料重型牵引车碳排放的变化趋势相对应；2030 年在不同情景中使用能效提升对氢燃料重型牵引车的碳减排贡献在 25%~26%，2060 年在不同情景中减排贡献稳定在 3%~7%，使用能效提升对氢燃料重型牵引车的碳减排作用在前期作用明显，但后期作用逐渐衰减，这是由于使用能效提升与燃料脱碳化两者共同作用于氢燃料重型牵引车燃料周期的碳减排，且随着燃料脱碳化的程度加大，使用能效提升的减排效果趋于降低；材料低碳化和生产数字化的减排贡献比较小，两者的碳减排效果累积在氢燃料重型牵引车整个生命周期中占比只有 1%~2%，尤其是生产数字化的作用几乎可以忽略，这是由于重型货车碳排放较大且集中在燃料周期，材料低碳化和生产数字化带来的减排效果较小；在各因素的共同作用下，氢燃料重型牵引车生命周期碳排放于 2060 年可降低至 2021 年水平的 1%。

3. 不同燃料类型公交车未来生命周期碳排放预测

（1）不同燃料类型公交车全生命周期碳排放预测

图 5-26 展示了不同燃料类型公交车全生命周期单位周转量碳排放预测，由图可见，五种燃料类型公交车碳排放随时间逐步降低。以化石燃料作为燃料类型的公交车（柴油公交车、天然气公交车、插电混公交车）2021—2050 年碳排放总量稳步下降，下降幅度在 60% 以上，其中对于基准情景、汽车行业 2060 年前碳中和情景与汽车行业 2050 年前碳中和情景，柴油公交车碳排放降低 68%、80%、86%，天然气公交车碳排放降低 64%、77%、84%，插电混公交车碳排放降低 68%、70%、72%。纯电动公交车与氢燃料公交车全生命周期碳排放量呈快速下降趋势，下降幅度 90%，其中对于基准情景、汽车行业 2060 年前碳中和情景与汽车行业 2050 年前碳中和情景，纯电动公交车碳排放

降低 89%、91%、92%，氢燃料公交车碳排放降低 90%、94%、96%。

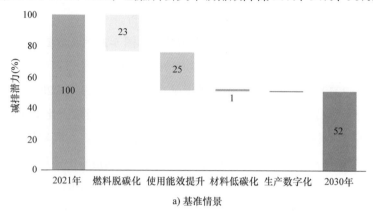

a) 基准情景

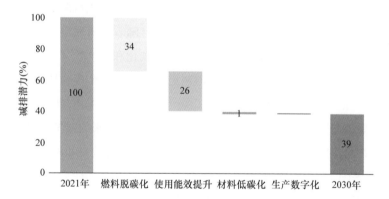

b) 汽车行业2060年前碳中和情景

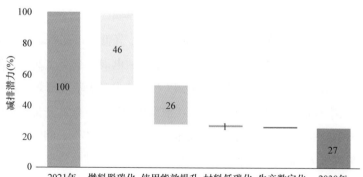

c) 汽车行业2050年前碳中和情景

图 5-24　氢燃料重型牵引车 2030 年生命周期碳减排潜力

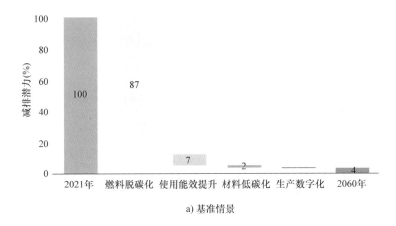

a) 基准情景

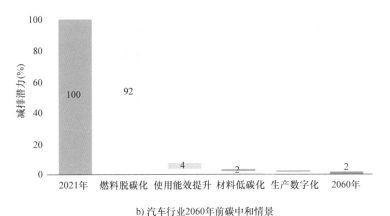

b) 汽车行业2060年前碳中和情景

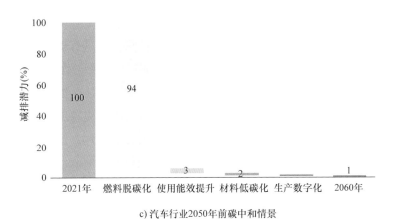

c) 汽车行业2050年前碳中和情景

图 5-25　氢燃料重型牵引车 2060 年生命周期碳减排潜力

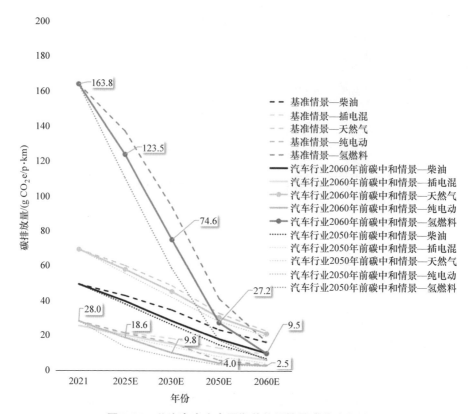

图 5-26 公交车全生命周期单位周转量碳排放预测

通过比较五种燃料类型公交车，可以发现插电混公交车与纯电动公交车的全生命周期单位碳排放量在 2021—2025 年有交叉，这主要是因为插电混公交车更低的油耗，在当前电力清洁化尚不足的情境下具有优势，且插电混公交车动力蓄电池较小，来自动力蓄电池的碳排放少于纯电动公交车。同时，可以发现氢燃料公交车与柴油公交车、天然气公交车、插电混公交车均有交叉，随制氢工艺、氢能来源结构的优化，氢燃料公交车表现出极大的碳减排优势，其减排优势主要表现在 2040 年以后，而在本预测中，未得到氢燃料公交车生命周期单位碳排放量低于纯电动公交车的情况，纯电动公交车仍为未来最低碳的发展方向。由此可见，从全生命周期单位碳排放角度而言，纯电动公交车在全部燃料类型的公交车中仍是最为低碳的选择，而氢燃料公交车随制氢工艺的低碳化逐步建立优势，在 2030 年开始可以逐步替代以化石能源为燃料的公交车，在 2050 年之后，具备与插电混公交车与纯电动公交车角力的能力。

（2）不同燃料类型公交车车辆周期碳排放预测

图 5-27 为不同燃料类型公交车车辆周期碳排放预测，由图可知，各燃油类型公交车 2021—2050 年车辆周期碳排放量呈稳步下降趋势，降幅在 60%~75% 之间，下降趋势较为平均。在基准情景、汽车行业 2060 年前碳中和情景与汽车行业 2050 年前碳中和情景下，对于车辆周期碳排放，柴油公交车降低 70%、74%、76%，插电混公交车降低 70%、74%、76%，天然气公交车降低 69%、74%、75%，纯电动公交车降低 69%、72%、75%，氢燃料公交车降低 59%、63%、65%。氢燃料公交车车辆周期碳排放量降低幅度低的原因主要是储氢罐等部件应用到大量的碳纤维等材料，这部分材料减排路径尚不明晰。

15

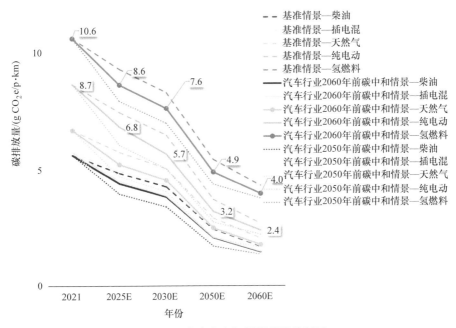

图 5-27 公交车车辆周期碳排放预测

（3）不同燃料类型公交车燃料周期碳排放预测

图 5-28 为不同燃料类型公交车燃料周期碳排放预测，由图可知，柴油公交车、天然气公交车、插电混公交车 2021—2060 年，逐年下降趋势较不明显，其主要原因是化石燃料本身不具备足够的低碳潜力，以化石能源为燃料的公交车，其燃料周期的碳减排主要来自油耗、气耗的降低，而内燃机效率随时间提升潜力不大。氢燃料公交车的燃料周期碳排放量随时间降低最为明显，2021—2060 年，在基准情景、汽车行业 2060 年前碳中和情景与汽车行业 2050 年前碳中和情景下分别降低 92%、96%、99%，基本与插电混公交车持平，但未低于纯电动公交车。

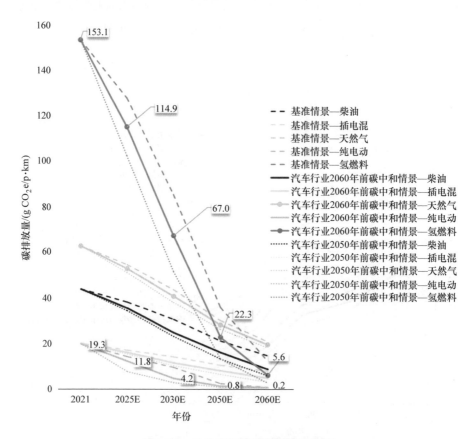

图 5-28　公交车燃料周期碳排放预测

（4）纯电动公交车生命周期碳减排潜力分析

经过以上对比发现，纯电动公交车在生命周期、车辆周期和燃料周期的不同情境下均有出色的表现，结合前文车队研究对纯电动公交车未来占比更加看好的情形，我们选择对纯电动公交车进行生命周期碳减排潜力分析。

纯电动公交车生命周期碳减排潜力分析如图 5-29 和图 5-30 所示。对纯电动公交车减排贡献最大的因素为电力清洁化，2030 年在不同情景中减排贡献在 24%~55% 之间，2060 年在不同情景中减排贡献稳定在 66%~67%，这是由于随着电网结构的清洁化，电力碳排放水平迅速降低并在 2060 年稳定到较低的水平；使用能效提升对纯电动公交车的碳减排作用有限，2030 年在不同情景中使用能效提升对纯电动公交车的碳减排贡献在 6%~12%，2060 年在不同情景中减排贡献稳定在 1%~2%，这是由于使用能效提升与电力清洁化两者共同作用于纯电动公交车燃料周期的碳减排，且随着电力清洁化程度的加大，使用能效提升的减排效果趋于降低；随着材料低碳化发展，使用低碳材料对纯电动公交车碳减排的作用在 4%~14%；生产数字化的减排贡献在纯电动公交车整个生命周期中占比只有 3%~9%，影响不大，这是由于纯电动公交车整体碳排放较高且集中在燃料周期，生产环节对它的影响有限；在各因素的共同作用下，纯电动公交车生命周期碳排放于 2060 年可降低至 2021 年水平的 8%。

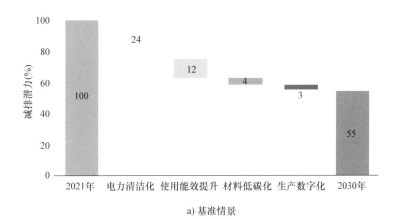

a) 基准情景

图 5-29　纯电动公交车 2030 年生命周期碳减排潜力

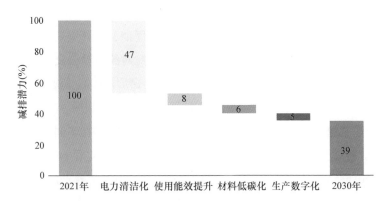

b) 汽车行业2060年前碳中和情景

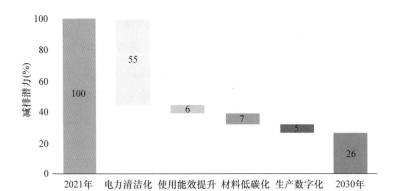

c) 汽车行业2050年前碳中和情景

图 5-29   纯电动公交车 2030 年生命周期碳减排潜力（续）

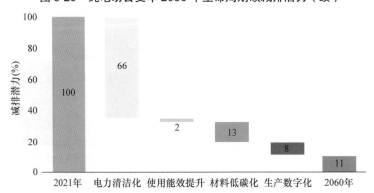

a) 基准情景

图 5-30   纯电动公交车 2060 年生命周期碳减排潜力

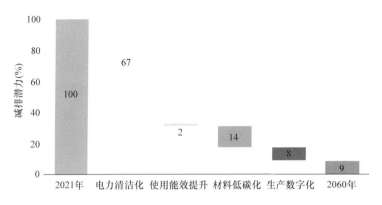

b) 汽车行业2060年前碳中和情景

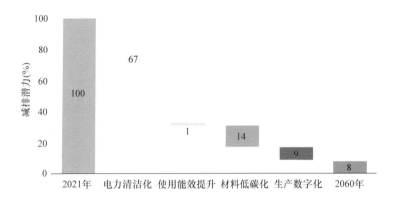

c) 汽车行业2050年前碳中和情景

图 5-30 纯电动公交车 2060 年生命周期碳减排潜力（续）

5.1.3 小结

1）**乘用车碳排放**：未来各时间段纯电动乘用车在各类型乘用车的生命周期碳排放中将一直处于最低水平，但氢燃料乘用车会在 2021—2050 年呈现极大的减排潜力并在 2060 年达到接近纯电动乘用车碳排放的水平，纯电动与氢燃料乘用车将成为最具低碳属性的车型。

2）**商用车碳排放**：未来，纯电动商用车始终具备最低的碳排放，所以纯电动轻型货车和公交车或将获得市场进一步认可，但 2025—2050 年氢燃料商用车也将逐步建立碳减排优势，碳排放逐步低于传统燃油车成为仅次于纯电动商用车的低碳选择。由于工作环境的需要，氢燃料重型货车将具备良好的发展前景。

3）减排潜力分析：无论是纯电动车还是氢燃料车在基准情景下，对减排潜力影响最大的因素还是燃料的低碳化，即电力清洁化程度的提高及中国制氢工艺的低碳化将成为生命周期碳排放降低最大的助力，而生产过程采取的低碳措施达成的碳减排效果较小。

5.2 车队生命周期碳减排效果分析

基于汽车行业碳减排路径，通过不同燃料类型、不同车型级别的单车生命周期分析，可以从微观层面量化不同情景下汽车产品碳足迹的变化趋势。由于我国汽车保有量结构复杂、燃料类型多、车辆类型多、不同生产年份车辆能耗水平不同、材料排放水平不同、电力碳排放因子不同，仅从产品层面分析，如同管中窥豹，难以充分评价当前的减排路径能否满足我国汽车行业碳达峰碳中和的目标。为了从宏观层面分析汽车行业在十大减排路径下的减排效果，本研究应用中国汽车生命周期评价车队模型（CALCM-Fleet），分析了不同情景下我国汽车车队的碳排放趋势，评价了不同减排措施的减排效果。

5.2.1 汽车保有量预测

由于乘用车和商用车的保有量增长驱动因素有所不同，所以采用不同的预测方式。对于乘用车，认为保有量的增长主要与人口、居民收入水平、城镇化率等因素相关，保有量的预测采用以 Gompertz 曲线建立的千人保有量模型。对于商用车，载货汽车主要受经济活动需求驱动，本文采用弹性系数模型预测货车保有量趋势，而载客汽车主要由居民出行需求决定，随着地铁、高铁、空运等其他交通方式的发展，公交客车的保有量增长幅度有限，且已出现下降趋势，本文按照历史公交客车与人口总量的关系线性外推，具体方式在 2.4 节中有所介绍。我国宏观数据的预测，报告国内生产总值、我国人口总量、城镇化率等参数参考联合国人口署及相关机构研究报告。

对于未来各年的汽车销量情况，本研究在计算得到未来各年汽车保有量以及未来各年的车辆报废情况后，通过每年的保有量和报废量倒推计算每年各种车型的销量情况，具体方法如 2.4 节所述。每年各类汽车报废情况根据不同类型车辆的生存曲线计算，生存曲线根据历年车龄数据以及留存情况计算得到。对于乘用车与商用车，由于车辆设计、使用强度、强制报废规则等因素有所不同，因此生存规律也有区别。对于乘用车，本研究根据历史数据分别计算了轿车、SUV、MPV、交叉型乘用车四种车型的生存规律，对于商用车，分别计算了轻型单体货车、单体货车、自卸货车、牵引货车、城际客车、城市公交六种不同车型的生存曲线。对于相同车辆类型，假设不同燃料类型的车辆生存规律相同。根据相关研究，车辆的生存曲线一般由两种方法定义：第一种以车辆注册年份为基准，生存率 $SR_{a,r}$ 的概念是注册在 r 年的车辆，生存到车龄 a 年的概率；第二种是以前一年车辆的生存情况为基准，生存率 SR_a 的概念为车辆在前一年确定生存的条件下，在当前年继续生存的概率。本研究基于 2012—2021 年汽车车龄数据，采用第二种生存率计算方式对不同类型车辆生存曲线进行拟合。不同类型车辆的生存曲线如图 5-31 所示。

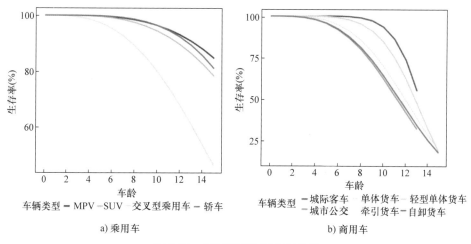

车辆类型 —MPV —SUV —交叉型乘用车 —轿车

a) 乘用车

车辆类型 —城际客车 —单体货车 —轻型单体货车
—城市公交 —牵引货车 —自卸货车

b) 商用车

图 5-31　不同类型车辆生存曲线

根据模型计算结果，未来我国汽车保有量增长空间仍然很大。从总量上看，汽车保有量呈先增后减的趋势，前期人均汽车拥有水平较低，保有量增长速度较快，后期随着汽车人均拥有水平趋于饱和，保有量增速放缓，随后呈小幅下降趋势。从车辆种类来看，乘用车仍占我国汽车保有量的主要部分，主导汽车保有总量的变化趋势，与汽车保有量增长趋势较为一致，但乘用车保有量受人均拥有水平的影响更大，保有量达峰时间较汽车整体有所提前。商用车在我国汽车保有量中的占比较小，由于商用车中主要以货车为主，其保有量增长趋势与乘用车有所不同，受我国经济增长情况影响更大，从商用车保有总量来看，直到 2060 年商用车保有量均呈增长趋势。

5.2.2 能源结果预测

我国石油资源主要依赖进口，汽车领域是石油产品的主要消费端之一。大力发展新能源汽车在应对气候问题的同时，能够缓解我国对于石油资源的依赖，保障我国的能源安全。而新能源汽车的增加产生额外的电力需求，在可再生能源发电的大趋势下，这将对我国的电力系统产生一定压力。本研究根据对未来汽车保有量的预测，结合对于汽车使用能效、行驶里程的情景设定，计算了未来汽车领域的能源需求。

基于保有量的预测结果，分别计算了三种情景下我国未来汽车行驶阶段的能源需求，如图 5-32 所示。从能源需求总量来看，在三种情景下，未来我国汽车领域的能源需求预计将于 2030 年前实现达峰，在基准情景、汽车行业 2060 年前碳中和情景以及汽车行业 2050 年前碳中和情景下，汽车能源需求分别于 2029 年、2027 年、2025 年达峰，峰值能源需求总量分别为 12.6×10^{12}MJ、12.2×10^{12}MJ、12.0×10^{12}MJ。到 2060 年，基准情景下能源需求总量为 8.4×10^{12}MJ，汽车行业 2060 年前碳中和情景下能源需求总量下降至 7.3×10^{12}MJ，汽车行业 2050 年前碳中和情景将下降至 6.4×10^{12}MJ。从能源类型来看，在基准情景下，未来汽车领域的主要能源需求仍为化石能源，到 2030 年，汽柴油的需求占总能源需求的 93.7% 左右，到 2060 年由于新能源汽车的比例提升，汽柴油需求量占比下降至 58.3%。在汽车行业 2060 年前碳中和情景中，前期能源需求仍以汽柴油为主，随着新能源汽车比例的提升，特别是乘用车中新能源汽车的份额提升，汽油的占比大幅降低，但到 2060 年传统燃料仍占主要部分，主要由商用车产生，到 2060 年柴油占总能源需求的 40.5%，电力和氢燃料分别占比 23.7% 和 31.3%。在汽车行业 2050 年前碳中和情景中，汽柴油的需求量大幅下降，到 2060 年汽柴油的需求量仅占总能源需求的 13.2% 左右，电力的需求量提升至 29.8%，氢燃料的需求量最大，达到 55.7%。

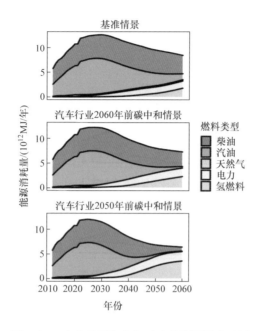

图 5-32　未来我国汽车行驶阶段能源需求预测

乘用车主要的能源需求为汽油，短期内能源需求还将不断上涨，预计于 2030 年前能源需求达到峰值，能源需求总量占汽车领域能源需求总量的一半以上，由于乘用车领域电动化程度更深，达峰后能源需求下降幅度较大，如图 5-33 所示。在基准情景中，乘用车能源需求总量预计于 2028 年达峰，峰值为 7.2×10^{12}MJ，达峰时对汽油的需求占总能源需求的 96.1% 以上，达峰后能源需求总量不断下降，到 2060 年能源需求总量下降至 2.6×10^{12}MJ 左右，较峰值下降 64.5%，其中对汽油的需求下降至 46.9%，对电力的需求上升至 45.5%。在汽车行业 2060 年前碳中和情景中，乘用车能源消耗总量预计于 2027 年达峰，峰值能耗为 7.0×10^{12}MJ，对汽油的需求占总能源需求的 96.2%，2060 年，乘用车能源需求总量将下降至 1.8×10^{12}MJ，较峰值能耗下降 74.3%，其中对汽油的需求已下降至 17.9%，对电力的需求上升至 70.5%，对氢燃料的需求上升至 11.6%。在汽车行业 2050 年前碳中和情景中，乘用车能源需求总量将提前于 2025 年达峰，能耗峰值下降至 6.8×10^{12}MJ，较基准情景下降 6.5%，对汽油的需求占总能源需求的比例为 97.1%，到 2060 年，能源需求总量将下降至 1.5×10^{12}MJ，较基准情景下降 42.0%，较峰值下降 78.0%，对汽油的需求占总能源需求的比例不足 1%，对于电力的需求上升至 80.1%，对于氢燃料的需求占 13.2%。

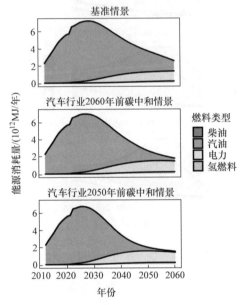

图 5-33　未来我国乘用车行驶阶段能源需求预测

与乘用车相比，商用车车辆类型更多，前中期主要能量需求以柴油为主，在不同情景中能源需求的变化趋势不同，但总体上变化幅度不大。如图 5-34 所示，由于商用车电动化程度有限，能源需求下降空间较低，并未出现明显的能耗峰值。在基准情景中，未来商用车能源消耗总量将呈持续上涨趋势，但由于车辆能耗水平的降低以及常规混商用车的推广，能耗上升趋势较历史趋势有所放缓，到 2030 年商用车能源需求达到 5.4×10^{12}MJ，其中对于柴油的需求占 89.5%，到 2060 年商用车能源需求上升至 5.9×10^{12}MJ，较 2030 年能耗总量上升 8.2%，柴油仍占能源需求的绝大比例，约占 63.3%。在汽车行业 2060 年前碳中和情景中，未来在 2021—2050 年间，能耗水平基本保持稳定，到 2050 年后，随着氢燃料电池商用车在保有量中的占比大幅提升，能耗需求总量有所上涨，到 2060 年，商用车能源需求总量达 5.5×10^{12}MJ，较基准情景下降 6.9%，由于氢燃料电池商用车比例的提升，对于柴油的需求量占总能源需求的比例下降至 53.7%，对氢燃料的需求占比上升至 37.7%。在汽车行业 2050 年前碳中和情景中，能源需求总量呈下降趋势，到 2060 年能源需求总量下降至 4.7×10^{12}MJ，较基准情景下降 16.4%，氢燃料将成为商用车的主要能源需求来源，占总能源需求的 68.5.%，此外，对电力的需求占 14.6%，对柴油的需求下降至 16.7%。

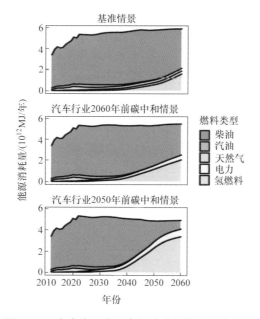

图 5-34　未来我国商用车行驶阶段能源需求预测

5.2.3　碳排放结果预测

　　汽车为我国交通领域的主要碳排放源，根据我国汽车领域碳排放的历史发展趋势，参考发达国家的发展经验，汽车领域碳减排将是我国达成双碳目标的关键之一。此外，我国汽车产量长期位居世界第一，虽然相比汽车行驶阶段汽车的生产组装产生的碳排放较低，但从全生命周期角度来看，汽车的生产涉及大量上游原材料、零部件行业，其中不乏钢铁、有色金属、化工等高能耗、高碳排的行业，汽车行业全生命周期的脱碳，能够从需求端促进其他上游行业的碳减排。本研究采用中国汽车车队全生命周期评估模型计算了三种情景下汽车领域全生命周期碳排放的趋势。

通过模型计算，三种情景下未来我国汽车领域全生命周期碳排放趋势如图 5-35 所示。在基准情景设定条件下，汽车领域全生命周期碳排放均能实现在 2030 年前达峰的目标，但实现 2060 年前净零排放仍存在一定挑战。在基准情景下，汽车领域全生命周期碳排放预计于 2029 年达峰，峰值碳排放为 13.7 亿 t CO_2e，随后开始逐年下降，到 2060 年，碳排放下降至 5.1 亿 t CO_2e，较峰值碳排放下降 62.8%，但离净零排放仍存在一定差距。在汽车行业 2060 年前碳中和情景中，汽车领域全生命周期碳排放将提前于 2022 年达峰，峰值碳排放为 12.9 亿 t CO_2e，较基准情景下降 5.8% 左右，到 2060 年全生命周期碳排放将下降至 2.7 亿 t CO_2e，较基准情景下降 47.1%，较该情景的峰值碳排放下降 79.1%。在汽车行业 2050 年前碳中和情景中，汽车领域全生命周期碳排放同样预计于 2022 年达峰，峰值碳排放为 12.8 亿 t CO_2e，较基准情景下降 6.6%，随着新能源汽车比例的提升，全生命周期碳排放将大幅降低，到 2060 年汽车领域全生命周期碳排放将下降至 1.6 亿 t CO_2e，较基准情景下降 68.6%，较该情景的峰值碳排放下降 87.5%。

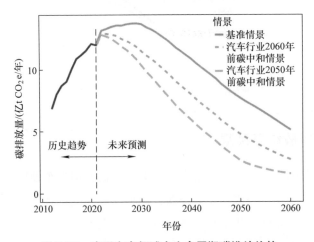

图 5-35　我国汽车领域全生命周期碳排放趋势

从全生命周期碳排放的来源来看，汽车领域的碳排放仍主要来自汽车的燃料周期，但随着新能源汽车的比例提升，车辆周期碳排放占比将有所提升，如图 5-36 所示。从 2012 年到 2025 年，车辆周期碳排放的占比有小幅下降的趋势，主要是因为在这一历史阶段我国汽车销量增速较快，大量新车进入汽车车队，同时我国汽车保有量水平较低，因此新车在保有量所占比例较高，随着我国汽车保有量的增加，新车占保有量的比例逐渐下降，因此燃料周期的碳排放逐渐上升。在基准情景下，虽然汽车的销量有所增长，但燃料周期碳排放的下降幅度与车辆周期碳排放的下降幅度相当，因此很长一段时间内车辆周期与燃料周期碳排放的比例基本保持在 1:4，到 2060 年车辆周期碳排放上升至 25.1%。在汽车行业 2060 年前碳中和情景中，随着新能源汽车在保有量中的占比不断提升，且新能源汽车车辆周期碳排放比传统燃料汽车更高，汽车燃料周期碳排放下降的幅度超过了车辆周期碳排放的下降幅度，到 2060 年车辆周期碳排放占全生命周期碳排放的比例有所上升，占比为 37.7%。在汽车行业 2050 年前碳中和情景中，新能源汽车燃料周期的碳减排收益将进一步放大，车辆周期碳排放占比不断提升，到 2060 年车辆周期碳排放已占全生命周期碳排放的主导地位，占比为 66.2%。

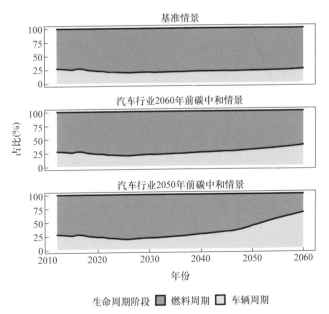

图 5-36　我国汽车领域全生命周期碳排放构成变化趋势

就乘用车而言，不同情景下全生命周期碳排放均能够实现2030年前达峰的目标，对于汽车行业2060年前碳中和情景以及汽车行业2050年前碳中和情景，趋近于实现2060年前净零排放的目标，如图5-37所示。在基准情景下，乘用车全生命周期碳排放于2028年实现达峰，峰值碳排放为8.27亿t CO_2e，达峰后碳排放将持续下降，但直到2060年仍存在0.9亿t CO_2e 左右的碳排放，难以实现2060年前净零排放。在汽车行业2060年前碳中和情景中，乘用车领域全生命周期碳排放达峰时间将提前到2023年，碳排放峰值为7.7亿t CO_2e 左右，随着乘用车电动化比例的提升，预计到2060年乘用车生命周期碳排放将下降至0.3亿t CO_2e 以下。在汽车行业2050年前碳中和情景中，碳排放峰值预计于2022年达到，峰值碳排放约为7.6亿t CO_2e，随着各类减排措施的强化，碳排放在达峰后快速下降，于2051年左右全生命周期碳排放将下降至0.3亿t CO_2e 以下，到2060年乘用车全生命周期碳排放总量为0.1亿t CO_2e 左右。

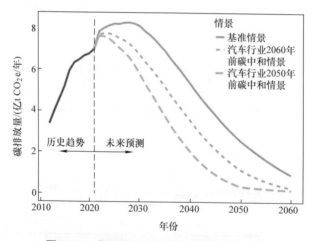

图5-37 我国乘用车全生命周期碳排放趋势

从全生命周期碳排放来源来看，由于乘用车电动化程度更深，全生命周期碳排放朝车辆周期转移的趋势更加明显，如图5-38所示。与汽车领域整体的趋势类似，前期乘用车燃料周期占比不断升高，在基准情景中，随着新能源乘用车的占有率不断升高，车辆周期碳排放占比于2030年达到最低点后开始不断升高，到2060年，乘用车车辆周期碳排放占全生命周期碳排放的

40.4%。在汽车行业 2060 年前碳中和情景中，乘用车车辆周期碳排放在全生命周期的占比在 2026 年达到最低值 22.1%，随后随着新能源乘用车的比例提升而逐步升高，到 2060 年，车辆周期碳排放将占乘用车全生命周期碳排放的 67.8%。在汽车行业 2050 年前碳中和情景中，乘用车车辆周期碳排放在全生命周期中的占比同样于 2026 年左右达到最低点，到 2060 年，车辆周期占比将上升至全生命周期的 79.2%。

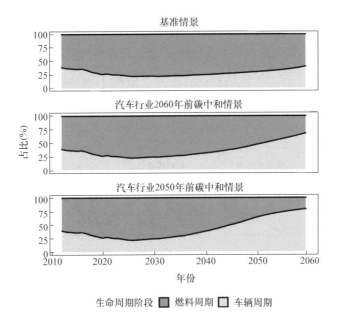

图 5-38　我国乘用车全生命周期碳排放构成变化趋势

　　图 5-39 进一步拆分了乘用车全生命周期、燃料周期、车辆周期中各燃料类型的碳排放贡献。总体上，三类碳排放的主要排放源逐渐从传统燃料乘用车向新能源乘用车过渡，车辆周期过渡更快，燃料周期过渡有所滞后。在基准情景中，在 2060 年之前传统燃料乘用车仍是乘用车全生命周期碳排放的主要源头，到 2060 年，新能源乘用车生命周期碳排放占乘用车碳排放总量的 50.0%；燃料周期仍以传统燃料乘用车为主，到 2060 年新能源乘用车燃料周期碳排放仅占乘用车燃料周期总排放的 16.8%；从 2032 年起，新能源乘用车车辆周期碳排放将占乘用车车辆周期碳排放总量的 50% 以上，到 2060 年新

能源乘用车车辆周期碳排放占比将达 99% 以上。在汽车行业 2060 年前碳中和情景中，新能源乘用车全生命周期碳排放于 2046 年起在乘用车全生命周期中占主导地位，到 2060 年新能源汽车全生命周期碳排放占总排放的 83.1%；从燃料周期角度来看，传统燃料乘用车仍在未来大部分时间内占主导地位，到 2060 年新能源乘用车燃料周期碳排放占总量的 47.5%；受新能源车渗透率影响，从 2030 年起，新能源乘用车车辆周期碳排放即超过传统燃料乘用车车辆周期碳排放，从 2050 年起，传统燃料乘用车在车辆周期碳排放中的占比已不到 1%。在汽车行业 2050 年前碳中和情景中，自 2041 年起，新能源乘用车在乘用车全生命周期碳排放中的占比超过 50%；燃料周期上，新能源乘用车于 2052 年起开始成为主要排放源，到 2060 年，由于保有量中传统燃料乘用车基本淘汰，新能源汽车在燃料周期的碳排放占比将超过 79.7%；车辆周期上，传统燃料乘用车自 2035 年起在乘用车车辆周期中的占比已不足 5%。

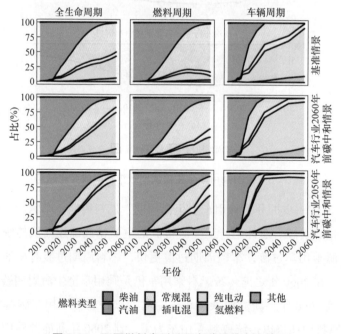

图 5-39　不同燃料类型乘用车碳排放占比情况

由于商用车车辆种类较多，不同情景下商用车全生命周期碳排放的预测结果不确定性较大,如图 5-40 所示。与乘用车相比,由于商用车保有量在未来将保持持续增长趋势,且商用车电动化的潜力有限,因此商用车全生命周期碳排放达峰的难度更大,除了电动化以外的减排措施必须能够弥补电动化程度的不足。在基准情景中,商用车全生命周期碳排放预计于 2030 年进入达峰平台期,峰值碳排放为 5.6 亿 t CO_2e 左右,到 2060 年,商用车全生命周期碳排放将下降至 4.2 亿 t CO_2e。在汽车行业 2060 年前碳中和情景中,商用车全生命周期碳排放从 2022 年起开始下降,到 2060 年,商用车全生命周期碳排放将下降至 2.5 亿 t CO_2e,较基准情景下降 55.4%。在汽车行业 2050 年前碳中和情景中,商用车全生命周期碳排放同样于 2022 年开始下降,到 2060 年,商用车全生命周期碳排放将下降至 1.4 亿 t CO_2e,较基准情景下降 66.7%。

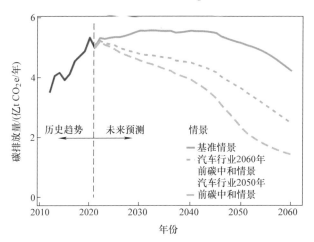

图 5-40 我国商用车全生命周期碳排放趋势

与乘用车相比,未来商用车的全生命周期碳排放主要仍来自燃料周期,如图 5-41 所示。在基准情景中,随着商用车保有量的增加,商用车燃料周期碳排放在全生命周期碳排放中的占比基本保持不变,基本保持在 18% 左右,到 2060 年有小幅上升,达到 22.0%。在汽车行业 2060 年前碳中和情景中,由于新能源商用车占比的提升,车辆周期碳排放在全生命周期碳排放中的占比从 2035 年起有上升趋势,到 2060 年车辆周期碳排放占比将达到 34.6%。在汽车行业 2050 年前碳中和情景中,在 2047 年之前商用车车辆周期碳排放在全生命周期中的占比保持在 30% 以内,到 2060 年,随着新能源商用车占比的提

升，车辆周期碳排放占比提高至 64.8%。

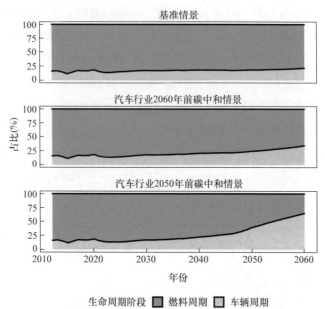

生命周期阶段 ■ 燃料周期 □ 车辆周期

图 5-41　我国商用车全生命周期碳排放构成变化趋势

如图 5-42 所示，从不同燃料类型商用车对于商用车车队整体全生命周期、燃料周期、车辆周期的碳排放贡献来看，前期及中期柴油车为主要的二氧化碳排放源，由于车辆周期受当年销量影响较大，2021 年之前商用车车辆周期碳排放受纯电动商用车销量影响，不同燃料占比有较大波动，在中期及中后期，主要排放源将过渡为常规混商用车，在后期更据情景设置的不同，新能源商用车产生的碳排放有着不同程度的体现。在基准情景中，新能源商用车全生命周期碳排放以及燃料周期碳排放在商用车车队的碳排放总量中的占比变化趋势基本一致，其中燃料周期在全生命周期中的占比更低，到 2060 年新能源商用车全生命周期以及燃料周期在商用车车队全生命周期以及燃料周期碳排放总量中的占比分别为 20.4% 与 9.5%，新能源商用车车辆周期碳排放占比上升速度相对更快，到 2060 年，新能源商用车车辆周期碳排放总量占商用车车队车辆周期碳排放总量的 59.1%。在汽车行业 2060 年前碳中和情景中，在全生命周期碳排放方面，新能源汽车在后期的碳排放占比有所提升，到 2060 年，新能源商用车全生命周期碳排放占商用车车队碳排放总量的 33.0%；

从燃料周期看，传统燃料同样始终是商用车燃料周期的主要排放源，新能源
商用车的燃料周期碳排放比例虽有所上升，但上升幅度有限，到 2060 年，新
能源商用车燃料周期碳排放占车队燃料周期碳排放总量的 12.8%；在车辆周
期碳排放方面，新能源商用车从 2048 年开始成为商用车车队车辆周期的主要
碳排放源，到 2060 年，新能源商用车车辆周期碳排放占比达到 71.1%。在汽
车行业 2050 年前碳中和情景中，新能源商用车将在后期成为商用车车队的主
要碳排放源，在全生命周期碳排放方面，新能源商用车于 2050 年全生命周期
碳排放超过传统燃料商用车，到 2060 年，新能源商用车全生命周期碳排放占
车队总排放的 76.9%；在燃料周期方面，传统燃料商用车仍占主导地位，新
能源商用车燃料周期碳排放有所提升，到 2060 年占比达 45.2%；从车辆周期
碳排放来看，新能源商用车于 2040 年即超越传统燃料商用车，成为商用车车
队车辆周期第一大排放源，到 2060 年，新能源商用车车辆周期碳排放将占车
队车辆周期碳排放总量的 94.0%。

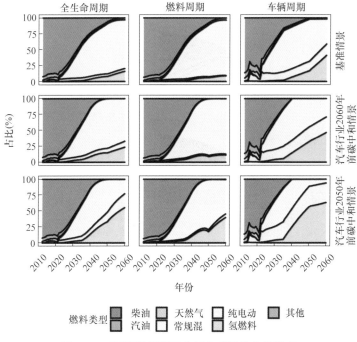

图 5-42　不同燃料类型商用车碳排放占比情况

5.2.4　减排效果评估

　　上节根据 CALCM-Fleet 模型，结合情景设置，分别计算了未来乘用车、商用车全生命周期、燃料周期以及车辆周期的碳排放趋势。本小节将采用逐步分析的方法，从年度碳排放和累计碳排放，以 2030 年、2060 年两个关键年作为时间节点，分析不同转型路径对于汽车领域碳减排贡献。减排措施之间可能存在耦合影响，例如电力碳排放因子降低与车辆电动化两项措施施加的先后顺序不同，计算得到的两项措施产生的减排收益会有所不同。本节以各项减排路径影响参数的数量为基准，按照先评估影响参数多的路径，后评估影响参数少的路径为原则，依据电力清洁化、车辆电动化、能效提升、燃料脱碳化、材料低碳化、生产数字化、出行共享化、资源循环化的顺序进行评估。

　　总体上，随着时间的增加，各减排路径的减排效果均有一定提升，如图 5-43 所示。在基准情景下，未来车辆电动化能够带来最大的减排效果，

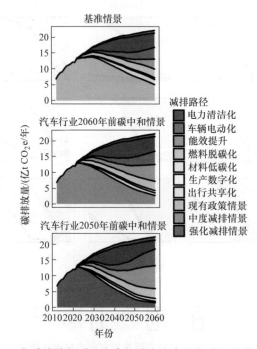

图 5-43　各减排路径对于汽车领域全生命周期碳排放的减排贡献

材料低碳化带来的减排潜力随时间变化的幅度不大，车辆能效提升带来的减排效果随着时间增加而增大，燃料脱碳化的减排效果在后期更为明显。在汽车行业 2060 年前碳中和情景中，车辆电动化仍能带来最大的减排空间，此外，车辆能效提升、燃料脱碳化和材料低碳化的减排潜力均有所提升。在汽车行业 2050 年前碳中和情景中，车辆电动化能够带来最大的减排空间，在后期，主要的减排潜力来自车辆能效提升、燃料脱碳化和材料低碳化三种转型路径。

根据核算结果，2021 年我国汽车行业全生命周期碳排放总量为 12.1 亿 t CO_2e，若不施加任何减排措施，到 2030 年汽车领域全生命周期碳排放将增长到 17.1 亿 t CO_2e，在基准情景、汽车行业 2060 年前碳中和情景以及汽车行业 2050 年前碳中和情景中，2030 年碳排放分别为 13.7 亿 t CO_2e、11.5 亿 t CO_2e、10.3 亿 t CO_2e，如图 5-44 所示。在基准情景下，到 2030 年减排收益最大的措施是材料低碳化，预计能够贡献 33% 的减排幅度，其次为车辆电动化，能够贡献 29% 左右的减排幅度，车辆能效提升的减排效益在 14% 左右，

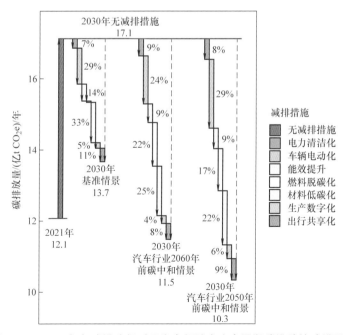

图 5-44　2030 年各减排路径对于汽车领域全生命周期碳排放的减排贡献

出行共享化占 11% 左右，其他措施减排收益较为有限，减排贡献在 10% 及以下，由于该情景中传统燃料排放因子不随时间发生变化且 2030 年前氢燃料电池汽车比较少，燃料脱碳化减排收益在 1% 左右。在汽车行业 2060 年前碳中和情景中，车辆电动化、燃料脱碳化、材料低碳化仍为减排收益最高的三项措施，减排贡献分别为 24%、22%、25%，由于该情景中传统燃料碳排放因子随时间降低，燃料脱碳化措施减排贡献大幅提升。在汽车行业 2050 年前碳中和情景中，车辆电动化的减排贡献占比为 29%，材料低碳化的减排贡献保持在 22% 左右，燃料脱碳化的减排收益占 17%。

从长期来看，若不采取任何减排措施，到 2060 年我国汽车领域碳排放总量将上升至 22.2 亿 t CO_2e，不同减排路径的减排效果，如图 5-45 所示。在基准情景中，预计到 2060 年汽车领域全生命周期碳排放将下降至 5.1 亿 t CO_2e，在此情景中，车辆电动化所贡献的碳减排量最大，占总减排量的 26%，此外汽车能效提升将贡献 22% 的碳减排收益，相比 2030 年，燃料脱碳化减排贡献提升至 18%，材料低碳化将贡献 16% 的碳减排量。在汽车行业 2060 年前碳中

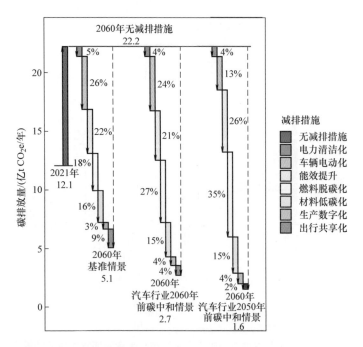

图 5-45　2060 年各减排路径对于汽车领域全生命周期碳排放的减排贡献

和情景中，燃料脱碳化贡献了最大的碳减排量，占比 27%，其次为车辆电动化、能效提升、材料低碳化，减排贡献分别为 24%、21%、15%。在汽车行业2050 年前碳中和情景中，燃料低碳化、能效提升的减排贡献有所增加，减排量贡献分别为 35%、26%，材料低碳化减排贡献保持在 15%，车辆电动化的减排贡献缩小至 13%。

由于温室气体具有累计效应，累计碳排放是衡量汽车领域减排效果的另外一项指标。从短期来看，若不施加任何减排措施，以 2020 年为基准年，到2030 年汽车领域全生命周期累计碳排放将达到 161 亿 t CO_2e，在不同情景中，对于累计碳减排贡献最大的措施主要为材料低碳化和车辆电动化，如图 5-46所示。在基准情景中，到 2030 年累计碳排放为 146 亿 t CO_2e，累计碳减排量达 15 亿 t CO_2e，其中由于汽车材料低碳化造成的碳减排占 44%，车辆电动化产生的碳减排量占 22%，此外，由于车辆能效提升带来的减排收益占 12%左右。在汽车行业 2060 年前碳中和情景中，到 2030 年累计碳排放将下降到

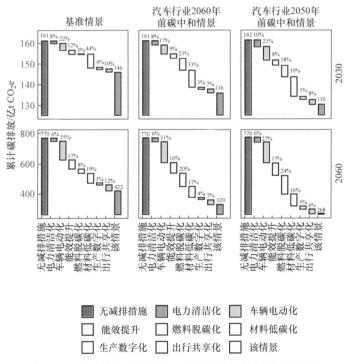

图 5-46　各减排路径对于汽车领域累计二氧化碳减排贡献

136 亿 t CO_2e，较基准情景下降 6.8%，其中由于材料低碳化和燃料脱碳化造成的碳减排量分别占减排总量的 33% 和 23%，车辆电动化的收益占 17%。在汽车行业 2050 年前碳中和情景中，到 2030 年累计碳排放将下降至 130 亿 t CO_2e，较基准情景下降 11.0%，材料低碳化和燃料脱碳化的累计碳减排贡献分别为 30% 和 18%，此外，车辆电动化和电网清洁化的减排贡献分别占 21% 和 10%。长期来看，到 2060 年，若不采取任何减排措施，汽车全生命周期累计碳排放将达到 770 亿 t CO_2e，在不同情景中，车辆电动化带来的减排收益最大，其次为材料低碳化、能效提升以及燃料脱碳化，这四种路径产生的碳减排收益占累计碳减排量的 50% 以上。在基准情景中，到 2060 年累计碳排放量将下降至 422 亿 t CO_2e，累计减排量达到 348 亿 t CO_2e，其中车辆电动化贡献 35% 的减排量，材料低碳化和能效提升分别贡献 19% 和 17% 的减排量。在汽车行业 2060 年前碳中和情景中，到 2060 年累计碳排放量下降至 329 亿 t CO_2e，累计减排量达到 441 亿 t CO_2e，较基准情景提高 26.7%，其中有 31% 的减排量由车辆电动化路径贡献，材料低碳化、燃料脱碳化与能效提升分别占 17%、20% 和 16%。在汽车行业 2050 年前碳中和情景中，到 2060 年的累计碳排放量将下降至 268 亿 t CO_2e，累计碳减排量达到 502 亿 t CO_2e，较基准情景提高 44.2%，其中车辆电动化、能效提升、燃料脱碳化和材料低碳化分别贡献减排量的 27%、17%、24% 和 16%。

从累计碳排放的角度，到 2060 年，总体上乘用车的累计碳排放要高于商用车的累计碳排放，若不采取任何减排措施，乘用车累计碳排放将达到 434 亿 t CO_2e，商用车累计碳排放将达到 336 亿 t CO_2e，不同减排路径对于乘用车和商用车的减排效果有所不同，如图 5-47 所示。对于乘用车车队，车辆电动化产生的减排收益最大，远超其他措施的减排贡献，主要是因为乘用车未来主要以纯电动车为主，电力清洁化的背景下，乘用车的纯电动转型很大程度上能够降低乘用车的碳排放总量。在基准情景中，到 2060 年乘用车累计碳排放将下降至 206 亿 t CO_2e，累计减排量达到 228 亿 t CO_2e，其中车辆电动化贡献比例达到 47%，其次为材料低碳化，占比约 17%，此外出行共享化和能效提升贡献分别占 13% 和 9%。在汽车行业 2060 年前碳中和情景中，到 2060 年乘用车累计碳排放将下降至 156 亿 t CO_2e，累计减排量达到 278 亿 t

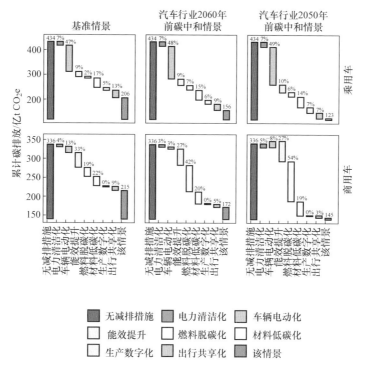

图 5-47　2060 年各减排路径对于乘用车、商用车车队二氧化碳减排贡献

CO_2e，较基准情景提升 21.9%，其中车辆电动化的碳减排贡献达 48%，材料低碳化的碳减排贡献为 15%，其他减排路径的贡献在 10% 及以下。在汽车行业 2050 年前碳中和情景中，乘用车车队累计生命周期碳排放将进一步下降至 123 亿 t CO_2e，累计碳减排量达到 311 亿 t CO_2e，相比基准情景提高 51.0%，其中车辆电动化的减排贡献进一步提高，占比达到 49.0%，其次为材料低碳化，碳减排贡献率为 14%，其他路径的减排贡献均不到 10%。与乘用车相比，不同减排措施对于商用车的减排贡献有所不同。由于商用车的全生命周期碳排放主要由中重型货车产生，而受限于车辆用途，中重型商用车电动化路径主要以氢燃料电池车辆为主，因此商用车车队的累计碳排放受燃料周期相关措施影响更大。到 2060 年，若不采取任何减排措施，商用车累计碳排放将达到 336 亿 t CO_2e。在基准情景中，商用车全生命周期累计碳排放将下降至 215 亿 t CO_2e，累计碳减排量达 121 亿 t CO_2e，其中车辆使用能效提升所贡献的碳减排量达 33%，材料低碳化所贡献的累计碳减排量达 22%，车辆电动化

的减排贡献仅占 4%。在汽车行业 2060 年前碳中和情景中，商用车车队累计碳排放量将下降至 172 亿 t CO_2e，累计实现 166 亿 t CO_2e 的减排量，相比基准情景提升 37.2%，其中能效提升和燃料低碳化带来的减排收益达到 69%，此外材料低碳化能够带来 20% 的累计碳减排。在汽车行业 2050 年前碳中和情景中，商用车全生命周期累计碳排放将下降至 145 亿 t CO_2e，累计减排量达到 191 亿 t CO_2e，较基准情景提升 57.9%，在未采用燃料低碳化和能效提升措施前，车辆电动化将带来 8% 的累计碳排放增加，而能效提升和燃料脱碳化则分别能够带来 27% 和 54% 的减排收益，另外材料低碳化能够带来 19% 的减排收益。与乘用车的碳排放总量相比，由于车辆生产造成的碳排放比例很小，因此在不同情景下生产数字化的减排收益均接近 0%。

5.2.5　小结

通过以上分析可以看出，未来我国汽车领域保有量增长空间较大，如不加以有效控制，汽车领域产生的碳排放将快速增长，从而影响我国双碳目标的达成。本节基于十大转型路径设计了基准情景、汽车行业 2060 年前碳中和情景、汽车行业 2050 年前碳中和情景三种减排情景，采用 CALCM-Fleet 模型对汽车行业未来的碳排放趋势进行了分析。结果表明，未来汽车领域碳排放能够在 2030 年前实现全生命周期碳排放达峰，峰值碳排放在 12.8 亿~13.7 亿 t CO_2e 的范围内。长期来看，实现 2060 年前净零排放仍存在一定压力，需要从全生命周期阶段采取减排措施，并推进不同路径协同转型。对于乘用车来说，车辆电动化能够提供最大的减排效益，是实现乘用车全生命周期碳减排的有效途径。对于商用车来说，未来碳减排的压力主要在于车辆的燃料周期，车辆能效提升、燃料低碳化是实现商用车碳减排的重要措施。

第6章　双碳目标下汽车行业面临的机遇

6.1　国内碳排放管理更受重视

2021 年，我国汽车产销量依旧居世界首位，各项数据稳步增长，新能源汽车增长迅速，在国民经济稳步回升、消费需求加快恢复的背景下，汽车行业具备充分的消费潜力。在国际贸易方面，汽车出口开启了快速增长态势，出口总量较 2020 年完成翻倍，新能源汽车出口量增长迅猛，汽车产品正在成为我国经济国内国外双循环的重要终端产品。

与行业快速发展并行的是我国汽车行业碳排放额逐年升高，在 2020 年我国郑重宣布"30·60"双碳目标后，如何进行碳排放的管理已经成为政府治理与企业发展的重要话题。近年来，汽车行业的二氧化碳排放量占全国排放量的比例随着行业的快速发展而不断上升。随着汽车行业新能源化的发展，汽车碳排放的重心正逐渐发生变化，呈现出从汽车产品的使用环节向全产业链转移的特征，单车生命周期中的燃料周期碳排放的占比逐年下降，车辆周期占比不断上升，车辆及零部件材料生产制造环节的碳管理处于更为重要的位置。

目前，我国汽车行业在碳排放方面的管理体系与降碳目标初见雏形，《节能与新能源汽车技术路线图2.0》中提及，我国汽车产业碳排放总量要先于国家碳减排承诺达到峰值，至2035年碳排放总量下降20%以上[1]。在具体管理措施方面，现阶段我国针对汽车的排放标准与政策以汽车产品层面的油耗与污染物管理带来的协同治理为主，能够从一定程度上协同进行二氧化碳排放管控，专门针对汽车产品的二氧化碳等温室气体的管理政策正在出台。在企业生产层面上，汽车产品层面与企业工厂层面的管理衔接尚不充分，全生命周期视角下的碳管理路径尚需进一步研究。目前，我国企业温室气体核算标准、碳市场管理等政策法规正在向汽车全产业链靠拢，汽车企业温室气体有可能被纳入重点管理。现阶段，行业管理方面的重心还在于产品使用环节，并逐步向供应、生产、拆解、报废等环节进行延伸。我国汽车行业碳排放管理呈现复杂化、多样化的特征，在覆盖范围、配套标准、管理办法、数据收集等各环节都有大量的工作开展空间。

6.1.1　现有碳排放管理政策有待完善

目前，我国汽车行业中对于碳排放的管理主要依据机动车产品能源消耗与大气污染物管理体系，针对汽车道路使用阶段与全生命周期视角下的碳排放管理政策还处在研究阶段。现有的管理政策尚未实现对汽车的二氧化碳排放管控全覆盖，与国际先进水平相比，我国的碳排放管理政策还有待完善。

1）**汽车行业全生命周期碳排放管理已是主流趋势**。在国际上，欧美等发达国家对于汽车行业碳排放管理有着长远计划和相对完善的标准和措施。欧盟自2007年提出碳排放指标的强制性监管政策后，发布了Regulation（EC）443/2009《乘用车和轻型商用车二氧化碳（CO_2）排放标准》并不断更新，并在考虑从全生命周期角度与真实使用环节监管两个维度进行碳排放法规的扩充。汽车行业的碳排放已经是欧盟绿色法规体系中不可或缺的一环，正由单一管控向多环节、全生命周期管控转变。

2）**现有政策针对道路使用阶段的管理效果趋于饱和**。根据中汽中心的测算，自2012年来，乘用车保有量的增加趋势促使道路使用阶段的乘用车车队能耗、污染物排放与碳排放持续上升，而单车的三项数据均呈现逐年降低的趋势。该趋势形成的主要原因在于能耗与污染物的管理政策不断严格，2016年与 2017 年《乘用车燃料消耗限值》与《乘用车企业平均燃料消耗量与新能源汽车积分并行管理办法》对能耗提出了新的要求，2016 年和 2020 年的《轻型汽车污染物排放限值及测量方法》不断升级。然而，如图 6-1~图 6-3 所示，在政策管控力度不断加大，减排目标设定逐渐趋于现有技术瓶颈的情况下，其所带来的下降趋势已经开始逐渐放缓，管理效果趋于饱和，企业实施的边际成本逐年增加，若需进一步控制汽车行业的碳排放量，管理的重心向生命周期转移成为一大趋势 [2]。

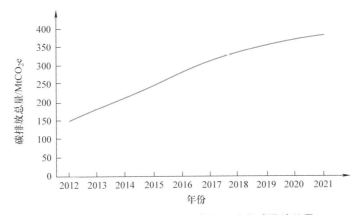

图 6-1　2012—2021 年乘用车使用阶段碳排放总量

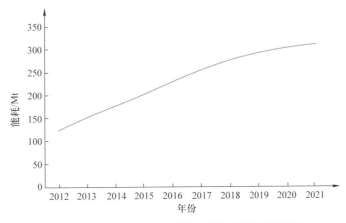

图 6-2　2012—2021 年乘用车使用阶段能耗总量

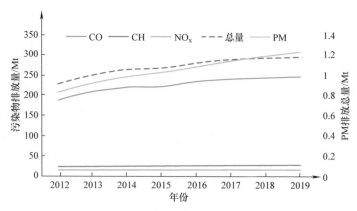

图 6-3 2012—2019 年乘用车使用阶段污染物排放量

3）现有政策对汽车全生命周期碳排放管理呈现一定局限性。2012—2021
年中国乘用车车队生命周期能耗总量呈逐年递增趋势，而单车全生命周期能
耗呈逐年下降趋势。在全生命周期能耗中，由于目前燃油车仍在乘用车保有
量结构中占据绝大部分，所以燃料使用阶段能耗始终占据能耗总量的最大比
例；材料生产阶段能耗在能耗总量结构中的占比也在以小幅度上升。全生命
周期碳排放与全生命周期能耗呈现相似的变动，车队碳排放总量持续升高，
单车碳排放量逐年降低，且碳排放占比最大的阶段为燃料使用阶段，如图 6-4
所示。即能耗与污染物管理在全生命周期视角下也同样存在一定的协同度。

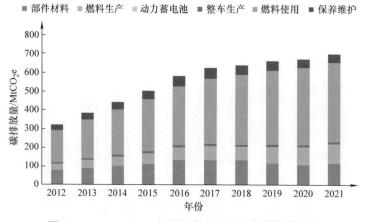

图 6-4 2012—2021 年乘用车车队全生命周期碳排放

但从污染物与碳排放管理的协同作用研究来看，污染物排放尚无统一的

变化趋势，过半的污染物都生成于材料的生产阶段，例如铝合金上游生产的火电排放、铁矿石的还原过程等，产品污染物管控难以对该阶段形成有效的管理作用。同时，材料生产过程中的二氧化碳排放也在全生命周期视角下占据多数。

总体来看，在电动化进程下，随着产品使用过程中的二氧化碳排放量逐渐减少，现有政策带来的碳排放管理力度会逐渐削弱。在此背景下，如何有效地管控产品上游的碳排放是汽车行业碳管理亟待解决的首要问题与挑战。

6.1.2 碳排放标准体系建设需要加速

建立汽车行业低碳转型相关管理政策体系的基石是完成相关的技术规范或标准制订。目前在产品层面上专门的碳排放管理标准处于在研状态，以燃料消耗量和污染物为监管对象的标准体系，虽能在一定程度上对于碳排放实现协同管理作用，但对汽车行业碳排放管理作用较为有限。在企业层面上，我国二氧化碳核算标准共已发布 3 批共 24 个行业核算方法，以各行业的企业层面碳排放为核算对象，但距离覆盖汽车行业全产业链企业还有相当长的一段路要走；在全生命周期视角下，亟待出台能够整合产品生产与使用全过程的引领性碳足迹标准。

在现有体系下，国内部分机构、企业以及主管部门已经开始进行碳足迹核查核算工作，但工作过程中主要存在两方面问题[3]。第一是政府、行业机构、企业在开展碳排放管理工作时"无标可依"，规范高效的碳排放核算体系和数据管理体系模糊，在企业提高碳排放管理能力、制定合理的碳排放行动方案等工作时带来了一系列问题，促使一部分"运动式减碳"行为的出现。各企业自行开发或购买的核算方法和模型导致碳足迹核算的对象、范围、边界、计量精度和数据来源等较为模糊，同一类产品碳足迹核算结果出入较大，增添了各数据需求方的工作量。第二是汽车产业具备明显的产业链长、波及范围广的特征，除汽车燃料碳排放之外，原材料及零部件的生产、损耗、回收拆解等过程所产生的二氧化碳排放难以进行报送统计与核算工作开展。由此，若想从全产业链角度开展碳排放管理工作，建立能够支撑行业进行碳管理的核算标准是首要一步。

与国内标准体系与管理制度"正在起步"形成对比的是，国外发达国家在汽车碳排放法规的制订方面已经积累了比较丰富的经验。2017 年美国发布实施了新的轻型车温室气体（GHG）排放和企业平均燃料经济性（CAFE）标准，分别对于汽车产品开展温室气体排放和燃料经济性管控。欧盟早在 2007 年就正式提出将实施基于碳排放指标的强制性监管政策，2009 年由欧盟委员会牵头，各成员国全面参与，发布 Regulation（EC）443/2009，该政策以各汽车制造企业为责任主体，将汽车产品的单位公里二氧化碳排放量作为综合评价汽车制造企业的核心指标。在此之后，欧盟的排放法规不断完善更新，碳排放要求不断加严。到 2019 年更新了最新的 Regulation（EU）2019/631，提出了 95g/km 的最新道路行驶排放目标以及到 2023 年评估建立全生命周期评价方法学的可能性，宣布最晚 2023 年制订完成汽车产品全生命周期碳排放的标准规范。

发达国家应对气候变化的举措正在从市场机制引导转向法律规制引导，气候变化的新一轮规则正在被改写。目前，欧盟、英国、瑞典、丹麦、新西兰、匈牙利、西班牙、智利、日本和韩国等国家及地区已设定 2050 年碳中和目标。多个国家正积极推动针对产品碳强度的法律法规，计划通过高环境标准获得竞争优势。

碳排放核算技术标准是产品碳排放量化道路上各方最为关注的话题之一。汽车碳足迹标准体系应以汽车产品碳足迹作为基础切入点，逐步建立包括汽车整车、材料、零部件、动力蓄电池、氢燃料、氢燃料电池、回收材料等在内的生命周期碳排放标准体系，这既是相关政府主管部门进行汽车产业链碳排放管理的标准支撑，也是汽车行业企业开展产品生命周期碳排放管理能力建设的理论依据[4]。

6.1.3 供应链碳数据完整度有待提高

汽车行业既是低碳的需求侧也是供给侧，碳排放核算体系建设复杂度较高，这要求企业开展行动，统一产业链各阶段的碳排放数据，建立较为全面的基础数据库来支撑核算体系。

1）我国碳排放基础数据库仍在完善。当前，我国汽车产业链碳排放的具体场地数据较少，碳排放核算主要采用各行业自行申报的平均值或国内外科研院所及高校测算的数据，由此得到的结果难以精确反映该企业及其生产产品碳排放水平，间接导致了产品低碳量化与宣传工作的难度提升。在国际贸易竞争上，碳排放话语权长期以来为西方发达国家所把握，关于我国区域的碳排放因子估值一直较高，与我国现有能源发展现状不符，使我国出口产品的低碳竞争力低于其他国家本土产品。建成碳数据体系是产品减碳成果量化、降碳效益普及、参与低碳竞争的前提条件。

2）**供应链各环节数据核算复杂度较高。**汽车行业链规模庞大，复杂程度较高，关联约 150 多个行业，在生命周期的原材料生产、运输、整车生产、使用和报废等各个环节都会产生大量的二氧化碳排放，核算工作涉及的流程众多，不同企业提供的产品碳排放核算面临数据统计口径、核算边界和方法上的差异。对于下游企业尤其是整车企业而言，规范碳排放信息的逐级搜集，保证数据的完整性、准确性、实时性成为一大任务 [5]。

统一一致的全生命周期碳足迹行业数据库成为眼前需求，在行业内开展可共享的碳足迹数据获取、存储、挖掘和分析，为全产业碳足迹评估提供科学准确的数据基础是行业面临的现实工作。

6.1.4 信息披露机制正在进一步推进

环境信息以及碳信息披露已经成为行业内的国际热点工作之一，各利益相关方对企业信息披露的要求越来越严格。对企业而言，在完成产业链上的数据收集工作后，还需考虑如何建成信息公开体系以应对各利益相关方的监督。

研究表明，我国车企中大部分企业的环境信息披露工作整体仍处于起步阶段，关注话题仍集中在厂界本身的污染物排放，近年来才开始向碳管理以及全产业链拓展，供应链各环节的可持续发展信息透明程度有待进一步提高。研究显示，行业中能够披露能源资源消耗、全生命周期碳排放、绿色供应链等重点内容的企业约占半数，部分企业虽已将绿色发展上升至重要战略，但在不同环节中的信息完整度仍待提高，存在"行而不言"的现象。

在产品碳排放信息管理方面，调研显示，政府主导的汽车产品碳排放信息公示已成为国际通行管理手段。发达国家均有相关法规指导公示的开展进行，如美国的轻型车温室气体排放法规、欧盟的乘用车和轻型商用车二氧化碳排放法规、德国的乘用车能源消耗标签条例等。公示内容包括车辆型号、燃料类型、不同测试工况下的碳排放量、油耗电耗等。部分国家还依据排放量为车型划分了减排等级与环保等级，通过相关工具与宣传手段促进高环保等级的产品提高市场占比。

汽车产品全生命周期碳排放管理已成为发展趋势，国际社会对汽车产品进行全生命周期碳排放量管理的呼声日趋升高。美国汽车产品碳排放标准中对全生命周期管理已开启评估进程，欧盟已明确了全生命周期碳排放管理的时间节点，并已着手升级目前车辆的碳管控措施。目前出台的《欧盟碳边境调节机制》和《欧盟电池与废电池法》草案，对电力、钢铁和铝等汽车产品原材料及动力蓄电池的碳足迹提出了限制要求，并有可能在将来进一步拓展碳排放的管控范围。

6.2 国际竞争挑战与机遇并存

如图 6-5 所示，随着国外市场尤其是欧洲市场对于新能源汽车需求量的增加，我国汽车行业在国际上正在获得越来越多的发展机会。但是在我国产品参与世界经济外循环的过程中，发达国家在碳排放方面的政策法规不断加严，我国汽车企业参加国际竞争面临着低碳挑战，同时也存在建立自身碳话语权、引领行业绿色转型的机遇。

图 6-5　2017—2021 年我国汽车产业出口趋势

2019 年 12 月，欧盟发布《欧洲绿色新政》，提出 2050 年实现气候中性的目标。为配合《欧洲绿色新政》实施，欧盟相继发布了《欧盟碳边境调节机制》《欧盟电池与废电池法》《企业可持续性尽职调查指令》等组合政策，如图 6-6 所示。欧盟以加强碳排放管控为主线，综合运用税收、立法等多种手段，"合理"设置政策障碍，形成对我国汽车产品出口的隐形贸易壁垒。在我国汽车行业迎来规模化发展的新阶段，尤其是新能源汽车技术水平处于国际领先的情况下，欧盟是最为重要的海外市场。加强相关政策跟踪研判，推动内外双侧发力，加快建立自身碳排放政策体系、推进产业链协同降碳的同时，积极扩大"共同但有区别的责任"的原则共识，提早识别面对挑战，研究反制措施，争取时间窗口，更好推动汽车行业"走出去"，成为全行业有所共识的重要任务。

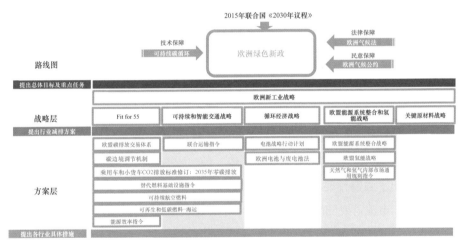

图 6-6　欧盟碳排放政策汽车相关战略关系梳理

6.2.1　汽车产品及关键零部件碳足迹限值加严

在欧盟外产品进口方面，欧盟正通过设置产品碳足迹限值、循环材料用量、开展尽职调查工作等约束性指标，限制我国汽车产品及关键零部件产品出口至国际市场[6]。

1）产品碳足迹将成为国际贸易的准入门槛。2022 年 3 月 10 日，《欧盟电池与废电池法》草案在欧洲议会"一读"表决通过，目前已进入欧盟理事会

"一读"程序。草案对电池产品碳足迹、碳足迹性能等级、碳足迹限值等方面做了系列要求。在欧洲议会通过的版本中，相关要求进一步加严。如表 6-1 所列，自 2024 年 7 月起，出口欧盟的电池产品应加贴电池碳足迹标签，并且在随附的技术文档中应当包含根据授权法案确定的碳足迹声明；2025 年 7 月开始，电池产品应加贴表明电池碳足迹性能等级的标签，并在技术文档中进行碳足迹性能等级声明；2027 年 1 月起，开始对产品进行碳足迹限值管理，电池产品应在随附的技术文档中证明生命周期碳足迹值低于法案设定的最大限值。根据中汽中心测算，我国动力蓄电池产品碳足迹较欧盟平均水平高 30% 以上，按照现有的发展趋势进行预测，我国动力蓄电池产品存在超过新电池法草案中规定的电池碳足迹最大限值的风险。

表 6-1　欧盟市场电池碳足迹要求

时间	管控要求
2024 年 7 月 1 日起	随附的技术文档中应包含根据授权法案起草的碳足迹声明
2025 年 7 月 1 日起	实施产品碳足迹性能等级（carbon footprint performance class）声明并加贴表明电池碳足迹性能等级的标签，并在技术文档中说明申明的碳足迹及等级是根据欧盟委员会制定的授权法案进行计算的
2027 年 1 月 1 日起	在随附的技术文档中证明生命周期碳足迹值低于法案设定的限值

2）循环材料使用率提出产品生产新要求。《欧盟电池与废电池法》对工业电池、电动汽车和汽车电池的钴、铅、锂、镍等材料的回收率及循环材料利用率提出了强制性要求，要求自 2027 年 1 月 1 日起，工业电池、电动汽车电池和汽车电池需要随附技术文档。对于容量超过 2kW·h 的工业电池和电动汽车电池，还要求围绕环境风险等对其应用的镍、钴、锂、铅等原材料开展尽职调查。在欧洲议会通过的版本中，提前了循环材料含量声明的时间要求，要求尽职调查的产品范围扩大至全部电池，原材料进一步扩展至钢铁、铜、铝土矿等。这要求我国电池产品尽早开展回收材料利用工作，研究新的低碳生产路径与循环利用技术。

3）企业需开展供应链尽职调查工作。2022 年 2 月 23 日，欧盟委员会公布《关于企业可持续尽责指令的立法提案》。该提案要求一定规模以上的欧盟企业和第三国企业施行强制性的人权和环境尽责义务，包括生物多样性、危险废弃物、危险化学品、汞废物等，必要时还包括气候变化，要求企业开展供应链调查，识别、监测、预防、减轻和消除企业自身、该企业的附属实体，以及同该企业建立业务关系的、位于企业价值链上的实体的商业活动中潜在或实际的对人权和环境的不利影响，提交第三方认证报告。

6.2.2 汽车产品及零部件的合规成本逐渐升高

国际碳排放政策不断出台将会提高我国出口汽车产品以及关键零部件产品的直接成本与间接成本。

1）**在直接成本方面，** 2021 年 7 月 14 日，欧盟委员会正式提出碳边境调节机制（CBAM）实施细则提案，将进口商品纳入欧盟碳排放交易体系（EU-ETS），通过核定其碳排放量并购买"碳边境调节机制证书"的方式，使其承担同本地产品相同的碳排放成本。CBAM 的实施分为两个阶段，即 2023—2025 年的过渡期和 2026 年后的正式实施期。过渡期间只覆盖钢铁、铝、水泥、化肥及电力 5 个行业的部分能源、原材料及其直接制成品直接碳排放，不收取相关费用，但产品需向欧盟提供商品的碳排放量报告。2026 年起该政策将正式实施，过渡期结束前将对政策实施情况进行评估，并决定正式实施时是否扩大范围。2021 年 12 月 21 日，欧洲议会发布了碳边境调节机制的修订稿，进一步加严了要求，其中实施日期提前至 2025 年，产品范围中增加了有机化学品、氢、塑料及其制品。

CBAM 的核算范围包括商品本身及上游原材料生产过程的碳排放，其要求进口商提供实际监测数据，并由欧盟指定机构进行认证；如果实际监测数据不可得或未通过认证，则按照同类商品排放情况最差 10% 的平均排放强度进行认定。价格方面则与 EU-ETS 挂钩，以一个完整日历周内碳配额拍卖的平均结算价格作为核定价格。为避免碳排放费用双重征收，如果能够证明商品已在出口国支付碳排放费用，进口商可从中扣减相应部分[7]。

在此政策的管理下，我国产品向欧盟的出口需要缴纳高额碳税，当碳边境调节机制覆盖到下游产品时，企业需要为每辆汽车产品中含有的初级材料缴纳大约 400~1000 欧元的费用（随 EU-ETS 碳价波动）。

2）**在间接成本方面，** 出口企业将因碳足迹要求限值而增加生产环节改造成本以及供应链清洁生产的管理成本，以便达到欧盟碳排放政策中所规定的碳足迹等限值要求。升级改造行为间接提高了产品生产成本。另外，企业在出口产品之前必须要对产品进行欧盟所承认的核算、认证，造成额外合规成本。

6.2.3　需建立我国汽车产品碳足迹自主话语权

发达国家已在碳足迹技术、碳足迹指标等方面开展了较为详细深入的工作。以欧盟为例，其在管理政策、成员国家和所属企业等不同层面已形成了涵盖碳足迹标准、数据库、核算工具、认证标识等全流程的管理体系，并有逐渐通过全球贸易进行拓展延伸的趋势。相比之下，我国汽车产业中碳足迹管理各环节处于起步阶段，低碳竞争优势有待明确，在国际市场形成自主有力的低碳话语权还需进行大量工作。

碳边境调节税机制是另一项在国际上形成广泛共识的产品碳排放管理制度，欧盟、美国、英国、加拿大等众多国家或地区都在积极推进自己的碳边境调节税机制的研究和制定。我国产品实现对外持续出口、参与经济外循环的必要条件是采取国际通行的低碳标准、技术或产品，这对我国汽车产业绿色发展转型提出了更为严格的要求[8]。

同时，低碳技术领先与国内市场份额较大的国际车企，开始逐渐通过其产业规模向我国汽车产业链输出碳排放标准，要求我国汽车供应链各环节企业上报碳排放数据报告和减排指标。例如，宝马要求其电池供应商100%可再生能源为电池生产供电，大众表示可再生能源电力是授予生产高压电池合同的先决条件。

为应对国际碳排放政策，提高绿色低碳竞争力，我国企业正在采取一系列举措，提升碳足迹话语权的自主性，但受能源结构以及产业链带来的国内绿电供应、低碳产品开发等问题的影响，该工作需要长期努力。

总体来看，我国汽车行业在国际碳足迹竞争中面临的挑战是多方面的，但国际挑战同样为自主品牌的绿色低碳转型指明了道路，提供了弯道超车的机会。我国应抓紧从标准体系、数据管理、绿色资源等方面入手，提升自身的碳排放话语权。

参考文献

[1] 中国汽车工程学会. 节能与新能源汽车技术路线图 2.0[M]. 北京：机械工业出版社，2020.

[2] GAN Y，WANG M，LU Z，et al. Taking into account greenhouse gas emissions of electric vehicles for transportation de-carbonization[J]. Energy Policy, 2021（115）: 112353.

[3] 张铜柱，温楠. 汽车行业面向碳中和目标的标准体系探讨 [J]. 汽车与配件, 2021（17）: 58-61.

[4] 李方生，赵世佳，胡友波. 欧洲新能源汽车产业发展动向及对我国的启示 [J]. 汽车工程学报, 2021, 11（03）: 157-163.

[5] 中汽数据有限公司. 中国汽车低碳行动计划研究报告（2021）[R]. 天津：中国汽车技术研究中心，2021.

[6] MELIN H E，RAJAEIFAR M A，KU A，et al. Global implications of the EU battery regulation[J]. Science, 2021（373）: 384-387.

[7] 李爽. 碳关税对我国汽车产品出口潜在影响研究 [D]. 上海：上海外国语大学，2021.

[8] EICKE L，WEKO S，APERGI M，et al. Pulling up the carbon ladder? Decarbonization, dependence, and third-country risks from the European carbon border adjustment mechanism[J]. Energy Research and Social Science, 2021（80）: 110240.

HAPTER

第7章 面向碳中和的汽车行业低碳发展战略要点与政策保障

7.1 汽车行业低碳发展的政策措施

7.1.1 汽车低碳发展标准体系建设

汽车行业作为温室气体排放的大户之一，尽快开展碳达峰和碳中和目标规划和实施是未来的必然选择。实施碳达峰和碳中和规划，需要首先摸清碳排放家底，摸清家底离不开碳排放量化核算标准，量化核算离不开对碳排放的计量和监测，同时核算结果也需要对外进行交流公布并进行核查、评价评估，并有针对性地进行减排和抵消，这些工作都离不开标准的指导。汽车行业有必要建立统一规范的碳排放管理基础、碳排放计量监测、碳排放核算及报告、碳核查、标识、公示、评估评价等相关方面的标准体系，引导汽车行业各个主体企业开展组织层面和产品层面的碳排放核算、公示、减排措施和碳中和措施的推进，对于汽车全产业链齐头并进、协调推进汽车行业碳中和工作具有重要的支撑作用。目前，我国陆续发布了一系列碳达峰碳中和相关顶层设计文件，对汽车行业开展碳中和相关标准体系构建指明了方向。

2021 年 10 月，中共中央、国务院印发了《国家标准化发展纲要》，明确提出了"建立健全碳达峰、碳中和标准"的相关要求，指出"加快节能标准更新升级，抓紧修订一批能耗限额、产品设备能效强制性国家标准，提升重点产品能耗限额要求，扩大能耗限额标准覆盖范围，完善能源核算、检测认证、评估、审计等配套标准。加快完善地区、行业、企业、产品等碳排放核查核算标准。制定重点行业和产品温室气体排放标准，完善低碳产品标准标识制度。完善可再生能源标准，研究制定生态碳汇、碳捕集利用与封存标准。实施碳达峰、碳中和标准化提升工程"。

同时，2021 年 10 月，中共中央、国务院发布了《关于完整准确全面贯彻新发展理念做好碳达峰碳中和工作的意见》，明确提出了完善标准计量体系的相关要求，指出"建立健全碳达峰、碳中和标准计量体系。加快节能标准更新升级，抓紧修订一批能耗限额、产品设备能效强制性国家标准和工程建设标准，提升重点产品能耗限额要求，扩大能耗限额标准覆盖范围，完善能源核算、检测认证、评估、审计等配套标准。加快完善地区、行业、企业、产品等碳排放核查核算报告标准，建立统一规范的碳核算体系。制定重点行业和产品温室气体排放标准，完善低碳产品标准标识制度。积极参与相关国际标准制定，加强标准国际衔接"。

2021 年 10 月，国务院办公厅印发了《国务院关于印发 2030 年前碳达峰行动方案的通知》（国发〔2021〕23 号），明确提出"建立统一规范的碳排放统计核算体系"相关要求，指出"加强碳排放统计核算能力建设，深化核算方法研究，加快建立统一规范的碳排放统计核算体系。支持行业、企业依据自身特点开展碳排放核算方法学研究，建立健全碳排放计量体系。推进碳排放实测技术发展，加快遥感测量、大数据、云计算等新兴技术在碳排放实测技术领域的应用，提高统计核算水平。积极参与国际碳排放核算方法研究，推动建立更为公平合理的碳排放核算方法体系。"，同时，要求"健全法律法规标准。构建有利于绿色低碳发展的法律体系，推动能源法、节约能源法、电力法、煤炭法、可再生能源法、循环经济促进法、清洁生产促进法等制定修订。加快节能标准更新，修订一批能耗限额、产品设备能效强制性国家标准和工程建设标准，提高节能降碳要求。健全可再生能源标准体系，加快相关领域标准制定修订。建立健全氢制、储、输、用标准。完善工业绿色低碳标准体系。建立重点企业碳排放核算、报告、核查等标准，探索建立重点产品全生命周期碳足迹标准。积极参与国际能效、低碳等标准制定修订，加强国际标准协调。"

1. 国内外温室气体量化核算标准

对于汽车行业来说，要制定碳达峰碳中和实施路线，实现汽车企业和汽车产品的低碳发展，首要的是对自身的碳排放总量进行核算，摸清碳排放的家底，从企业组织层面和产品层面核算碳足迹，对碳排放较高的生产环节或产品部件、材料推进重点节能减排措施，最后对无法进行减排的地方，通过碳信用等其他碳抵消手段实现中和。碳排放量化核算是碳减排量计算、碳交易的基础，与碳排放相关的工作，例如碳交易、碳税、低碳评价、碳标签、碳信息披露等，都是建立在依据标准规范、正确核算碳排放的基础上，碳排放的管理应满足可测量、可报告、可核查（monitoring, reporting and verification, MRV）的基本原则。

目前，国际权威组织如政府间气候变化专门委员会（Intergovernmental Panel on Climate Change, IPCC）、国际标准化组织（International Organization for Standardization, ISO）、世界资源研究所（World Resources Institute, WRI）和世界可持续发展工商理事会（World Business Council for Sustainable Development, WBCSD）、英国标准协会（British Standards Institution, BSI）等均已发布相关的碳排放量化核算标准。

碳排放量化核算标准根据不同的核算对象，从层次上主要包括国家层面、城市层面、企业层面、项目层面和商品、服务层面等。不同的核算对象，适用的碳排放核算方法也不一样，目前主要的碳排放核算方法有自上而下的投入产出法和自下而上的过程分析法。投入产出法主要适用于宏观层面的国家、产业部门、地区等核算对象，根据统计数据得到整体能源消耗量，乘以碳排放因子即可获得整体的碳排放总量，计算过程简单，系统完整性好，但是无法区分内部碳排放的个体细微差异性。过程分析法主要适用于微观层面的企业、组织、商品、服务等对象，核算过程详细具体，但是周期阶段和边界划分较为复杂。不同层次核算对象的核算标准、核算结果的目的也不相同。总体来讲，目前国际上发布实施的国家层面、城市层面、组织企业层面、项目层面和产品 / 服务层面的碳排放量化核算标准主要见表 7-1。

表 7-1 国际碳排放量化核算标准

对象机构		IPCC	ISO/TC207/SC7	WRI/WBCSD：GHG protocol	BSI
自上而下	国家层面	国家温室气体清单指南	—	—	—
	城市层面	—	—	城市核算和报告	PAS 2070:2013
自下而上	组织企业层面	—	ISO 14064-1:2018	企业核算和报告标准范围 2 指南 企业价值链（范围 3）核算和报告标准	—
	项目层面	—	ISO 14064-2:2019	项目核算标准	—
	产品 / 服务层面	—	ISO 14067:2018	产品生命周期核算和报告	PAS 2050:2011

（1）国家 / 区域 / 城市层面

国家的碳排放核算标准主要是 IPCC 发布的《2006 年 IPCC 国家温室气体清单指南（2019）》。城市层面碳排放核算标准主要包括《GHG 协议：城市核算标准》、PAS 2070:2013《城市温室气体排放评估规范》，同时，我国发布了《省级温室气体清单编制指南（试行）》等。国家、地区和地方层面的碳排放量化核算称为温室气体清单编制，用于统计一个区域内的年度排放总量，核算结果用于国际履约或中央对地方政府的督查。国家和地区、地方碳中和目标是基于国家、地区和地方特定时间段内碳排放总量而言的。

（2）组织层面

组织层面的核算标准主要包括 ISO 14064-1：2018《温室气体 第 1 部分：组织层面上对温室气体排放和清除的量化和报告的规范及指南》《温室气体协议：企业核算和报告标准》《GHG 协议：范围 2 指南》《GHG 协议：企业价值链（范围 3）核算和报告标准》等。

目前，我国在温室气体核算方面初步构建了多个行业的量化核算标准规范。国家发改委陆续发布了 24 个行业企业的温室气体核算方法，主要包括 2013 年 10 月发布的《首批 10 个行业企业温室气体排放核算方法与报告指南

（试行）的通知》（发改办气候 [2013]2526 号）、2014 年 12 月发布的《第二批 4 个行业企业温室气体排放核算方法与报告指南（试行）的通知》（发改办气候 [2014]2920 号）和 2015 年 7 月发布的《第三批 10 个行业企业温室气体核算方法与报告指南（试行）的通知》（发改办气候〔2015〕1722 号），见表 7-2。

表 7-2　国家发改委陆续发布的 24 个行业温室气体核算标准

序号	发布批次	名称
1	首批 10 个行业企业温室气体排放核算方法与报告指南（试行）	1.《中国发电企业温室气体排放核算方法与报告指南（试行）》
2		2.《中国电网企业温室气体排放核算方法与报告指南（试行）》
3		3.《中国钢铁生产企业温室气体排放核算方法与报告指南（试行）》
4		4.《中国化工生产企业温室气体排放核算方法与报告指南（试行）》
5		5.《中国电解铝生产企业温室气体排放核算方法与报告指南（试行）》
6		6.《中国镁冶炼企业温室气体排放核算方法与报告指南（试行）》
7		7.《中国平板玻璃生产企业温室气体排放核算方法与报告指南（试行）》
8		8.《中国水泥生产企业温室气体排放核算方法与报告指南（试行）》
9		9.《中国陶瓷生产企业温室气体排放核算方法与报告指南（试行）》
10		10.《中国民航企业温室气体排放核算方法与报告格式指南（试行）》
11	第二批 4 个行业企业温室气体排放核算方法与报告指南（试行）	1.《中国石油和天然气生产企业温室气体排放核算方法与报告指南（试行）》
12		2.《中国石油化工企业温室气体排放核算方法与报告指南（试行）》
13		3.《中国独立焦化企业温室气体排放核算方法与报告指南（试行）》
14		4.《中国煤炭生产企业温室气体排放核算方法与报告指南（试行）》
15	第三批 10 个行业企业温室气体核算方法与报告指南（试行）	1.《造纸和纸制品生产企业温室气体排放核算方法与报告指南（试行）》
16		2.《其他有色金属冶炼和压延加工业企业温室气体排放核算方法与报告指南（试行）》
17		3.《电子设备制造企业温室气体排放核算方法与报告指南（试行）》
18		4.《机械设备制造企业温室气体排放核算方法与报告指南（试行）》
19		5.《矿山企业温室气体排放核算方法与报告指南（试行）》
20		6.《食品、烟草及酒、饮料和精制茶企业温室气体排放核算方法与报告指南（试行）》
21		7.《公共建筑运营单位（企业）温室气体排放核算方法和报告指南（试行）》
22		8.《陆上交通运输企业温室气体排放核算方法与报告指南（试行）》
23		9.《氟化工企业温室气体排放核算方法与报告指南（试行）》
24		10.《工业其他行业企业温室气体排放核算方法与报告指南（试行）》

同时，SAC/TC 548（全国碳排放管理标准化技术委员会）也陆续开展了多个行业的碳排放量化核算标准，例如 GB/T 32150—2015《工业企业温室气体排放核算和报告通则》以及 GB/T 32151.1~12 发电企业、电网企业、镁冶炼企业等 10 余个行业的组织碳排放量化核算标准，量化核算的结果可用于碳排放权交易。TC 548 发布的组织碳排放核算标准见表 7-3。

表 7-3　TC 548（全国碳排放管理标准化技术委员会）归口的标准项目

序号	标准号	标准中文名称
1	GB/T 32150—2015	工业企业温室气体排放核算和报告通则
2	GB/T 32151.1—2015	温室气体排放核算与报告要求 第 1 部分：发电企业
3	GB/T 32151.2—2015	温室气体排放核算与报告要求 第 2 部分：电网企业
4	GB/T 32151.3—2015	温室气体排放核算与报告要求 第 3 部分：镁冶炼企业
5	GB/T 32151.4—2015	温室气体排放核算与报告要求 第 4 部分：铝冶炼企业
6	GB/T 32151.5—2015	温室气体排放核算与报告要求 第 5 部分：钢铁生产企业
7	GB/T 32151.6—2015	温室气体排放核算与报告要求 第 6 部分：民用航空企业
8	GB/T 32151.7—2015	温室气体排放核算与报告要求 第 7 部分：平板玻璃生产企业
9	GB/T 32151.8—2015	温室气体排放核算与报告要求 第 8 部分：水泥生产企业
10	GB/T 32151.9—2015	温室气体排放核算与报告要求 第 9 部分：陶瓷生产企业
11	GB/T 32151.10—2015	温室气体排放核算与报告要求 第 10 部分：化工生产企业
12	GB/T 32151.11—2018	温室气体排放核算与报告要求 第 11 部分：煤炭生产企业
13	GB/T 32151.12—2018	温室气体排放核算与报告要求 第 12 部分：纺织服装企业

企业层面的碳核算与评价分析有多种对象，主要包括企业自身运营层面、全价值链层面的碳排放核算。企业碳核查、碳交易主要是核算企业组织层面年度碳排放总量，只包含企业内部的直接排放（范围 1）以及企业外购的电力和蒸汽生产过程中的碳排放（范围 2），在企业碳交易、碳减排量核证工作中采用此类核算方法。如果需要通过低碳供应链机制和生产者责任延伸机制等方式，发挥企业社会责任，带动企业上下游全产业链协同开展碳减排工作，则需要考虑企业全价值链的碳排放，核算范围还包括企业范围 3 的碳排放，即企业上游采购和下游产品使用、报废所产生的碳排放等。

（3）产品 / 服务层面

产品层面的碳足迹量化核算，主要基于生命周期评价进行核算，目前涉及产品碳足迹量化核算方面的标准主要包括 ISO 14067:2018《温室气体 产品碳足迹 量化要求和指南》《温室气体协议：产品生命周期核算和报告标准》及

PAS 2050:2011《商品和服务生命周期温室气体排放评价规范》、日本发布的 TSQ 0010《产品碳足迹技术规范》、欧盟的《产品环境足迹种类规则指南》等。PAS 2050 是第一个产品碳足迹核算标准，也是 ISO 14067 正式出台前应用最广的产品碳足迹评价规范。PAS 2050 根据生命周期评价（LCA）技术方法和原则对各种商品和服务（统称产品）在生命周期内的温室气体排放评价要求做了明确规定。ISO 14067 旨在根据温室气体在生命周期里排放和清除的量化结果来评估一种产品对全球变暖的潜在影响。两者的适用范围相同，都是商品和服务；实施方式也相同，既适用于从商业到消费者的评价，包括产品在整个生命周期内所产生的排放，即"从摇篮到坟墓"的方法，也适用于从商业到商业的评价，包括直到输入到达一个新的组织之前所释放的温室气体排放（包括所有上游排放），即"从摇篮到大门"的方法。ISO 14067 与 PAS 2050 一脉相承，在碳足迹量化技术上基本保持一致或是可协调的，但对产品碳足迹的沟通制定了更加明确的要求，以提高碳足迹量化和报告的透明度，实现全球范围的碳足迹数据比较。

目前，我国陆续发布了一系列产品层面的碳足迹核算标准，主要集中在电子电器、通信等行业，包括 SJ/T 11717—2018《产品碳足迹 产品种类规则 液晶显示器》、SJ/T 11718—2018《产品碳足迹 产品种类规则 液晶电视机》、YD/T 3048.2—2016《通信产品碳足迹评估技术要求 第 2 部分：以太网交换机》、YD/T 3048.1.1—2016《通信产品碳足迹评估技术要求 第 1 部分：移动通信手持机》、DB11/T 1860—2021《电子信息产品碳足迹核算指南》等。汽车行业针对产品层面的碳足迹核算标准尚处于空白。

产品层面的碳足迹核算主要核算生命周期全过程的碳排放总量，不仅包含范围 1 和范围 2，还包含原料供应链生产过程的排放和产品下游使用、再生利用过程产生的碳排放，即范围 3 的碳排放。产品碳足迹核算结果主要用于低碳技术的研发和相似产品技术路线优劣对比评价，或者针对同类产品碳足迹在不同企业之间或国内外的差异而征收碳税，进而引导产品的整个供应链开展碳减排措施，引导社会选购碳足迹更低的产品，进而推进全社会不断强化减排动力。

（4）项目层面

项目层面碳减排核算标准主要包括 ISO 14064-2 : 2019《温室气体 第 2 部

分：项目层次上对温室气体减排和清除增加的量化监测和报告指南》《GHG 协议：项目核算标准》等。

在项目层面的碳减排量化核算和报告方面，我国发布了 GB/T 33760—2017《基于项目的温室气体减排量评估技术规范 通用要求》、GB/T 33755—2017《基于项目的温室气体减排量评估技术规范 钢铁行业余能利用》和 GB/T 33756—2017《基于项目的温室气体减排量评估技术规范生产水泥熟料的原料替代项目》，目前还在制定中的标准包括《基于项目的温室气体减排量评估技术规范 废气废水处理及废渣回收》等，用于开展减排项目的开发和中国核证自愿减排量交易等工作。

项目层面的碳减排量化核算，主要是通过基准情景下的碳排放量，减去实施项目的碳排放量来核算项目实施后的减排量，用于核证自愿减排交易、清洁发展机制等相关用途，鼓励自愿性的碳减排投入。

2. 国内外温室气体核查方面的标准

温室气体的排放，数据必须精确可靠，能经受第三方的检验。目前，国际上关于核查的标准规范主要包括 ISO 14064-3:2019《温室气体 第 3 部分 温室气体声明的核查与审定指南规范》、ISO 14065:2020《核查和审定环境信息的机构的一般原则和要求》，对核查和审定机构以及核查和审定行为进行了规范。

2021 年 3 月，我国生态环境部印发了《企业温室气体排放报告核查指南（试行）》，对纳入碳排放权交易的重点排放企业的碳排放报告进行核查。同时，我国认证行业发布了一系列不同行业碳排放核查相关行业标准，主要包括 RB/T 261—2018《陶瓷企业温室气体排放核查技术规范》、RB/T 260—2018《水泥企业温室气体排放核查技术规范》、RB/T 259—2018《平板玻璃企业温室气体排放核查技术规范》、RB/T 258—2018《乙烯企业温室气体排放核查技术规范》、RB/T 257—2018《甲醇企业温室气体排放核查技术规范》、RB/T 256—2018《合成氨企业温室气体排放核查技术规范》、RB/T 255—2018《电石企业温室气体排放核查技术规范》、RB/T 254—2018《发电企业温室气体排放核查技术规范》、RB/T 253—2018《电网企业温室气体排放核查技术规范》、RB/T 252—2018《化工企业温室气体排放核查技术规范》、RB/T 251—2018《钢铁企业温室气体排放核查技术规范》、RB/T 211—2016《组织温室气体排放核查通用规范》等。同时，TC 548 全国碳排放管理标委会正在制定《工业企业碳排放核查通用指南》《温室气体—用于对温室气体审定和核查机构的资格认证或其他形式认可的要求》《温室气体审定核查组及审定核查员资质条件要求》等国家标准，对第三方审核核查机构、人员和行为进行规范。目前，汽车行业关于碳排放核查方面的标准尚处于空白，正在组织研究过程中。

3. 国内碳排放信息披露方面的标准

温室气体排放信息披露是确保实现温室气体排放总量控制目标和顺利开展碳交易、推动企业碳减排的重要前提和根本保障。研究表明，通过明确法律制度保障、完善信息披露路径、加强监管等措施，可以有效建立温室气体排放信息披露制度。2021 年 5 月，生态环境部印发了《环境信息依法披露制度改革方案》，2021 年 12 月，生态环境部发布了《企业环境信息依法披露管理办法》，提出了企业发布环境信息披露的相关要求，但是对于温室气体方面的披露要求还不够细致，披露的内容、格式等相关要求还不够明确。我国陕西、四川、江西等省份以企业碳排放或能耗为门槛标准建立了重点企业（事业）分阶段披露温室气体排放信息的制度，规定了披露内容、途径、时限等。TC 548 全国碳排放管理标委会正在制定《企业碳排放管理信息披露要求与指南》。而对于汽车企业、汽车产品层面的碳排放信息披露标准，目前还处于研究过程中。

4. 国内外汽车生命周期及各阶段碳排放评价约束方面的标准

对汽车企业、汽车产品的碳排放，在量化核算的基础上，进行低碳评价，或者分阶段设置限值进行约束管控，是实现汽车企业和汽车产品低碳发展的重要引导工具。对于汽车企业组织层面碳排放总量、单位产品生产过程碳排放强度、汽车整车使用阶段碳排放强度、产品生命周期碳排放总量和强度等多个方面都可以制定相关的限额，或开展低碳评价，对碳排放总量或强度进行约束管控。

（1）汽车企业组织层面碳排放总量约束方面

我国部分地区开展了汽车制造企业的碳排放权交易试点，设置了碳排放的年度配额，可视为汽车企业组织层面碳排放的约束规范，通过地方碳排放权交易市场，通过市场机制来对汽车企业组织层面碳排放总量进行管控。

（2）汽车产品生产制造阶段的碳排放强度管控方面

目前，我国开展了汽车行业标准《汽车产品单位产量综合能耗计算方法》

的研制，标准已经发布实施。该标准规范主要围绕汽车整车生产阶段单位产品能耗进行量化核算，核算范围包括汽车企业直接生产系统、辅助生产系统和附属生产系统的总能耗，除以产品的总产量，得到单位产品的综合能耗。未来可在此基础上，研究设置单位整车产品能耗的限额或者先进值等方式引导整车制造环节的低碳发展，降低单位整车产品生产制造阶段的碳排放强度。但是该标准未考虑不同能源类型对碳排放的影响。目前 TC 548 正在制定《单位产品（服务）碳排放限额编制通则》《城市轨道交通单位产品温室气体排放限额》等，未来汽车行业也需要制定汽车产品单位产量碳排放核算及限额标准规范。

（3）汽车使用阶段碳排放强度方面（燃料经济性或尾气排放限值及测试方法）

针对机动车的碳排放管理，国际上普遍的实践是先开展大气污染物减排，然后逐步开展节能、减碳工作，各国的碳排放管理政策如图 7-1 所示。机动车使用阶段二氧化碳减排工作最早起源于燃油经济性管控。早在 20 世纪 70 年代，美国和日本出于用户节能需求、车辆技术发展和保障能源安全等方面考虑，开展了燃油经济性管控。欧盟在 20 世纪 90 年代开展了相关工作。随着全球气候变暖问题日益得到重视，在 2010 年前后，欧盟和美国又分别出台了机动车二氧化碳排放法规，逐步形成了较为完善的二氧化碳排放和燃油经济性、大气污染物协同管控的国际管理经验。目前，国内外机动车二氧化碳排放管理模式不尽相同，有的直接控制碳排放，有的通过油耗间接控制碳排放，有的两者都控制。

国家/地区	美国	日本	欧盟	中国
管控类型	燃油经济性、CO_2	燃油经济性	CO_2	燃料消耗量
限值基础	脚印面积(轮距乘以轴距)	整备质量	整备质量	整备质量
评价方法	企业平均燃油经济性+企业平均CO_2排放量	企业平均燃油经济性	企业平均CO_2排放量	企业平均燃料消耗量+单车限值
处罚方式	罚款	罚款	罚款	停止生产

图 7-1　各国的碳排放管理政策

1）**欧盟方面**。2009 年，欧洲议会和欧盟委员会发布 Regulation（EC）443/2009 乘用车和轻型商用车二氧化碳排放标准（以下简称"欧盟 CO_2 法规"），由欧盟委员会牵头，各成员国全面参与，2012 年正式启动监管。该法规要求 2015 年欧盟范围内新登记乘用车 CO_2 平均排放量须达到 130g/km 的目标，在 2020 年之前达到新型乘用车 CO_2 平均排放量低于 95g/km 的目标。2014 年法规修正后确定 2021 年 CO_2 平均排放量目标为 95g/km，相当于比 2007 年降低 40%。2019 年，欧盟通过 Regulation（EU）2019/631 乘用车和轻型商用车二氧化碳排放标准，替代 Regulation（EC）443/2009，并于 2020 年 1 月起正式实施。欧盟 CO_2 法规中规定车辆的二氧化碳排放数据均需由第三方测试机构测试和提供。针对测试工况，2021 年为分水岭，2021 年前测试工况为新欧洲标准行驶循环（NEDC），从 2021 年起，采用全球统一轻型车辆排放测试规程（WLTP）。此外，为了减少实验室与实际道路排放数据之间的差异，欧盟委员会使用车载燃料和 / 或能耗监测设备（OBFCM）定期收集新车的实际二氧化碳排放和燃料或能源消耗数据。

2）**美国方面**。2010 年，美国环境保护署（Environmental Protection Agency, EPA）根据《清洁空气法案》第 202（a）条首次为轻型汽车制定了温室气体排放标准，限制了乘用车和轻型货车排放的温室气体，以每英里排放克数（g/mile）表示。早在 1975 年，美国国家公路交通安全管理局（National Highway Traffic Safety Administration, NHTSA）根据《能源政策与保护法案》为乘用车和轻型货车设定了燃料效率标准（CAFE），以每加仑行驶的英里数（mile/USgal）表示，并发展成为某一特定年份生产的汽车车队所达到的平均燃料经济性标准。

2012 年，美国 EPA 和 NHTSA 发布了《2017 车型年及以后的轻型车温室气体排放和企业平均燃料经济性标准》（以下简称"美国 GHG 与 CAFE 标准"）。EPA 公布了 2017—2025 年轻型汽车的 GHG 排放标准，负责管理汽车使用阶段的 GHG 排放；NHTSA 负责管理 CAFE，制定了 2017—2021 年的燃料经济性标准，并预测了 2022—2025 年的标准。GHG 与 CAFE 标准作用在于使燃料效率平均每年提高约 5%，到 2025 年整个车队的平均燃料效率达到 46.7mile/USgal。

2018 年 9 月，NHTSA 和 EPA 提议修订已有的 GHG 与 CAFE 标准，研究制定涵盖 2021 年至 2026 年的新标准。2020 年 4 月，《2021—2026 车型年乘用车和轻型货车更安全、更实惠的节能（SAFE）车辆规则》（以下简称"SAFE 法规"）发布，于 2021 年正式实施。SAFE 法规冻结了 2021 年之后的标准目标要求，即 2021 年以后的 CO_2 排放目标值维持在 2021 年的水平不变。

3）**中国方面。** 我国自 2001 年正式启动机动车燃料消耗量标准体系研究和制定工作，先后制定实施了 5 个阶段的油耗标准，建立起相对完善的"单车限值 + 企业平均目标值"的汽车节能标准体系，推动实现我国不断提升的汽车节能发展目标。目前，我国针对汽车整车产品碳排放强度方面的标准法规，主要包括各种燃料类型汽车燃料消耗量的试验方法、限值和能耗标识以及基础的工况、折算和循环外技术等方面的标准规范，其中有汽柴油车燃料消耗量限值标准 4 项，试验方法标准有 4 项，能耗标识标准 1 项，基础通用方面标准 3 项，以及混合动力汽车燃料消耗量试验方法标准 1 项，替代燃料汽车燃料消耗量试验方法标准 1 项，纯电动汽车电量消耗量试验方法、限值和标识标准合计 3 项。燃料电池汽车燃料消耗量试验方法标准 1 项。我国汽车节能标准体系（碳强度约束评价管控标准规范）如图 7-2 所示。

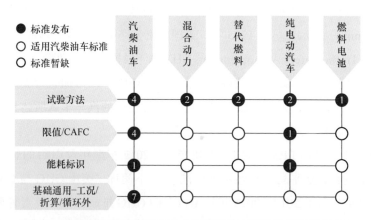

图 7-2 我国汽车节能标准体系（碳强度约束评价管控标准规范）

我国自 2005 年起对乘用车燃料消耗实施管理，至 2020 年，我国乘用车燃料消耗管理经历了四个阶段的发展，目前已进入第五阶段。其中涉及低碳约束类的标准法规主要包括各阶段燃料消耗量限值类标准，见表 7-4。

我国也发布了一系列尾气排放限值和试验方法方面的标准，主要包括国 1、国 2、国 3、国 4、国 5、国 6 等排放限值，目前实施的是国 6 排放标准。但是目前我国的尾气排放标准，主要对常规污染物规定相应的限值，对甲烷、氧化亚氮等温室气体通过常规污染物含量限制的方式进行约束，并未对尾气中的二氧化碳温室气体进行管控。同时，对制冷剂泄漏等温室气体排放也未能纳入相关的核算和管控范围。

表 7-4   我国乘用车燃料消耗量标准法规

序号	阶段	时间	标准编号	标准名称
1	第一阶段	2005 年 07 月 01 日	GB 19578—2004	乘用车燃料消耗量限值
2	第二阶段	2008 年 07 月 01 日		
3	第三阶段	2012—2016 年	GB 27999—2011	乘用车燃料消耗量评价方法及指标
4	第四阶段	2016—2020 年	GB 19578—2014	乘用车燃料消耗量限值
			GB 27999—2014	乘用车燃料消耗量评价方法及指标
5	第五阶段	2021 年至今	GB 27999—2019	乘用车燃料消耗量评价方法及指标

另外，交通行业发布了营运客车、货车能效和二氧化碳排放强度等级评定标准，包括 JT/T 1249—2019《营运客车能效和二氧化碳排放强度等级及评定方法》、JT/T 1248—2019《营运货车能效和二氧化碳排放强度等级及评定方法》，通过这些标准，对营运的客车、货车等车辆的能效和二氧化碳排放强度等级进行评定。

从管理类别看，欧盟最早开始进行汽车的碳排放管理，美国早期注重汽车燃料效率并进行管理，后期实施碳排放与燃料经济性并行管理。从管理阶段来看，欧美目前主要以车辆行驶阶段的直接碳排放管理为主，并在标准研究过程中综合考虑了汽车生命周期的碳排放。未来，欧盟有计划将法规的管理阶段扩大到汽车的全生命周期，而且目前已经通过多种管理政策进行汽车全生命周期碳排放的直接和间接管控。国内外汽车碳排放标准对比见表 7-5。

表 7-5　国内外汽车碳排放标准对比分析

国家 / 地区	欧盟	美国	中国
标准名称	乘用车和轻型商用车二氧化碳（CO_2）排放标准	轻型车温室气体排放（GHG）和企业平均燃料经济性（CAFE）标准	乘用车燃料消耗量限值，轻型商用车辆燃料消耗量限值
主管部门	欧盟委员会	美国环境保护署（EPA），美国国家公路交通安全管理局（NHTSA）	工业和信息化部
现行标准	Regulation（EC）443/2009	SAFE 2021	GB 19578—2021，GB 20997—2015
法律依据	建立欧洲共同体条约	能源政策和保护法（EPCA），清洁空气法（CAA）	无
车型范围	整备质量在 3500kg 以下的乘用车和轻型商用车	整备质量在 8500lb（约 3855.5kg）以下的乘用车和轻型货车	乘用车（M1 类）和轻型商用车（最大设计车速大于或等于 50km/h 的 N1 类和整备质量在 3500kg 以下的 M2 类）
管理类别	二氧化碳	燃料消耗和温室气体	燃料消耗
边界范围	车辆行驶阶段	车辆行驶阶段	车辆行驶阶段
目标值	2021 年乘用车排放目标为 95gCO_2e/km，轻型商用车为 147gCO_2e/km	2021 年排放 GHG 和 CAFE 目标值分别为 241gCO_2/mile（约 150gCO_2e/km）和 36.9mile/USgal（约 6.9L/100km）	2025 年乘用车下降至 4L/100km，对应 CO_2 排放约为 95g/km
处罚机制	每超标 1g/km，每辆车罚款 95 欧元	CAFE：每低于标准 0.1mile/USgal，每辆车罚款 5.5 美元；GHG：停止销售并处罚金	负积分为抵偿的企业暂停公告申请，纳入失信企业名单并公示

　　我国目前尚未建立专门的机动车使用阶段碳排放相关的标准及管理体系，二氧化碳排放主要通过控制机动车燃料消耗量间接控制，甲烷、氧化亚氮等短寿命温室气体以大气污染物的形式，通过污染物排放标准管理。对于空调制冷剂 HFCs 则通过国际履约的形式进行管理。

　　现有油耗标准仅能对机动车二氧化碳排放进行间接管控，并无法实现对甲烷、氧化亚氮以及氢氟碳化物等非二氧化碳温室气体的监管。而欧盟和美国已将甲烷、氧化亚氮以及氢氟碳化物等与二氧化碳一并纳入机动车温室气体管控范围，对车辆尾气排放、车用空调制冷剂等均实施了全方位管控。未来汽车使用阶段的碳排放，应在目前现有的汽车节能、尾气排放等标准的基础上，建立全面的使用阶段碳排放限值和试验方法标准体系。

（4）汽车使用阶段碳排放总量控制方面

汽车整车产品单位里程碳排放强度是汽车整车产品的一种碳排放潜能，而使用阶段的碳排放总量，还与汽车使用阶段行驶里程、行驶时间等因素相关。目前部分地区将道路运输企业纳入了地方碳排放权交易市场，对运输企业的年度碳排放总量进行约束，未来围绕使用阶段，还需要建立实际碳排放总量的管控标准方法，如通过制定汽车使用阶段，车辆拥有主体的年度碳排放总量核算标准，用以支持将道路运输企业年度碳排放纳入碳排放权交易，或通过碳普惠机制，将个人车主碳排放建立碳账户并纳入碳交易等措施，来减少汽车行驶阶段的实际碳排放总量。目前，发改委发布了《陆上交通运输企业温室气体排放核算方法与报告指南》，北京市发布了地方标准《二氧化碳排放核算方法与报告要求　道路运输业》，道路运输企业和个人车主的碳排放核算及管控方面的国家标准尚处于空白。

（5）汽车产品全生命周期碳排放总量 / 强度控制方面

目前围绕汽车整车产品、零部件产品生命周期碳足迹总量控制、碳强度控制的标准法规尚处于空白。欧盟电池法针对动力蓄电池生命周期碳足迹设置了三个阶段的要求，第一阶段标示碳足迹量化标签，第二阶段标示碳排放等级标签，第三阶段需要声明符合相关的生命周期碳足迹限额的要求。未来，欧盟有计划将 CO_2 排放法规的管理阶段从使用阶段扩大到汽车的全生命周期，而且目前已经通过多种管理政策进行汽车全生命周期碳排放的直接和间接管控。联合国 WP29/GRPE 工作组筹备成立了车辆 LCA 碳足迹非正式工作组，将围绕整车生命周期碳足迹核算及管控构建全球汽车技术法规体系。我国关于汽车整车、部件产品生命周期碳足迹标识方面标准正在研究中，相关限额标准尚处于空白。

5. 国内外碳中和实施及认证规范标准

英国标准协会（British Standards Institution，BSI）发布的 PAS 2060: 2010《碳中和论证规范》是全球第一个提出碳中和论证的标准，2014 年发布了新版本 PAS 2060:2014《碳中和论证规范》。该标准提出了碳中和的证明过程、标的物的碳排放测定与证实、碳足迹量化、碳中和承诺、碳减排、碳抵消、碳中和声明和维持碳中和状态等相关规范化要求。国际标准化组织 ISO/TC207/SC7

环境管理标委会温室气体管理分标委碳中和工作组，启动了碳中和 ISO 14068 标准研究，预计将于 2023 年完成制定并发布。该标准当前还处于草案阶段，讨论重点集中在标准范围、核心术语的定义、减排量要求、碳中和信息交流等方面。

2019 年，生态环境部发布了《大型活动碳中和实施指南（试行）》，对大型活动碳中和基本要求和原则、碳中和流程、承诺和评价等内容进行了规定。2021 年北京市发布了地方标准 DB11/T 1861—2021《企事业单位碳中和实施指南》，对北京范围内企事业单位碳中和的实施流程、准备阶段、实施阶段、评价阶段和声明阶段进行了规定。

目前汽车行业还未发布碳中和实施指南标准规范，汽车企业对于碳中和大多处于观望阶段，因此，尽快开展碳中和实施指南研究，对汽车行业碳中和实施主体实体、标的物、实施流程、碳足迹量化、碳减排、碳抵消、碳中和声明、碳信息披露等方面进行明确规范，对汽车行业开展组织、产品等层面碳中和的实施、认定工作进行指导。

6. 汽车行业碳排放标准化实施主体和对象标的物分析

根据 GB/T 4754—2017《国民经济行业分类》，汽车行业是汽车制造企业的集合，主要包括汽车整车（汽柴油、新能源）、汽车发动机、改装汽车、低速汽车、电车、汽车车身及挂车、汽车零部件及配件等制造企业。对于汽车行业来说，汽车制造企业是汽车企业自身运营、企业全价值链和汽车产品生命周期碳排放削减的责任主体，需要对自身碳排放、上下游价值链碳排放和产品的生命周期碳足迹进行量化核算，并针对性地建立减排措施，最终实现企业运营层面、全价值链层面和产品生命周期层面的碳中和。因此汽车碳排放标准化的实施主体种类主要包括整车制造企业、动力蓄电池等各类零部件制造企业。

同时，随着生产者责任延伸制度的实施，汽车企业也负责自身产品在使用及报废回收、再生利用等环节的资源、能源和环境问题。因此汽车行业碳排放标准化实施主体还涵盖道路运输企业、个人车主、报废汽车回收拆解企业、零部件再制造企业、动力蓄电池梯次利用企业和再生利用企业等汽车资源综合利用企业。不同的企业类型企业碳排放源和核算边界也各不相同。同时，还需要建立碳排放核查、评价等相关标准，以便对核算结果进行认可，因此标准的实施主体还包括第三方核查认证机构等，需要针对性建立汽车整车企业和各类型零部件生产企业、资源综合利用企业、第三方核查认证企业为标准化实施主体的汽车碳排放管理标准体系。

明确了汽车行业碳排放管理标准化的实施主体，还需要进一步明确标准化对象，也就是需要明确标准化实施主体对什么标的物进行碳排放量化核算、核查、减排等工作。汽车行业碳排放管理标准化的对象，主要从汽车企业组织层面和汽车产品层面（整车、零部件和材料产品）开展碳排放的核算、核查和减排工作。同时，还可以通过积极开发碳减排项目，降低自身碳排放，并用于核证自愿减排量的交易，补贴自身的减排成本。当前阶段汽车行业可重点从组织层面和产品层面作为标准化对象，构建碳排放管理标准体系。

汽车行业的产品种类繁多，包括乘用车、客车、货车、挂车以及各类型的零部件产品，包括新品零部件产品、回用件产品、再制造件产品、梯次利用产品和再生利用材料产品等。因此各类整车产品和零部件产品碳足迹的核算边界也各不相同，也需要针对性建立汽车各类型整车产品和各类型零部件产品的碳足迹量化核算标准。

综上，汽车行业根据碳排放管理标准化对象标的物的不同，重点研究汽车企业组织层面和汽车产品层面的碳排放管理标准。企业组织层面的碳排放，可以分别核算自身运营范围和全价值链范围的碳排放；对于汽车产品，可以根据产品类型不同核算不同边界的碳排放。对于 B-B 类产品，可以核算"摇篮 - 大门"或"大门 - 大门"边界范围的部分碳足迹，B-C 的产品，可以核算"摇篮 - 坟墓"边界的生命周期碳足迹，也可以对各个阶段的部分碳足迹进行分解并分别制定各阶段的碳足迹限额，分阶段分步骤开展产品生命周期各环节的碳减排工作。汽车行业碳排放管理标准化实施主体和对象标的物见表 7-6。

除了汽车企业组织层面和汽车产品层面的碳排放量化核算标准，汽车作为一个移动的用能设备，也是交通行业重要的碳排放来源。汽车产品使用的汽油、柴油、天然气、电力等能源，相当于汽车上的一个零部件，其在生产过程中和使用过程中也会产生碳排放。同时，汽车使用过程中不断添加的洗涤液、冷却液、更换的零部件也需要纳入到汽车整车生命周期碳足迹的核算范围。因此汽车整车产品生命周期碳足迹的核算，需要综合考虑车辆周期、燃料周期碳足迹的总和。关于汽车燃料生产阶段的碳足迹，可以由能源行业进行核算和开展减排工作，汽车使用阶段消耗燃料和电力的碳足迹，可以通过交通行业制定碳减排目标等方式来约束使用阶段的碳足迹。

表 7-6　汽车行业碳排放管理标准化实施主体和对象标的物

标准化实施主体	整车制造企业、汽车零部件制造企业、汽车资源综合利用企业、第三方核查认证机构等	
	汽车企业组织层面	汽车产品层面
标准化对象标的物	整车制造企业、车身及挂车制造企业、动力蓄电池制造企业、驱动电机制造企业、车轮制造企业、轮胎制造企业、车身部件制造企业、内饰部件制造企业、汽车玻璃制造企业、铅酸蓄电池制造企业、回收拆解企业、再制造企业、梯次利用企业、再生利用企业等	整车产品（乘用车、客车、货车）、车身及挂车产品、动力蓄电池产品、驱动电机产品、车轮产品、轮胎产品、车身部件产品、内饰部件产品、汽车玻璃产品、铅酸蓄电池产品、回用件产品、再制造产品、梯次利用产品、再生利用产品等
核算边界范围	自身运营：范围1、范围2 全价值链：范围1、范围2、范围3	B-B产品：摇篮-大门、大门-大门 B-C产品：摇篮-坟墓
核算结果用途	企业碳排放权交易、低碳企业评价、碳排放信息披露、企业碳中和认证等	产品碳足迹标识、低碳产品评价、产品碳税、产品碳中和认证等

7. 汽车行业碳中和标准体系框架

汽车行业碳中和标准体系，首先是建立汽车行业碳排放量化核算标准，明确核算的对象、核算范围、核算边界，只有核算出各个对象标的物的碳排放量，才能基于行业平均水平或整体减排目标开展碳减排的管理工作。

另外，除了碳排放量化核算标准，还需要制定基础通用类的标准，如汽车碳排放管理术语和定义，界定汽车企业层面和汽车产品层面、燃料层面、项目层面碳排放量化核算、减排、碳中和所需要的专业术语定义。同时，需要开展汽车生命周期评价方法、汽车行业碳中和实施指南等基础标准的研究，指导汽车企业开展组织层面和产品生命周期评价及碳中和实施工作。

碳排放核算量化的结果需要进行对外交流、公示，因此还需要制定汽车产品碳足迹标识、汽车企业碳排放信息披露等相关标准，指导企业将组织层面碳排放信息、减排措施向社会公示，并通过在产品上粘贴碳标签，将产品的碳足迹进行量化公开，接受客户和社会的监督、选购，同时为后续建立低碳企业、低碳产品的评价和限额提供基础数据支撑。

碳排放管理需要遵循 MRV 原则,建立碳排放的监测体系,开展碳排放监测方法、监测设备等监测标准的研究。通过核算标准编制核算报告,并通过建立汽车行业组织层面碳核查和产品碳足迹核查规范标准,以便第三方机构或地方政府依据标准对汽车行业开展碳核查和认证工作。

同时,得到碳排放核算过程数据和碳排放总量数据后,可以开展低碳评价和限额工作,同时针对性地开展碳减排措施,如企业使用清洁能源,产品使用低碳材料、再生材料,提升生产能效和产品能效等技术路径,也可以开展相关减排技术路径标准的研究,指导企业开展低碳减排措施的规范化实施。

最后,汽车行业组织层面、产品层面如何开展碳中和以及如何证明是否实现了碳中和,也需要建立相关的标准,引导汽车企业开展碳中和的实施和认证工作。

综上所述,汽车行业面向碳中和目标的标准体系可以涵盖基础通用类、碳排放监测类、量化核算及报告类、碳排放核查类、碳排放评价约束类、碳减排技术类等几个方面的标准。汽车行业碳中和标准体系框架如图 7-3 所示。

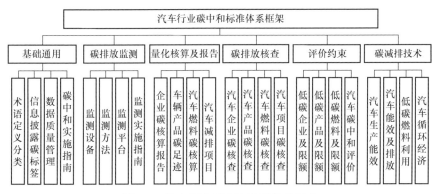

图 7-3 汽车行业碳中和标准体系框架

汽车产业是我国国民经济的支柱产业,产业链长,覆盖面广。尽管汽车零部件制造、整车制造环节碳排放总量不算多,但是汽车相关上下游产业链导致的碳排放量不容忽视。我国实现碳达峰碳中和的时间短、任务重,需要尽快建立汽车行业碳中和标准体系,指导企业开展碳排放监测、量化核算摸底排查工作,同时依据标准规范开展碳排放信息披露、碳标签标识工作,并接受第三方碳核查认证。在积累汽车企业和汽车产品碳排放数据的基础上,研究制定汽车低碳企业、低碳产品的评价标准，设立企业碳排放限额和产品碳足迹限额标准，以及探索通过碳排放权交易、碳税等经济手段促进汽车行业上下游全产业链更低成本、更高效、更快速地实施碳减排工作。

同时，汽车产品作为道路交通的用能设备，所使用的燃料、电力的碳减排工作需要能源行业协调配合，开发清洁能源、低碳燃料、生物质燃料、二氧化碳合成燃料、碳中和燃料等，以便实现汽车使用过程的碳减排，同时也保证了能源行业自身能源产品层面生命周期碳足迹的减排。汽车整车产品使用过程的碳减排工作，也需要交通行业通过开展企业层面和运输服务层面碳减排工作等方式来降低汽车在使用环节的碳足迹总量，同时也保证了运输行业自身企业层面和运输服务层面碳减排目标的实现。汽车、交通、能源行业构成了紧密且完整的"碳链条"，三者相互关联、相互支撑、相互约束，各行业的双碳目标和策略的制定必须要实现全方位协同，才能保证每个领域的目标都能落地。不能为了自身行业实现碳中和目标，而导致其他行业无生存之地的情况发生，也需要国家从宏观层面科学设置不同行业不同地区的碳排放目标，实现各行业协调推进，在保证汽车、交通、能源行业健康可持续发展的基础上，实现国家层面碳达峰、碳中和目标。

7.1.2 汽车低碳发展政策工具支撑

本书根据汽车产业低碳研究内容与国内外政策的追踪，初步提出了涵盖汽车全生命周期的低碳发展政策工具包，包括采购环节的资源保障手段、生产环节的绿色技术库、信息公开环节的环境信息与碳信息披露以及产业发展财税激励手段等。

1. 出口企业绿色资源供应及保障

对于产品出口企业，其生产过程中的绿色资源使用成为参与国际贸易过程中越来越重要的要求，如欧洲电池法中对动力蓄电池镍、钴、锂等重要金属的回收使用率提出了要求，对碳足迹的要求促使企业寻求更为清洁的电力供应。为更好保证产品出口企业的竞争优势，加速向汽车制造强国转型，应在绿色资源供给端形成保障措施。

在重要金属及循环材料方面，以产业政策引入与创新、全产业链管理为手段，为推进绿色低碳转型与战略性矿产资源保障协同提供基础支撑。根据用于新动力蓄电池生产的回收镍、钴、锂占比的预测，如图 7-4 所示。未来汽车行业中对循环材料的使用率将会出现一个迅速的上升期，该指标会成为衡量产品低碳性能的一个重要抓手。全球绿色低碳转型与碳中和目标的实现，增强了生态环境保护对资源供应的约束力。同时，国际竞争的方向逐步向产业政策竞争转变，战略性金属资源保障会逐步渗透到产业经济和大国博弈的地缘政治领域，供应链不确定性因素增加。绿色资源保障应考虑突破以现有的数量、规模或成本为目标的市场供给范围，建立完善的产业政策以保证产业链稳定安全和竞争优势，让市场得到国家力量的有效支持，让高附加值产品出口企业与高质量循环材料供应商达成长期战略合作，保障循环材料优先供应[1]。

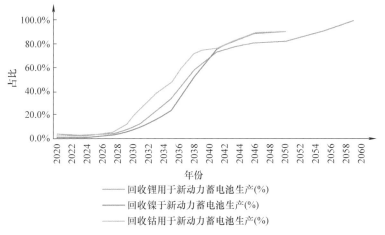

图 7-4　用于新动力蓄电池生产的回收镍、钴、锂占比预测

　　在绿色电力供应及交易方面，可为出口企业开启绿色电力交易"绿色通道"，优先保障该类企业绿色电力交易。绿色电力的供应能够大幅降低汽车产品，尤其是纯电动车产品的全生命周期碳排放，大大增加我国产品出口过程中的低碳竞争力。我国可再生能源消纳保障机制于 2019 年通过《关于建立健全可再生能源电力消纳保障机制的通知》启动，落实了可再生能源优先利用的法定要求，依法建立起强制性的市场份额标准。在 2021 年 9 月的国内首批绿色电力交易中，华晨宝马、北京奔驰以及部分零部件企业所购买的绿色

电力占据了全部交易量的近半数。通过外购绿色电力进一步抵消生产过程中产生的碳排放成为汽车上下游企业进行减碳脱碳的重要手段。企业生产环节中绿色电力的购买，有助于其在后续的生产经营中践行"双碳"目标，并获得更高的经济、社会和环境效益及价值。此外，在绿色电力输送方面，我国西北、华北地区的风电、光电、水电等能源潜力巨大，对传统电力有着充分的替代空间。2020 年，我国特高压运输线路实现 100% 水电运输的输电量为 1803.7 亿 kW·h，风光电运输 637.3 亿 kW·h，均低于火电运输的 2877 亿 kW·h，相关电力输送的基础设施较为完备，绿色电力输送空间丰富。

2. 产业供应链信息收集统计机制

汽车行业实现碳中和，绝非单凭整车企业一己之力，产业链上游的供应商更是协力实现减碳脱碳的重要角色，供应链、供应商降碳能力的强弱直接影响着车企全产业链协同脱碳的效果。企业在全生命周期的降碳工作以及对供应商的尽职调查工作已经成为应对合规要求和增强自身低碳竞争力的手段之一，在各方均开展环境信息披露工作的基础上，建立完整的供应链信息收集统计机制，在下游企业建立清晰完整的环境信息数据库与碳排放数据库，形成统一有效的供应链管理方略与降碳策略成为政策支撑的新重点。

在现阶段，有相当一部分制造企业缺少对二级、三级等间接供应商的关注，即便开展风险评估，关注较多的基本为质量、价格等直接商业话题，而对环保合规等方面的风险关注较少，碳排放的数据统计与减排管理只停留在主机厂和一级供应商，导致供应商潜在的环境风险与碳排放风险并不能得到全面评估和化解。加之企业在开展供应商风险评估过程中，由于供应商数量多、风险信息分散，使评估数据收集工作周期长、难度大，为供应链的低碳、绿色可持续管理带来困难。

汽车产业的主要排放源于上游多级供应商，但通常供应商的碳排放数据并不在主机厂直接管辖范围内。材料和零部件等部分的碳排放虽不直接由主机厂控制，但材料与零部件产生的碳排放属于主机厂的相对责任。因此对于进行碳排放核算的汽车企业，数据统计和减排措施不能只停留在企业自身以及一级供应商层面，需要涵盖整个供应链。基于此背景，中国工业碳排放信息系统（CICES）按照建立产业供应链碳排放信息收集统计机制的思路搭建完成，如图 7-5 所示。汽车行业内的各企业共同研究制定了统一的碳排放数据报送报表和报送规范，对碳排放数据收集报送内容、方式方法进行了标准化，避免了不同形式数据源带来的交互困难，避免了不同口径数据源带来的核算和审核困难。全产业链形成统一步调，极大带动了碳排放数据的流通和积累，对全生命周期视角下的碳排放管理，提高产品的低碳竞争力具有重要意义。

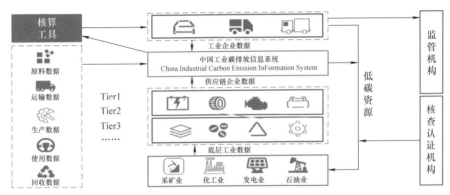

图 7-5　中国工业碳排放信息系统（CICES）系统架构

3. 汽车产业绿色低碳技术库制订

低碳技术是指以能源及资源的清洁高效利用为基础，以减少或消除二氧化碳排放为基本特征的技术，广义上也包括以减少或消除其他温室气体排放为特征的技术。根据减排机理，低碳技术可分为零碳技术、减碳技术和储碳技术；根据技术特征，可分为非化石能源类技术，燃料及原材料替代类技术，工艺过程等非二氧化碳减排类技术，碳捕集、利用与封存类技术和碳汇类技术五大类。近年来，得益于不断完善的顶层设计和不同领域形成的多维度、全覆盖的工业低碳发展体系，我国工业节能降碳工作取得了显著成效，低碳技术升级的覆盖量明显上升，在应对气候变化与可持续发展方面起到了重要作用。

截至 2022 年 3 月，我国已出台了多批《国家重点推广的低碳技术目录》《绿色技术推广目录》，涵盖电力、钢铁、石化、化工、新能源、交通运输等重点行业及领域，以此引导绿色发展转型工作，见表 7-7。目前出台的技术目录已经覆盖了汽车工业领域产业链的绝大部分，但在汽车行业快速更新、技术不断换代的背景下，部分新兴技术尚未纳入当中，存在信息更新不及时、不准确的问题，难以指导行业的快速发展与不断转型，同时缺少符合行业特征特色的低碳技术详解，汽车行业亟待制订符合行业特征与发展趋势的专有低碳技术库 [2-4]。

表 7-7　我国有关部门发布的低碳技术目录中涉及汽车产业内容（部分）

技术名称	适用范围	综合效益
基于燃烧和润滑性能提升的车用燃油清净增效技术	交通车辆 / 非移动污染源治理	按 2019 年全国汽油消耗 12000 万 t、柴油消耗 15000 万 t 计算，年节约 1185 万 t 标准煤；减少二氧化碳排放约 3152 万 t
新能源汽车全铝车身制造技术	新能源汽车	单车碳排放 $112kgCO_2/$ 辆；生产制造过程能耗 11.9kgce/ 辆；车型行驶能耗 9.7kW·h/100km
汽柴油清净增效剂生产技术	交通车辆	按 2019 年全国汽油消耗 12000 万 t，全国柴油 15000 万 t 计算，一年可节约 1027 万 t 标准煤；减少二氧化碳排放约 2731.82 万 t
高效节能 SiC 功率器件及模块关键技术	新能源汽车	新能源汽车电机控制器系统效率 99%。促进太阳能、风能等可再生能源发展，减少温室气体及有害气体排放
退役动力蓄电池高值化综合回收利用技术	资源循环利用	提高退役动力蓄电池的回收经济价值，提炼了磷酸铁、碳酸锂、石墨等原料，产品附加值提高了 40%，极大减缓了动力蓄电池原材料紧缺问题，实现资源循环利用
高效放电回馈式电池化成技术	锂离子电池生产	蓄电池放电电能回馈到局部直流母线，为其他充电设备提供电能。当蓄电池放电的电能大于充电设备所需电能时，通过逆变器对公司内部公用电网逆变，逆变电能返回电网
汽车混合动力技术	混合动力汽车	再生制动能量回收技术；消除怠速工况技术；高效率混合动力专用发动机技术；整车集成和整车控制策略优化匹配技术等。预计未来五年可实现年均减排 554 万 tCO_2

在汽车行业内制订低碳技术库，对行业发展有明显的促进作用：

第一是加强政府对行业的引领作用。《关于完整准确全面贯彻新发展理念做好碳达峰碳中和工作的意见》中指出要 "加强绿色低碳重大科技公关和推广应用，推广节能低碳技术，建立绿色低碳技术科技创新服务平台"。"十四五" 规划《纲要》中提出要 "构建市场导向的绿色技术创新体系，实施绿色技术创新攻关行动"。技术路径引导是在汽车交通行业建立具备低碳特征的产业体系，推广减排潜力大、先进适用、成熟可靠、社会综合效益良好的低碳新工艺、新技术和新设备的重要抓手之一，也是制订财政、税收等优惠政策的有力依据。

　　第二是规范绿色低碳技术的市场化推广应用。现阶段我国的低碳发展虽已步入快车道，但低碳技术概念认识不清、对减排潜力缺乏规范评价方法的问题依旧存在，部分传统的高排放高耗能技术同样被纳入低碳序列。具备行业特征的有关技术库可以对行业企业技术使用进行规范性引导，对技术概念作清晰划定，能够有效引导社会各界对低碳技术概念的认识与理解。

　　第三是助力国际应对气候变化合作与贸易活动开展。《联合国气候变化框架公约》《京都议定书》等文件中明确向发展中国家转让和提供有减排温室气体作用的先进技术是发达国家的重要责任义务。汽车行业低碳技术库涵盖我国行业温室气体减排潜力较大、先进适用的低碳技术，这将为我国与发达国家在低碳领域的合作提供重要依据，并作为南南合作等交流的技术支撑。同时，采用先进低碳技术的产品会有更强的国际市场竞争力，能够助力我国汽车产品进一步参与国际贸易外循环。

　　汽车行业的产业链长、辐射面广、碳排放总量增长快、单车碳强度高的特点，对原材料从生产端一直到产品使用回收端的低碳管理都提出了要求，实现行业绿色低碳的高质量发展要依赖各类企业的共同努力。总结来看，汽车行业低碳发展政策建议可以归类为：①汽车全生命周期碳排放标准的制订和实施，助力国家碳减排方案厘清汽车产业碳排放的边界，明确汽车行业碳减排的定位、责任和目标；②完善有利于汽车碳排放管理和控制的政策，形成汽车产业低碳政策工具箱；③推动"官产学研"各方形成合力，通过技术孵化、项目示范等方式，加快清洁能源、绿色制造等技术的甄选与落地，以及原材料的循环利用；④进一步加大对新能源汽车使用端的支持力度，配套金融财税税收管理办法，进一步形成鼓励低碳产品消费的氛围。

　　4. 汽车产品碳足迹信息公示制度

　　汽车行业是我国国民经济的支柱型产业，具备产业链长、辐射面广的特点，是推动上下游产业链进行减排的重要抓手。在国际上，我国已成为汽车出口大国，具有竞争力的碳排放水平将是我国汽车行业破除全球碳贸易壁垒，走向汽车出口强国的重要支撑，汽车产品的碳排放信息公示制度已成为全球碳排放管理的重要政策工具，建立由政府主导的汽车碳足迹信息公示制度已成为国际发展趋势。在消费端，随着我国低碳理念宣传的不断深入，低碳水平将会成为消费者衡量产品的重要指标。我国也有必要整合国内已有的汽车碳排放数据，在行业管理上做到"心中有数"，探索建立汽车碳足迹公示制度。

目前碳足迹公示的基础工作已基本完备：①**全产业碳排放的数据体系构建已在加速**，通过统一核算方法、统一数据规范、统一报送平台三步走措施迅速构建了汽车行业本土化碳排放数据体系，使得行业内乘用车生命周期碳排放的核算方法、系统边界得到统一，信息不对称的问题得到了初步解决。②**数据报送规范形成了共识**，我国汽车行业共同研究制定了统一的碳排放数据报送表格和报送规范，对碳排放数据收集报送内容、方式方法进行了统一要求，避免了不同口径数据源造成的核算和审核困难。全产业链形成统一步调，极大地带动了碳排放数据的流通和积累。③**数据报送平台已上线运行**，中国工业碳排放信息系统可以有力推动碳数据基础平台的共建共管，促进全产业链碳排放管理能力的提升及数据体系建设的成熟完善，真正实现碳排放数据的可核算、可回溯、可流通、可信任，切实解决行业企业碳排放核算面临的上游数据缺失与收集困难问题，为产品碳足迹信息管理及公示制度的制定提供有效支撑。

加快进行全生命周期碳排放管理，响应国家碳达峰碳中和目标，突破国际贸易碳壁垒已经成为汽车行业的共识。我国汽车碳足迹信息公示制度将按照试点先行、自愿披露、逐步过渡的思路，如图7-6所示，构建由国务院指导、部委联合实施监督，以技术规范为支撑的管理体系，将做到以下几方面工作。

图7-6　汽车产品碳足迹信息公示制度实施思路

第一是开展自愿公示试点工作。此阶段以自愿性信息报送和第三方核算支撑为实施原则，以轻型乘用车车型为实施对象，开展试点工作。首先发布核算通知向企业收集数据，经核查后公布年度汽车碳足迹信息核查情况，作为面向企业单位信息确认工作的材料。最后，在企业反馈无问题后，在生态环境部官网发布涵盖车辆型号、整备质量、燃料类型、碳足迹、核算时间及核算系统边界等的年度汽车产品碳足迹信息公告。在事后监管端，同步建立信息抽检机制，对每年定期公开的汽车产品碳足迹信息开展一致性抽检或者根据举报线索进行核查，结果向社会通报。

第二是强化配套政策技术体系。通过总结试点经验，从制度要求、公司管理和技术文件等方面进一步健全汽车碳足迹信息公示制度，包括完善汽车产品碳足迹信息公示要求、汽车产品碳足迹信息公示技术规范等有关政策管理体系，确保要求统一、格式统一、口径统一。同时，将碳足迹信息公示情况纳入汽车行业企业环境信息披露报告中，促使企业在治理过程中建立碳足迹信息核算及公示团队，有效规范信息源的可信度与专业度。在时机成熟时，逐步实现从自愿披露过渡到强制披露。

第三是多维激励低碳车企发展。开展汽车产业环境信息披露工作与汽车产品碳足迹信息公示工作是对供应链进行深一步管理的有力举措。前者可保证供应链中各企业的可持续发展信息透明公开，后者能够有力支撑产品碳排放数据的可追溯、可查询、可审核。在促进我国企业环境信息接受公众监督的同时，也能助力企业充分应对外循环中的供应链信息审查。

5. 行业环境信息披露及评价制度

构建环境信息披露体系已成为推动我国生态环境治理体系和治理能力现代化建设的一项重要任务，是治理模式从行政管理到公共治理转变的一项重要实施基础。在生态环境保护问题日益严峻，碳达峰碳中和话题受到广泛关注的背景下，强化企业生态环境保护的主体责任，规范环境信息依法披露活动是控制污染排放、高效利用资源、改善环境质量的有力举措[5]。

中共中央国务院《关于完整准确全面贯彻新发展理念做好碳达峰碳中和工作的意见》、国务院《关于加快建立健全绿色低碳循环发展经济体系的指导意见》强调企业环境信息的集中、完备、可查。生态环境部在 2021 年接连印发《环境信息依法披露制度改革方案》《企业环境信息依法披露管理办法》《企业环境信息依法披露格式准则》（以下简称"格式准则"）等文件明确提出，到 2025 年我国环境信息强制性披露制度要基本形成。

根据相关文件的要求，自 2022 年起，符合管理办法要求的重点企业单位要在规定时限内公开其环境信息年度报告和临时报告。要求重点企业至少披

露企业环境管理信息、污染物产生、治理与排放信息、碳排放信息等八类信息。具体到汽车行业，建立内容更为详细，指标更为丰富的信息披露体系已成为带动广泛产业上下游企业同步进行减排工作、促进行业绿色低碳高质量发展的重要任务之一。汽车行业环境信息可披露内容见表 7-8。其中碳排放是企业需重点关注的话题之一。汽车行业与其他重点行业的不同点是汽车产品在使用过程中也会产生大量的二氧化碳温室气体排放，因此环境信息披露的重点应同时考虑生产、使用、物流运输过程中的碳排放，形成完整的二氧化碳信息公开体系，也以此带动不同类别环境信息的披露公开工作[6]。

表 7-8　汽车行业环境信息可披露内容

序号	披露方向	内容概述
1	目录和名词解释	报告封页扉页内容，报告名词解释
2	关键环境信息摘要	对重要披露项的解释说明性内容
3	企业基本信息	企业运营的基本信息，包括工商信息、产品信息、生产技术等
4	企业环境管理信息	企业遵守生态环境依法管理信息，企业全产业链环境管理战略、绿色制造体系建设信息、管理体系建设及第三方认证信息
5	企业能源资源消耗信息	企业能源/水资源管理举措、能源/水资源消耗量、能源/水资源强度
6	污染物产生、治理与排放信息	企业大气污染物、水污染物的产生治理排放情况，固废及有害物的管理情况，噪声粉尘等的治理情况
7	碳排放信息	企业厂界碳排放及交易情况
8	材料环境信息	使用材料 VOC、禁用物质管理及含量、再生与可降解材料使用、产品轻量化、绿色物料使用情况
9	产品环境信息	车辆产品使用能耗、产品尾气排放、车内 VOC 含量、车辆行驶噪声、产品全生命周期碳排放情况
10	分销体系环境信息	绿色包装、绿色运输、绿色仓储、经销商管理信息
11	产品回收环境信息	产品回收管理、可再利用率与可回收利用率、动力蓄电池溯源、拆解信息公开、再制造零部件使用信息
12	强制性清洁生产审核信息	企业在强制性清洁生产审核方面的信息
13	生态环境应急信息	企业出现生态环境事故及面对重污染天气情况的信息
14	生态环境违法信息	企业生态环境违规违法信息
15	本年度临时报告情况	《企业环境信息依法披露管理办法》中临时报告要求信息
16	相关投融资的生态环保信息	企业进行符合管理办法规定的投融资行为时的生态环保信息

6. 汽车行业碳排放财税政策制订

"1+N"政策体系中顶层文件《关于完整准确全面贯彻新发展理念做好碳达峰碳中和工作的意见》和《2030 年前碳达峰行动方案》均提出建立健全有利于绿色低碳发展的税收政策体系，更好发挥税收对市场主体绿色低碳发展的促进作用。完善财税政策是支持激励汽车行业进行绿色研发创新的重要手段，也是各国气候战略的重要组成部分。目前，我国对于节能与新能源车已经有较大力度的政策倾斜，财税激励政策在一定程度上扶持了汽车行业的发展，但是大多停留在整车产品层面，对于低碳技术、绿色创新等环节的激励较少，可行的激励手段尚不明确。例如企业所得税中"研发费用加计扣除"的政策，在一定程度上起到了增加企业现金流、鼓励企业研发创新的作用，但在实际落地上忽视了"绿色创新"因素，并未将绿色低碳制造等技术考虑在内。针对汽车二氧化碳排放量低于一定额度的汽车整车制造以及零部件制造企业，可以通过提高其研发费用税前扣除比例，为汽车行业实现低碳发展以及我国"双碳达标"提供支持性政策[7]。

在财税补贴方面，完善针对汽车行业的财政补贴可以考虑以下几个方面：一是从补贴结构入手，目前我国财政补贴对于产业的支持方式往往通过直接投入的方式，较为单一的补贴结构不利于产业发挥自身的增长能力。对此，可以减少直接投入的比重，加强能够产生引导作用的补贴方式，促进补贴方式的多元化。二是从补贴环节入手，财政补贴可从生产和销售环节放宽至产业链上的各个环节，以此形成产业链联动发展，降低汽车原材料获取、零部件及整车制造、燃料生产等全产业链二氧化碳排放量。在研发环节可鼓励汽车核心低碳技术的绿色创新，提高汽车整车企业及零部件企业的整体技术水平。在市场推广环节，对商业模式的参与主体给予补贴，对于各种汽车行业经营的创新模式给予支持。

在税收方面，可考虑以汽车行业作为试点行业实施碳税政策。碳定价机制主要包括碳排放权交易机制和碳税机制。碳排放权交易机制按照"总量控制与配额交易"的形式，建立政策性市场，供控排单位自由买卖配额，碳价由市场决定。碳税政策以消费化石燃料的碳含量或碳排放量为基准对控排单位征税，通过税收手段，将因二氧化碳排放带来的环境成本内部化为生产经营成本，税率由政府设定。欧盟、美国加利福尼亚州、韩国、新西兰等国家或地区建立了碳交易市场，主要涵盖电力行业、石油化工、铝业等能源密集型工业。芬兰、瑞典、挪威、丹麦、英国、日本等国家已开征碳税，主要集中在交通领域，对交通燃料或者机动车碳排放进行征税，取得了良好的减排效果。另外，部分发达国家正在基于国内的碳定价机制，探索建立碳关税制度，预计国际贸易格局将会发生重大变化。欧盟已发布了碳边境调节机制的草案，提出欧盟碳排放交易体系（EU-ETS）下的所有商品均应纳入碳关税征收范围，目前包括水泥、电力、化肥、钢铁和铝。欧洲议会修订稿中，建议加入氢和塑料及其制品，并将间接排放纳入核算范围内，预计未来有可能进一步扩大产品范围，包括下游产品，将对国际贸易产生较大影响。

通过国际上的成功经验可以看出，碳定价机制将对汽车行业碳减排产生积极作用。随着汽车产销量和保有量的增加，汽车行业碳排放增长较快，在汽车行业实施碳定价机制具有重要意义。然而，汽车行业碳排放源较为分散，加入碳交易市场难度大、流程多、操作成本高。而碳税征收流程简单，易操作，比较适用于汽车行业这类排放源分散、集中度较低的行业。因此，以汽车行业作为试点行业开展碳税政策研究，促进减排成本内部化，推动汽车行业资源正向转移，不仅可以促进汽车行业碳减排，提高汽车产品低碳竞争力，扩大汽车出口市场，推动汽车行业向高质量发展迈进，同时可以形成辐射带动效应，为全行业开展碳税政策研究提供借鉴意义。研究制定汽车行业碳税政策，不仅是应对国际碳贸易壁垒的关键选择，更是促进我国"双碳"目标实现的重要一环[8]。

7.2　汽车行业低碳发展的战略要点

7.2.1　加快电力结构的脱碳化进程

电力的清洁化程度对于汽车行业的低碳发展具有至关重要的影响。近年来，我国一直大力发展水电、风电、光电等可再生能源电力，促进电力结构低碳清洁化转型。截止到 2020 年底[1]，水电、风电和光伏发电占比分别为18%、6%、3%。然而，我国电力结构依然以火电为主，绿色电力供应不足，尤其是风电和光电尚有较大发展潜力，导致我国电力碳排放因子较高。欧美的火电比例较低，占比不到30%，可再生发电比例较高，发电碳排放因子低于中国。现阶段，在核算企业和产品的碳排放时，发电产生的间接碳排放正在逐渐纳入核算范围中。欧洲议会关于《欧盟碳边境调节机制》的修订稿中，建议在核算监管产品的碳排放时，将包括电力生产等在内的间接排放纳入核算范围内。同时，在欧盟发布的《欧盟电池与废电池法》草案中，对电池的碳足迹提出了系列要求，不满足要求的将不允许进入欧盟市场或在欧盟市场使用。未来，电力结构的清洁化程度将有可能成为影响我国新能源汽车发展的重要因素。因此，进一步加快电力结构的脱碳化进程尤为重要。

由于我国煤炭资源禀赋优越，导致我国电力结构中火电为主，以往的主流技术路径和基础设施主要与火电体系相配套，煤发电技术稳定，发电成本低廉。在未来一段时间内，为了保障电力供给稳定、生产生活有序运行，缓解电力清洁化转型带来的压力，煤炭等化石能源依然是我国电力的主要能源供给。因此，在逐步提高可再生电力占比的同时，需配套采取多种措施提高煤电的清洁化程度，按照"控制增量、优化存量"的原则，发挥煤电安全托底保障作用，以发展先进产能为重点，适度安排煤电新增规模。另外，构建清洁电力供应体系，增加绿电厂及相应配套设施的建设，加快推进智能电网建设。根据各地区能源资源禀赋特点，因地制宜全面推进风电、光伏发电大规模开发，开展分布式光伏发电示范应用。例如，以西南地区的主要河流为重点，积极推进大型水电基地建设，在西北地区大力发展风能和太阳能等。建设跨区跨省输电通道，优化能源资源区域间配置，提高可再生电力的区域流动，协调不同区域间清洁电力的供需矛盾。

7.2.2 稳步良好推进汽车电动化发展

现阶段，电动化已成为推动汽车产业低碳高质量发展的重要途径之一。相比于传统燃油车辆，电动车辆具有全生命周期的碳减排优势。相对于汽油车和柴油车，纯电动乘用车分别减排43.3%和58.2%；插电式混合动力乘用车碳减排潜力次之，分别减排19.2%和40.5%。为降低汽车行业的碳排放，各个国家分别出台了电动化目标。2021年7月14日，欧盟发布了乘用车和轻型商用车CO_2排放标准的修订草案。草案建议，到2035年，乘用车和轻型商用车碳排放量较 2021 年下降 100%，这意味着到 2035 年燃油车退出欧盟市场，电动车辆迎来全面发展时期。自拜登政府上台后，美国大幅度增加了对新能源汽车及其相关产业的扶持力度。2021 年 8 月，美国签署行政令要求 2030 年全美电动化率达到 50%。11 月 19 日，众议院通过 1.7 万亿美元刺激法案，大幅度增加新能源汽车补贴力度，取消补贴限制。我国发布双积分政策以鼓励新能源汽车发展，要求 2019 年度、2020 年度、2021 年度、2022 年度、2023 年度的新能源汽车积分比例分别为 10%、12%、14%、16%、18%，引导传统车企开展新能源汽车布局，释放新能源汽车发展潜力。在政策的引导下，车企也纷纷以电动化作为公司未来的重点发展方向，造车新势力、合资品牌纷纷加大电动、插混车型开发，完善产品矩阵，促使产品谱系逐步多元。

然而，随着电动化的大力发展，电动汽车企业间竞争加剧、电池所需的镍钴锂等关键原材料资源紧张、原材料成本上涨等一系列问题进一步凸显。再加上《欧盟电池与废电池法》对电池的碳足迹、再生材料利用含量、材料回收效率、尽职调查等提出了要求，对我国新能源汽车的发展提出了挑战，需要政府和汽车企业及时采取有效的措施，以应对国内外形势变化。政府方面，应做好基础保障工作，制定科学合理的标准、政策、发展规划、财政措施，引导我国新能源汽车低碳高质量发展，扩大产品市场竞争优势。另外，完善充电桩等基础设施，推进公共充电桩建设和规范管理，提高新能源汽车充电便捷性，解决消费者充电难等根本性问题，扩大新能源汽车的应用场景。企业方面，现阶段适逢新能源汽车飞速发展时期，国内外相关政策变化频繁，企业应持续关注国内外汽车行业碳排放政策动态，及时调整业务布局，提高国内外相关政策应对能力。其次，加大新能源汽车研发投入，力争取得关键性技术突破，提高新能源汽车品质和质量。同时，新能源汽车产品的上游供应链日益受到关注，尤其是供应链可持续供应能力问题等。企业应及时做好预警工作，防止或降低关键原材料紧缺或者成本过高带来的风险。

7.2.3　加速推进资源循环体系建设

发展循环经济是我国经济社会发展的一项重大战略。加快原材料回收利用，大力发展循环经济，推进资源节约集约利用，构建资源循环型产业体系和废旧物资循环利用体系，对保障国家资源安全，推动实现碳达峰、碳中和，促进生态文明建设具有重大意义。目前，我国高质量循环材料供应量有限，难以满足企业低碳发展要求。一是我国资源回收情况并不乐观。以 2019 年国内十大品种再生资源回收情况来看，与汽车行业密切相关的废轮胎、废玻璃回收量相较于 2018 年分别下降 3.7%、5.4%[2]。二是循环材料供应商的再生资源加工利用水平和生产规模较低，难以满足汽车行业对高质量循环材料的需求。以部分循环材料为例，近年来国内再生钢、铝、铜的市场占比约为欧盟的 25%、40%、30%（中汽中心测算）。推动回收产业规模提升，促进回收技术水平提高，才能保障汽车行业的再生材料供给。

首先，建立再生材料的质量和碳减排评估标准，保障汽车回收利用产业的标准依据和良性政策环境。推动再生资源规模化、规范化、清洁化利用，促进再生资源产业集聚发展，提升行业规范化水平，促进资源向优势企业集聚，解决循环材料生产能力不足和规模不大的问题。其次，建立完善的汽车回收体系，包括强制性回收政策的制定、回收网点设立、专业回收资质的下发等，继续开展生产者责任延伸试点，加强汽车回收监管力度，提高汽车从报废、拆解、加工处理到回收材料投入市场全过程的流向透明度。最后，鼓励回收企业加大资源提取技术创新，促进新技术、新工艺、新设备推广应用，支持规范回收企业工艺设备提质改造，推进智能化、精细化拆解，保障回收材料的质量和水平，提高镍、钴、锂、铝等关键原材料的循环利用率。

7.2.4 推广氢燃料等低碳替代燃料使用

在"碳达峰""碳中和"的目标下，能源结构的转型和替代至关重要。氢能被视为是化石能源和可再生能源之间过渡和转换的桥梁。一方面，氢燃料电池在交通行业的应用有望实现车辆运行阶段的零碳排放；另一方面，由于可再生能源存在时间密度不均的问题，利用富余可再生能源电解水制氢可有效解决可再生能源的储存和再分配问题，提高能源的利用率。而其他低碳替代燃料，如碳氢合成燃料，其二氧化碳由环境中直接空气捕获，氢气通过可再生能源电解水制取，同时其能与现有基础设施和车队兼容，也是一种能有效实现交通领域碳减排的技术方案。2020 年 4 月，国家能源局印发的《中华人民共和国能源法（征求意见稿）》提到优先发展可再生能源，支持开发应用替代油气的新型燃料和工业原料，并将氢能纳入能源范畴。未来交通领域将有多种替代能源技术路线并行，相关激励政策的出台将助力替代燃料走出科研成果转化的"死亡谷"。一是构建替代燃料多元化应用场景。通过推广补贴政策，包括燃料汽车推广补贴、示范应用补贴等政策支持，打造更多替代燃料技术应用场景，增加替代燃料需求量，加速产业形成。二是构建替代燃料清洁供应体系。推进氢能等清洁能源的消纳工作，在清洁能源富集地区，鼓励推广电制氢等技术方式，扩大本地消纳空间，提高就地消纳能力，增加替代燃料供给量。三是构建替代燃料基础保障体系。加强加氢站等替代燃料的基础设施的规划建设，提高储运效率，优化分销和配送体系，提高替代燃料储运的灵活性。同时完善氢能等替代燃料的管理体系，明确归口管理部门，建立相关标准体系及安全生产使用等制度规范。

7.2.5　倡导居民低碳出行新模式

公共交通、自行车、共享单车等低碳出行方式具有明显的节能减排效益。倡导低碳出行对于缓解交通拥堵，促进汽车行业碳减排具有重要的作用。首先，应为低碳出行建立良好的基础保障机制。充分挖掘现有道路资源，运用道路空间再分配机制，为低碳出行提供更多的空间，保障自行车、电动自行车等非机动车辆的道路权，鼓励居民短距离内采用低碳出行方式。充分利用居民出行大数据，组合多种车型和灵活调度策略，加强不同公共交通模式的资源整合和数据共享，按需响应，动态调整路线和站点，便于居民采用公共交通出行方式，提高运能供给与出行需求的匹配程度。其次，通过各种方式鼓励居民采用低碳出行方式。例如，通过建立个人出行"碳账户"，利用统一的量化方法和标准，评估居民采用步行、自行车、公共交通等低碳出行方式的减排量，为市民和小微企业的节能减碳行为赋予价值。2020年，成都市政府出台《关于构建"碳惠天府"机制的实施意见》，首次提出"公众碳减排积分奖励、项目碳减排量开发运营"双路径碳普惠建设思路。目前，"碳惠天府"绿色公益平台已上线，开发了绿色出行、节水节电等不同场景，制定了餐饮、商超等低碳评价规范，以全面激发公众、小微企业节能降碳的积极性。

近期，由浙江省发改委牵头开发建设的"浙江碳普惠"平台已在"浙里办"正式上线。居民开通绿色低碳场景后，日常生活中的低碳出行、线上办理等低碳行为将会被记录，并累积到碳积分，有效促进了居民对于碳减排的参与感，树立低碳出行理念，可引导居民更多地选择低碳出行方式。

7.2.6　加快推进负碳技术研发

负碳技术可以实现碳排放的净吸收，对于碳中和目标的实现具有重要意义。所谓负碳技术，是指从大气中移除 CO_2 的实践或技术，主要包括碳捕捉利用与封存技术（CCUS）、碳汇以及其他负碳技术。CCUS 是指对来自工业过程、能源利用或大气中的 CO_2 进行捕集、利用和封存等相关技术的组合。《IPCC 全球升温 1.5℃特别报告》指出，预计 2030 年 CCUS 的减排量为 1 亿~4 亿 t/ 年，2050 年 CCUS 的减排量为 30 亿~68 亿 t/ 年，成为难以脱碳的行业低碳转型可行的技术选择，并可为有些工业生产过程提供 CO_2 原料。美国、欧盟、日本等发达国家或地区均在通过各项措施推动 CCUS 项目发展。美国通过 45Q 税收抵免和加州政府的低碳燃料标准给予 CCUS 项目财政支持，促进了 CCUS 项目的大力发展，2020 年新增 12 个 CCUS 商业项目，运营中的CCUS 项目约占全球运营项目总数的一半。根据中国《二氧化碳捕集利用与封存（CCUS）年度报告（2021）》显示，中国已投运或建设中的 CCUS 示范项目约为 40 个，捕集能力为 300 万 t/ 年。但是，目前中国的 CCUS 技术多以示范项目为主，项目规模小，直接经济成本高，存在一定的环境风险，尚未形成规模化的商业应用场景，无法发挥我国 CCUS 二氧化碳利用与封存潜力优势。碳汇通过吸收大气中的二氧化碳，对于碳减排具有重要作用。相对于其他负碳技术，碳汇的减排成本较低，发展潜力较大。近期，浙江省印发《关于完整准确全面贯彻新发展理念做好碳达峰碳中和工作的实施意见》，明确提出巩固提升林业碳汇、推进海洋碳汇开发利用、开展碳汇试点等重点工作。

目前，我国的 CCUS 和碳汇发展机制以及相关的理论方法有待完善，导致 CCUS 和碳汇技术无法有效地发挥减排作用。因此，首先应完善 CCUS 和碳汇减排量监测、报告、验证方法学和标准以及建设、运营、监管、终止标准体系等基础理论研究，促使项目减排效果得到量化核证并在不同项目间可比较，为碳减排能力提升、精准监测和交易打好基础。其次，保障 CCUS 项目和碳汇项目等负碳技术的基础设施建设，加大 CO_2 运输与封存等基础设施的投入和建设规模，规范基础设施管理。通过对标国外负碳技术激励政策，探索制定符合中国实际情况的负碳技术税收优惠与补贴激励政策，保障负碳技术的资金支持。最后，允许经核证后的 CCUS 项目和碳汇项目的减排量可根据需求进行交易，例如通过国家核证自愿减排量参与碳交易市场，最大限度地激发负碳技术研发潜力。

7.3 总结与展望

本书聚焦于乘用车、商用车两类车型，单车、企业和车队三个维度的全生命周期的碳排放核算及分析，深度研究了我国汽车碳排放现状以及不同减排路径、不同减排情景下的多场景减排潜力分析，以期为我国汽车产业的碳中和发展提供借鉴参考。下一步，将继续致力于中国汽车低碳行动计划研究，结合行业发展趋势，深耕汽车行业碳中和研究。

参考文献

[1] International Energy Agency. The Role of Critical Minerals in Clean Energy Transitions[I]. 2021.

[2] 生态环境部 . 国家重点推广的低碳技术目录 [Z]. 2014.

[3] 生态环境部 . 国家重点推广的低碳技术目录（2017 年）[Z]. 2017.

[4] 国家发展和改革委员会 . 绿色技术推广目录（2020 年）[Z]. 2020.

[5] 殷红 . 碳中和背景下环境信息披露实践与建议 [J]. 金融经济，2022（2）：3-11.

[6] 李骏辉，李家昂，陈潇 . 汽车企业绿色发展信息披露水平现状研究 [J]. 时代汽车，2021（2）：4-6, 11.

[7] 翁智雄，马忠玉，蔡松锋 . 中国碳税政策的经济与环境影响研究——基于动态 CGE 模型分析 [J]. 中国物价，2018（8）：10-13.

[8] 赵杨，李天宇，姜国刚，等 . 基于 DSGE 视角的中国碳排放政策与经济增长 [J]. 软科学，2018, 32（8）：15-19.

附 录
APPENDIX

附表一　材料更换及逸散次数　　　　　（单位：次）

编号	材料名称	除纯电动乘用车外的适用 M1 车辆	纯电动乘用车
1	轮胎	1	1
2	铅酸蓄电池	2	2
3	润滑剂	29	8
4	制动液	2	2
5	冷却液	2	2
6	制冷剂	逸散 1 次，更换 1 次	逸散 1 次，更换 1 次
7	洗涤液	14	14

附表二　车辆周期相关碳排放因子

编号	名称	碳排放因子缺省值	单位
1	钢铁	2.38	$kgCO_2e/kg$
2	铸铁	1.82	$kgCO_2e/kg$
3	铝及铝合金	16.38	$kgCO_2e/kg$
4	镁及镁合金	39.55	$kgCO_2e/kg$
5	铜及铜合金	4.23	$kgCO_2e/kg$
6	热塑性塑料	3.96	$kgCO_2e/kg$
7	热固性塑料	4.57	$kgCO_2e/kg$

（续）

编号	名称	碳排放因子缺省值	单位
8	橡胶	3.08	kgCO₂e/kg
9	织物	5.80	kgCO₂e/kg
10	陶瓷/玻璃	0.95	kgCO₂e/kg
11	铅	2.74	kgCO₂e/kg
12	硫酸	0.10	kgCO₂e/kg
13	玻璃纤维	8.91	kgCO₂e/kg
14	磷酸铁锂	2.93	kgCO₂e/kg
15	镍钴锰酸锂	17.40	kgCO₂e/kg
16	锰酸锂	4.73	kgCO₂e/kg
17	石墨	5.48	kgCO₂e/kg
18	电解液：六氟磷酸锂	19.60	kgCO₂e/kg
19	润滑剂	1.20	kgCO₂e/kg
20	制动液	1.20	kgCO₂e/kg
21	冷却液	1.85	kgCO₂e/kg
22	制冷剂	15.10	kgCO₂e/kg
23	洗涤液	0.97	kgCO₂e/kg
24	镍钴锰酸锂电池包	87.78	kgCO₂e/kW·h
25	磷酸铁锂电池包	73.51	kgCO₂e/kW·h
26	锰酸锂电池包	67.90	kgCO₂e/kW·h
27	整车生产	550	kgCO₂e/辆

附表三 能源/燃料生产的碳排放因子

能源/燃料名称	生产的碳排放因子	单位	核算边界
全国电网平均供电	0.635	kgCO₂e/kW·h	包括能源开采、电力生产、电力输送过程
水电	0.035	kgCO₂e/kW·h	包括能源开采、电力生产、电力输送过程
风电	0.006	kgCO₂e/kW·h	包括能源开采、电力生产、电力输送过程
核电	0.014	kgCO₂e/kW·h	包括能源开采、电力生产、电力输送过程
火电	0.971	kgCO₂e/kW·h	包括能源开采、电力生产、电力输送过程
光伏发电	0.048	kgCO₂e/kW·h	包括电力生产过程
生物质发电	0.230	kgCO₂e/kW·h	包括电力生产过程

（续）

能源 / 燃料名称	生产的碳排放因子	单位	核算边界
天然气	0.07	$kgCO_2e/m^3$	包括天然气开采、加工、运输等过程，未考虑生产过程逸散排放
汽油	0.487	$kgCO_2e/L$	包括原油开采、加工、运输过程，未考虑生产过程逸散排放
柴油	0.535	$kgCO_2e/L$	包括原油开采、加工、运输过程，未考虑生产过程逸散排放
煤	0.08	$kgCO_2e/kg$	包括原煤开采、洗选过程，未考虑采矿场煤的自燃和瓦斯的逸散排放
低压蒸汽（0.3MPa）	0.31	$kgCO_2e/kg$	用煤作为能源生产，包括原煤开采、洗选过程、运输及锅炉生产蒸汽过程
中压蒸汽（1MPa）	0.38	$kgCO_2e/kg$	用煤作为能源生产，包括原煤开采、洗选过程、运输及锅炉生产蒸汽过程

附表四　常见化石燃料特定参数值

燃料品种		低位发热量 /（GJ/t，GJ/10⁴Nm³）	单位热值含碳量 /（tCO₂e/GJ）	燃料碳氧化率
固体燃料	无烟煤	26.700[①]	27.40×10^{-3}[②]	94%
	烟煤	19.570[③]	26.10×10^{-3}[②]	93%
	褐煤	11.900[①]	28.00×10^{-3}[②]	96%
	洗精煤	26.344[④]	25.41×10^{-3}[②]	90%
	其他洗煤	12.545[④]	25.41×10^{-3}[②]	90%
	型煤	17.460[③]	33.60×10^{-3}[③]	90%
	焦炭	28.435[③]	29.50×10^{-3}[②]	93%
液体燃料	原油	41.816[④]	20.10×10^{-3}[②]	98%
	燃料油	41.816[④]	21.10×10^{-3}[②]	98%
	汽油	43.070[④]	18.90×10^{-3}[②]	98%
	柴油	42.652[④]	20.20×10^{-3}[②]	98%
	一般煤油	43.070[④]	19.60×10^{-3}[②]	98%
	液化天然气	51.44[④]	15.30×10^{-3}[②]	98%
	液化石油气	50.179[④]	17.20×10^{-3}[②]	98%
	煤焦油	33.453[④]	22.00×10^{-3}[①]	98%
气体燃料	炼厂干气	45.998[④]	18.20×10^{-3}[②]	99%

（续）

燃料品种		低位发热量 / (GJ/t，GJ/10⁴Nm³)	单位热值含碳量 / (tCO₂e/GJ)	燃料碳氧化率
气体燃料	焦炉煤气	$179.81^{④}$	13.58×10^{-3②}	99%
	高炉煤气	$33.000^{③}$	70.80×10^{-3①}	99%
	转炉煤气	$84.000^{③}$	49.60×10^{-3③}	99%
	其他煤气	$52.270^{④}$	12.20×10^{-3②}	99%
	天然气	$389.310^{④}$	15.30×10^{-3②}	99%

① 数据取值来源为《2006 年 IPCC 国家温室气体清单指南》。
② 数据取值来源为《省级温室气体清单指南（试行）》。
③ 数据取值来源为《中国温室气体清单研究（2007）》。
④ 数据取值来源为《中国能源统计年鉴（2019）》。

附表五　乘用车单位行驶里程碳排放数据表（2021 年）

序号	企业名称	燃料种类	车型级别	车型类别	车型	单位行驶里程碳排放 / (gCO₂e/km)
1	安徽江淮汽车集团股份有限公司	汽油	A0	SUV	瑞风 S4	291.7
2	安徽江淮汽车集团股份有限公司	汽油	A	MPV	瑞风 M3	365.8
3	安徽江淮汽车集团股份有限公司	汽油	B	轿车	嘉悦 A5	303.9
4	安徽江淮汽车集团股份有限公司	汽油	B	MPV	瑞风 M4	408.5
5	安徽江淮汽车集团股份有限公司	柴油	B	MPV	瑞风 M4	334.8
6	安徽江淮汽车集团股份有限公司	柴油	B	MPV	瑞风 M5	359.7
7	安徽江淮汽车集团股份有限公司	纯电动	A00	轿车	江淮 iEV6E	165.5
8	安徽江淮汽车集团股份有限公司	纯电动	A	轿车	江淮 iEVA50	188.8
9	北京奔驰汽车有限公司	汽油	A	轿车	奔驰 A 级	285.1
10	北京奔驰汽车有限公司	汽油	A	轿车	奔驰 A 级 AMG	337.7
11	北京奔驰汽车有限公司	汽油	A	SUV	奔驰 GLA 级	294.6
12	北京奔驰汽车有限公司	汽油	B	轿车	奔驰 C 级	302.6
13	北京奔驰汽车有限公司	汽油	B	SUV	奔驰 GLB 级	309.5
14	北京奔驰汽车有限公司	汽油	B	SUV	奔驰 GLC 级	342.2

（续）

序号	企业名称	燃料种类	车型级别	车型类别	车型	单位行驶里程碳排放 / (gCO$_2$e/km)
15	北京奔驰汽车有限公司	汽油	C	轿车	奔驰 E 级	323.5
16	北京奔驰汽车有限公司	插电式混合动力	C	轿车	奔驰 E 级	212.6
17	北京奔驰汽车有限公司	纯电动	B	SUV	奔驰 EQC 级	245.1
18	北京汽车股份有限公司	汽油	A0	SUV	北京 X3	290.3
19	北京汽车股份有限公司	汽油	A	轿车	北京 U5	255.6
20	北京汽车股份有限公司	汽油	A	SUV	北京 40L	459.6
21	北京汽车股份有限公司	汽油	B	SUV	北京 80	458.3
22	北京汽车股份有限公司	汽油	B	SUV	北京 X7	302.6
23	北京汽车股份有限公司	柴油	A	SUV	北京 40L	415.5
24	北京现代汽车有限公司	汽油	A0	轿车	瑞纳	211.5
25	北京现代汽车有限公司	汽油	A0	轿车	悦纳	238.9
26	北京现代汽车有限公司	汽油	A0	SUV	现代 ix25	233.2
27	北京现代汽车有限公司	汽油	A	轿车	菲斯塔	256.0
28	北京现代汽车有限公司	汽油	A	轿车	领动	251.0
29	北京现代汽车有限公司	汽油	A	轿车	伊兰特	211.2
30	北京现代汽车有限公司	汽油	A	轿车	悦动	262.0
31	北京现代汽车有限公司	汽油	A	SUV	胜达	347.4
32	北京现代汽车有限公司	汽油	A	SUV	途胜	311.4
33	北京现代汽车有限公司	汽油	A	SUV	现代 ix35	287.7
34	北京现代汽车有限公司	汽油	B	轿车	名图	294.5
35	北京现代汽车有限公司	汽油	B	轿车	索纳塔	257.6
36	北京现代汽车有限公司	汽油	B	MPV	库斯途	289.0
37	北京现代汽车有限公司	插电式混合动力	A	轿车	领动	167.6
38	北京现代汽车有限公司	纯电动	A0	SUV	现代 ENCINO	176.9
39	北京现代汽车有限公司	纯电动		轿车	菲斯塔	163.7
40	北京新能源汽车股份有限公司	纯电动	A	轿车	北汽 EU 系列	192.7
41	北京新能源汽车股份有限公司	纯电动	B	轿车	北汽 ARCFOX αS	231.8
42	北京新能源汽车股份有限公司	纯电动	B	SUV	北汽 ARCFOX αT	233.8
43	比亚迪汽车有限公司	汽油	A	轿车	比亚迪 F3	252.6
44	比亚迪汽车有限公司	汽油	A	轿车	比亚迪秦	257.0

（续）

序号	企业名称	燃料种类	车型级别	车型类别	车型	单位行驶里程碳排放 /（gCO₂e/km）
45	比亚迪汽车有限公司	汽油	A	轿车	比亚迪秦 Pro	268.9
46	比亚迪汽车有限公司	汽油	A	SUV	比亚迪宋	338.1
47	比亚迪汽车有限公司	汽油	A	SUV	比亚迪宋 Pro	293.3
48	比亚迪汽车有限公司	汽油	A	MPV	比亚迪宋 MAX	315.7
49	比亚迪汽车有限公司	汽油	B	SUV	比亚迪宋 PLUS	292.1
50	比亚迪汽车有限公司	汽油	B	SUV	比亚迪唐	370.3
51	比亚迪汽车有限公司	插电式混合动力	A	轿车	比亚迪秦 PLUS	170.9
52	比亚迪汽车有限公司	插电式混合动力	A	轿车	比亚迪秦 Pro	187.5
53	比亚迪汽车有限公司	插电式混合动力	A	SUV	比亚迪宋 Pro	211.3
54	比亚迪汽车有限公司	插电式混合动力	A	MPV	比亚迪宋 MAX	214.5
55	比亚迪汽车有限公司	插电式混合动力	B	SUV	比亚迪宋 PLUS	209.3
56	比亚迪汽车有限公司	插电式混合动力	B	SUV	比亚迪唐	254.0
57	比亚迪汽车有限公司	插电式混合动力	C	轿车	比亚迪汉	209.9
58	比亚迪汽车有限公司	纯电动	A00	轿车	比亚迪 E1	117.9
59	比亚迪汽车有限公司	纯电动	A0	轿车	比亚迪 E2	151.4
60	比亚迪汽车有限公司	纯电动	A0	轿车	比亚迪海豚	132.3
61	比亚迪汽车有限公司	纯电动	A0	SUV	比亚迪元	176.3
62	比亚迪汽车有限公司	纯电动	A0	SUV	比亚迪元 Pro	156.6
63	比亚迪汽车有限公司	纯电动	A0	MPV	比亚迪 D1	158.6
64	比亚迪汽车有限公司	纯电动	A0	MPV	比亚迪 E6	245.0
65	比亚迪汽车有限公司	纯电动	A	轿车	比亚迪 E3	151.5
66	比亚迪汽车有限公司	纯电动	A	轿车	比亚迪 E5	182.5
67	比亚迪汽车有限公司	纯电动	A	轿车	比亚迪秦	186.5
68	比亚迪汽车有限公司	纯电动	A	轿车	比亚迪秦 PLUS	165.8
69	比亚迪汽车有限公司	纯电动	A	轿车	比亚迪秦 Pro	171.8
70	比亚迪汽车有限公司	纯电动	A	SUV	比亚迪宋 Pro	186.5
71	比亚迪汽车有限公司	纯电动	B	SUV	比亚迪宋 PLUS	184.4
72	比亚迪汽车有限公司	纯电动	B	SUV	比亚迪唐	232.1
73	比亚迪汽车有限公司	纯电动	C	轿车	比亚迪汉	201.5

（续）

序号	企业名称	燃料种类	车型级别	车型类别	车型	单位行驶里程碳排放 / (gCO₂e/km)
74	长安福特汽车有限公司	汽油	A	轿车	福克斯	243.9
75	长安福特汽车有限公司	汽油	A	轿车	福克斯 Active	252.7
76	长安福特汽车有限公司	汽油	A	轿车	福睿斯	243.7
77	长安福特汽车有限公司	汽油	A	SUV	冒险家	333.0
78	长安福特汽车有限公司	汽油	A	SUV	锐际	316.5
79	长安福特汽车有限公司	汽油	A	SUV	翼虎	354.6
80	长安福特汽车有限公司	汽油	B	SUV	福特 EVOS	311.9
81	长安福特汽车有限公司	汽油	B	SUV	航海家	399.8
82	长安福特汽车有限公司	汽油	B	SUV	锐界	414.2
83	长安福特汽车有限公司	汽油	C	轿车	金牛座	328.6
84	长安福特汽车有限公司	汽油	C	SUV	飞行家	414.7
85	长安福特汽车有限公司	汽油	C	SUV	探险者	378.2
86	长安福特汽车有限公司	插电式混合动力	A	SUV	锐际	206.6
87	长安福特汽车有限公司	纯电动	B	SUV	Mustang Mach-E	217.9
88	长安马自达汽车有限公司	汽油	A	轿车	马自达 3 昂克赛拉	261.8
89	长安马自达汽车有限公司	汽油	A	SUV	马自达 CX-30	243.4
90	长安马自达汽车有限公司	汽油	A	SUV	马自达 CX-4	303.8
91	长安马自达汽车有限公司	汽油	A	SUV	马自达 CX-5	316.2
92	长安马自达汽车有限公司	汽油	B	轿车	马自达 6 阿特兹	295.3
93	长安马自达汽车有限公司	汽油	B	SUV	马自达 CX-8	311.8
94	长城汽车股份有限公司	汽油	A	SUV	哈弗 F7	312.0
95	长城汽车股份有限公司	汽油	A	SUV	哈弗 H6	306.6
96	长城汽车股份有限公司	汽油	A	SUV	哈弗 H6S	275.6
97	长城汽车股份有限公司	汽油	A	SUV	哈弗 M6	323.1
98	长城汽车股份有限公司	汽油	A	SUV	哈弗赤兔	231.6
99	长城汽车股份有限公司	汽油	A	SUV	哈弗初恋	253.5
100	长城汽车股份有限公司	汽油	A	SUV	哈弗大狗	307.3
101	长城汽车股份有限公司	汽油	A	SUV	坦克 300	413.1
102	长城汽车股份有限公司	汽油	A	SUV	魏派 VV5	313.0

（续）

序号	企业名称	燃料种类	车型级别	车型类别	车型	单位行驶里程碳排放 /（gCO₂e/km）
103	长城汽车股份有限公司	汽油	A	SUV	魏派 VV6	316.7
104	长城汽车股份有限公司	汽油	B	SUV	哈弗 H7	293.1
105	长城汽车股份有限公司	汽油	B	SUV	哈弗 H9	383.4
106	长城汽车股份有限公司	汽油	B	SUV	哈弗神兽	270.6
107	长城汽车股份有限公司	汽油	B	SUV	摩卡	294.1
108	长城汽车股份有限公司	汽油	B	SUV	魏派 VV7	298.2
109	长城汽车股份有限公司	常规混合动力	A	SUV	哈弗 H6S	214.0
110	长城汽车股份有限公司	常规混合动力	A	SUV	玛奇朵	197.7
111	长城汽车股份有限公司	插电式混合动力	A	SUV	玛奇朵	198.7
112	长城汽车股份有限公司	纯电动	A00	轿车	欧拉白猫	106.9
113	长城汽车股份有限公司	纯电动	A00	轿车	欧拉黑猫	105.4
114	长城汽车股份有限公司	纯电动	A	轿车	欧拉 iQ	146.7
115	长城汽车股份有限公司	纯电动	A	轿车	欧拉好猫	144.5
116	重庆长安汽车股份有限公司	汽油	A0	轿车	悦翔	249.0
117	重庆长安汽车股份有限公司	汽油	A0	SUV	科赛 5	282.5
118	重庆长安汽车股份有限公司	汽油	A0	SUV	长安 CS15	266.7
119	重庆长安汽车股份有限公司	汽油	A0	SUV	长安 CS35	295.5
120	重庆长安汽车股份有限公司	汽油	A0	MPV	欧诺 S	283.2
121	重庆长安汽车股份有限公司	汽油	A0	MPV	欧尚 A600	289.8
122	重庆长安汽车股份有限公司	汽油	A0	MPV	长行	303.8
123	重庆长安汽车股份有限公司	汽油	A	轿车	逸动	294.6
124	重庆长安汽车股份有限公司	汽油	A	轿车	逸动 DT	270.2
125	重庆长安汽车股份有限公司	汽油	A	SUV	欧尚 X5	281.9

（续）

序号	企业名称	燃料种类	车型级别	车型类别	车型	单位行驶里程碳排放 / (gCO$_2$e/km)
126	重庆长安汽车股份有限公司	汽油	A	SUV	欧尚 X70A	286.4
127	重庆长安汽车股份有限公司	汽油	A	SUV	长安 CS55	315.3
128	重庆长安汽车股份有限公司	汽油	A	SUV	长安 CS75	382.0
129	重庆长安汽车股份有限公司	汽油	A	SUV	长安 CS85	337.9
130	重庆长安汽车股份有限公司	汽油	A	SUV	长安 UNI-T	282.7
131	重庆长安汽车股份有限公司	汽油	B	轿车	锐程 CC	292.7
132	重庆长安汽车股份有限公司	汽油	B	SUV	欧尚 COS1	325.3
133	重庆长安汽车股份有限公司	汽油	B	SUV	欧尚 X7	306.3
134	重庆长安汽车股份有限公司	汽油	B	SUV	长安 CS95	424.6
135	重庆长安汽车股份有限公司	汽油	B	SUV	长安 UNI-K	368.4
136	重庆长安汽车股份有限公司	汽油	-	交叉型乘用车	跨越星 V5	303.4
137	重庆长安汽车股份有限公司	汽油	-	交叉型乘用车	睿行 M60	320.1
138	重庆长安汽车股份有限公司	汽油	-	交叉型乘用车	长安 V3	266.6
139	重庆长安汽车股份有限公司	汽油	-	交叉型乘用车	长安之星 5	269.3
140	重庆长安汽车股份有限公司	汽油	-	交叉型乘用车	长安之星 9	284.0
141	重庆长安汽车股份有限公司	纯电动	A00	轿车	奔奔	138.9
142	重庆长安汽车股份有限公司	纯电动	A0	SUV	长安 CS15	165.4
143	重庆长安汽车股份有限公司	纯电动	A0	MPV	欧尚 A600	171.6

（续）

序号	企业名称	燃料种类	车型级别	车型类别	车型	单位行驶里程碳排放 / (gCO₂e/km)
144	重庆长安汽车股份有限公司	纯电动	A	轿车	逸动	170.0
145	重庆长安汽车股份有限公司	纯电动	A	SUV	长安 CS55	206.3
146	重庆长安汽车股份有限公司	纯电动	A	MPV	科尚	190.7
147	重庆理想智造汽车有限公司	插电式混合动力	C	SUV	理想 ONE	243.5
148	大庆沃尔沃汽车制造有限公司	汽油	A	SUV	沃尔沃 XC40	319.0
149	大庆沃尔沃汽车制造有限公司	汽油	B	轿车	沃尔沃 S60L	324.7
150	大庆沃尔沃汽车制造有限公司	汽油	B	SUV	沃尔沃 XC60	369.0
151	大庆沃尔沃汽车制造有限公司	汽油	C	轿车	沃尔沃 S90	303.9
152	大庆沃尔沃汽车制造有限公司	纯电动	A	轿车	极星 2	218.1
153	大庆沃尔沃汽车制造有限公司	纯电动	A	SUV	沃尔沃 XC40	227.9
154	大众汽车（安徽）有限公司	汽油	A	SUV	思皓 QX	274.1
155	大众汽车（安徽）有限公司	汽油	B	轿车	思皓 A5	286.2
156	大众汽车（安徽）有限公司	汽油	B	SUV	思皓 X8	307.8
157	大众汽车（安徽）有限公司	纯电动	A00	轿车	思皓 E10X	127,9
158	大众汽车（安徽）有限公司	纯电动	A0	SUV	思皓 E20X	177.3
159	大众汽车（安徽）有限公司	纯电动	A0	SUV	思皓 E40X	174.4
160	大众汽车（安徽）有限公司	纯电动	B	轿车	思皓 E50A	172.6
161	东风本田汽车有限公司	汽油	A0	轿车	本田 LIFE	230.5
162	东风本田汽车有限公司	汽油	A0	SUV	本田 XR-V	278.2
163	东风本田汽车有限公司	汽油	A	轿车	思域	263.4

（续）

序号	企业名称	燃料种类	车型级别	车型类别	车型	单位行驶里程碳排放 / (gCO₂e/km)
164	东风本田汽车有限公司	汽油	A	轿车	享域	231.8
165	东风本田汽车有限公司	汽油	A	SUV	本田 CR-V	318.1
166	东风本田汽车有限公司	汽油	B	轿车	本田 INSPIRE	271.3
167	东风本田汽车有限公司	汽油	B	SUV	本田 UR-V	359.9
168	东风本田汽车有限公司	常规混合动力	A	轿车	享域	191.6
169	东风本田汽车有限公司	常规混合动力	A	SUV	本田 CR-V	251.4
170	东风本田汽车有限公司	常规混合动力	B	轿车	本田 INSPIRE	208.5
171	东风本田汽车有限公司	常规混合动力	B	MPV	艾力绅	270.4
172	东风本田汽车有限公司	纯电动	A0	SUV	本田 M-NV	172.3
173	东风本田汽车有限公司	纯电动	A0	SUV	思铭 X-NV	174.5
174	东风柳州汽车有限公司	汽油	A	SUV	风行 SX6	276.0
175	东风柳州汽车有限公司	汽油	A	SUV	风行 T5	322.5
176	东风柳州汽车有限公司	汽油	A	SUV	风行 T5 EVO	278.6
177	东风柳州汽车有限公司	汽油	B	SUV	风行 T5L	325.6
178	东风柳州汽车有限公司	汽油	B	MPV	风行 CM7	408.2
179	东风柳州汽车有限公司	汽油	B	MPV	菱智	371.1
180	东风柳州汽车有限公司	汽油	B	MPV	菱智 PLUS	386.5
181	东风柳州汽车有限公司	纯电动	A00	轿车	风行 T1	105.4
182	东风柳州汽车有限公司	纯电动	A	轿车	景逸 S50	172.0
183	东风柳州汽车有限公司	纯电动	B	MPV	菱智	203.9
184	东风汽车集团股份有限公司乘用车公司	汽油	A	轿车	奕炫	261.6
185	东风汽车集团股份有限公司乘用车公司	汽油	A	SUV	风神 AX7	348.3
186	东风汽车集团股份有限公司乘用车公司	汽油	A	SUV	奕炫 GS	274.1
187	东风汽车集团股份有限公司乘用车公司	汽油	B	轿车	奕炫 MAX	253.3
188	东风汽车集团股份有限公司乘用车公司	常规混合动力	B	轿车	奕炫 MAX	203.0
189	东风汽车集团股份有限公司乘用车公司	纯电动	A	轿车	风神 E70	167.7

（续）

序号	企业名称	燃料种类	车型级别	车型类别	车型	单位行驶里程碳排放 /（gCO₂e/km）
190	东风汽车有限公司东风日产乘用车公司	汽油	A0	SUV	劲客	231.3
191	东风汽车有限公司东风日产乘用车公司	汽油	A	轿车	蓝鸟	225.0
192	东风汽车有限公司东风日产乘用车公司	汽油	A	轿车	骐达	225.0
193	东风汽车有限公司东风日产乘用车公司	汽油	A	轿车	启辰 D60	233.6
194	东风汽车有限公司东风日产乘用车公司	汽油	A	轿车	轩逸	249.4
195	东风汽车有限公司东风日产乘用车公司	汽油	A	SUV	奇骏	279.7
196	东风汽车有限公司东风日产乘用车公司	汽油	A	SUV	启辰 T60	260.9
197	东风汽车有限公司东风日产乘用车公司	汽油	A	SUV	启辰大 V	256.8
198	东风汽车有限公司东风日产乘用车公司	汽油	A	SUV	逍客	269.4
199	东风汽车有限公司东风日产乘用车公司	汽油	A	SUV	星	281.5
200	东风汽车有限公司东风日产乘用车公司	汽油	B	轿车	天籁	280.4
201	东风汽车有限公司东风日产乘用车公司	汽油	B	SUV	楼兰	343.3
202	东风汽车有限公司东风日产乘用车公司	汽油	A	SUV	新奇骏	277.3
203	东风汽车有限公司东风日产乘用车公司	汽油	A	轿车	新轩逸	214
204	东风汽车有限公司东风日产乘用车公司	常规混合动力	A	轿车	轩逸 e-POWER	185.4
205	东风汽车有限公司东风日产乘用车公司	纯电动	A00	轿车	启辰 E30	107.4
206	东风汽车有限公司东风日产乘用车公司	纯电动	A	轿车	启辰 D60	160.8
207	东风汽车有限公司东风日产乘用车公司	纯电动	A	SUV	启辰 T60	178.9
208	东风小康汽车有限公司	汽油	A0	MPV	风光	283.6

（续）

序号	企业名称	燃料种类	车型级别	车型类别	车型	单位行驶里程碳排放 / (gCO₂e/km)
209	东风小康汽车有限公司	汽油	A	SUV	风光 500	283.1
210	东风小康汽车有限公司	汽油	A	SUV	风光 S560	305.6
211	东风小康汽车有限公司	汽油	B	SUV	风光 580	311.9
212	东风小康汽车有限公司	汽油	B	SUV	风光 ix5	354.8
213	东风小康汽车有限公司	汽油	B	SUV	风光 ix7	387.7
214	东风小康汽车有限公司	汽油	-	交叉型乘用车	东风小康 C36	269.8
215	东风小康汽车有限公司	汽油	-	交叉型乘用车	东风小康 K07S	254.5
216	东风小康汽车有限公司	纯电动	A00	轿车	风光 E1	113.9
217	东风小康汽车有限公司	纯电动	-	交叉型乘用车	东风小康 C36	178.0
218	东风英菲尼迪汽车有限公司	汽油	B	轿车	英菲尼迪 Q50L	318.6
219	东风英菲尼迪汽车有限公司	汽油	B	SUV	英菲尼迪 QX50	335.1
220	东风悦达起亚汽车有限公司	汽油	A0	轿车	焕驰	230.6
221	东风悦达起亚汽车有限公司	汽油	A0	SUV	起亚 KX3	222.7
222	东风悦达起亚汽车有限公司	汽油	A0	SUV	奕跑	245.2
223	东风悦达起亚汽车有限公司	汽油	A	轿车	福瑞迪	235.1
224	东风悦达起亚汽车有限公司	汽油	A	轿车	起亚 K3	255.7
225	东风悦达起亚汽车有限公司	汽油	A	SUV	起亚 KX5	286.7
226	东风悦达起亚汽车有限公司	汽油	A	SUV	起亚 KX7	322.2
227	东风悦达起亚汽车有限公司	汽油	A	SUV	智跑	287.2
228	东风悦达起亚汽车有限公司	汽油	B	轿车	凯酷	259.5
229	东风悦达起亚汽车有限公司	汽油	B	MPV	嘉华	333.0

（续）

序号	企业名称	燃料种类	车型级别	车型类别	车型	单位行驶里程碳排放 / (gCO₂e/km)
230	东风悦达起亚汽车有限公司	插电式混合动力	A	轿车	起亚 K3	177.1
231	福建奔驰汽车有限公司	汽油	B	MPV	奔驰 V 级	395.7
232	福建奔驰汽车有限公司	汽油	B	MPV	威霆	385.1
233	广汽本田汽车有限公司	汽油	A0	轿车	飞度	230.5
234	广汽本田汽车有限公司	汽油	A0	SUV	缤智	262.7
235	广汽本田汽车有限公司	汽油	A	轿车	凌派	258.4
236	广汽本田汽车有限公司	汽油	A	轿车	型格	232.3
237	广汽本田汽车有限公司	汽油	A	SUV	皓影	305.7
238	广汽本田汽车有限公司	汽油	A	SUV	讴歌 CDX	284.2
239	广汽本田汽车有限公司	汽油	B	轿车	雅阁	289.8
240	广汽本田汽车有限公司	汽油	B	SUV	冠道	360.0
241	广汽本田汽车有限公司	汽油	B	SUV	讴歌 RDX	368.1
242	广汽本田汽车有限公司	常规混合动力	A	轿车	凌派	192.1
243	广汽本田汽车有限公司	常规混合动力	A	SUV	皓影	236.8
244	广汽本田汽车有限公司	常规混合动力	A	SUV	讴歌 CDX	229.0
245	广汽本田汽车有限公司	常规混合动力	A	MPV	奥德赛	266.3
246	广汽本田汽车有限公司	常规混合动力	B	轿车	雅阁	208.2
247	广汽本田汽车有限公司	插电式混合动力	A	SUV	皓影	196.0
248	广汽本田汽车有限公司	纯电动	A0	SUV	理念 VE1	190.4
249	广汽本田汽车有限公司	纯电动	B	轿车	绎乐	167.9
250	广汽乘用车有限公司	汽油	A	轿车	影豹	224.9
251	广汽乘用车有限公司	汽油	A	SUV	传祺 GS4	263.8
252	广汽乘用车有限公司	汽油	A	SUV	传祺 GS4 Coupe	275.4
253	广汽乘用车有限公司	汽油	A	SUV	传祺 GS4 PLUS	294.4
254	广汽乘用车有限公司	汽油	A	MPV	传祺 GM6	313.4
255	广汽乘用车有限公司	汽油	B	轿车	传祺 GA6	279.2
256	广汽乘用车有限公司	汽油	B	SUV	传祺 GS8	362.8
257	广汽乘用车有限公司	汽油	B	SUV	传祺 GS8 S	308.3

（续）

序号	企业名称	燃料种类	车型级别	车型类别	车型	单位行驶里程碳排放 / (gCO₂e/km)
258	广汽乘用车有限公司	汽油	B	MPV	传祺 GM8	344.8
259	广汽乘用车有限公司	纯电动	A	SUV	传祺 AION Y	186.7
260	广汽乘用车有限公司	纯电动	B	轿车	传祺 AION.S	171.7
261	广汽乘用车有限公司	纯电动	B	SUV	传祺 AION LX	229.7
262	广汽乘用车有限公司	纯电动	B	SUV	传祺 AION V	215.7
263	广汽菲亚特克莱斯勒汽车有限公司	汽油	A0	SUV	自由侠	291.0
264	广汽菲亚特克莱斯勒汽车有限公司	汽油	A	SUV	指南者	316.8
265	广汽菲亚特克莱斯勒汽车有限公司	汽油	A	SUV	自由光	356.7
266	广汽菲亚特克莱斯勒汽车有限公司	汽油	B	SUV	大指挥官	367.6
267	广汽丰田汽车有限公司	汽油	A0	轿车	致享	219.4
268	广汽丰田汽车有限公司	汽油	A0	轿车	致炫	230.8
269	广汽丰田汽车有限公司	汽油	A	轿车	雷凌	246.2
270	广汽丰田汽车有限公司	汽油	A	轿车	凌尚	249.6
271	广汽丰田汽车有限公司	汽油	A	SUV	丰田 C-HR	247.6
272	广汽丰田汽车有限公司	汽油	A	SUV	威兰达	276.6
273	广汽丰田汽车有限公司	汽油	B	轿车	凯美瑞	279.2
274	广汽丰田汽车有限公司	汽油	B	SUV	汉兰达	374.0
275	广汽丰田汽车有限公司	常规混合动力	A	轿车	雷凌	193.9
276	广汽丰田汽车有限公司	常规混合动力	A	SUV	威兰达	230.9
277	广汽丰田汽车有限公司	常规混合动力	B	轿车	凯美瑞	236.7
278	广汽丰田汽车有限公司	常规混合动力	B	SUV	汉兰达	272.4
279	广汽丰田汽车有限公司	常规混合动力	B	MPV	赛那	249.1
280	广汽丰田汽车有限公司	插电式混合动力	A	SUV	威兰达	212.4
281	广汽丰田汽车有限公司	纯电动	A	SUV	丰田 C-HR	169.9
282	广汽丰田汽车有限公司	纯电动	B	轿车	广汽 iA5	169.2
283	广汽三菱汽车有限公司	汽油	A	SUV	劲炫 ASX	302.8

（续）

序号	企业名称	燃料种类	车型级别	车型类别	车型	单位行驶里程碳排放 / (gCO₂e/km)
284	广汽三菱汽车有限公司	汽油	A	SUV	欧蓝德	331.4
285	广汽三菱汽车有限公司	汽油	A	SUV	奕歌	317.3
286	广州小鹏汽车科技有限公司	纯电动	A0	SUV	小鹏 G3	187.0
287	广州小鹏汽车科技有限公司	纯电动	B	轿车	小鹏 P5	173.5
288	广州小鹏汽车科技有限公司	纯电动	C	轿车	小鹏 P7	214.0
289	华晨宝马汽车有限公司	汽油	A	轿车	宝马 1 系	249.5
290	华晨宝马汽车有限公司	汽油	A	SUV	宝马 X1	299.7
291	华晨宝马汽车有限公司	汽油	A	SUV	宝马 X2	285.5
292	华晨宝马汽车有限公司	汽油	B	轿车	宝马 3 系	303.8
293	华晨宝马汽车有限公司	汽油	B	SUV	宝马 X3	317.3
294	华晨宝马汽车有限公司	汽油	C	轿车	宝马 5 系	324.7
295	华晨宝马汽车有限公司	纯电动	B	SUV	宝马 iX3	217.6
296	华晨鑫源重庆汽车有限公司	汽油	A	SUV	斯威 G01	320.6
297	华晨鑫源重庆汽车有限公司	汽油	A	SUV	斯威 G05	329.5
298	华晨鑫源重庆汽车有限公司	汽油	A	SUV	斯威 X3	281.4
299	华晨鑫源重庆汽车有限公司	汽油	B	SUV	斯威 X7	329.1
300	华晨鑫源重庆汽车有限公司	汽油	-	交叉型乘用车	小海狮 X30	263.9
301	华晨鑫源重庆汽车有限公司	汽油	-	交叉型乘用车	小海狮 X30L	296.7
302	华晨鑫源重庆汽车有限公司	纯电动	-	交叉型乘用车	小海狮 X30L	147.4
303	江铃汽车股份有限公司	汽油	A	SUV	领界	293.2
304	江铃汽车股份有限公司	汽油	B	SUV	撼路者	421.7
305	江铃汽车股份有限公司	汽油	B	SUV	领裕	341.9
306	江铃汽车股份有限公司	汽油	B	MPV	途睿欧	417.9
307	江铃汽车股份有限公司	柴油	A	SUV	驭胜	347.7
308	零跑汽车有限公司	纯电动	A00	轿车	零跑 T03	136.2
309	零跑汽车有限公司	纯电动	A0	轿车	零跑 S01	140.0

（续）

序号	企业名称	燃料种类	车型级别	车型类别	车型	单位行驶里程碳排放 / (gCO₂e/km)
310	零跑汽车有限公司	纯电动	B	SUV	零跑 C11	220.3
311	奇瑞捷豹路虎汽车有限公司	汽油	A	SUV	发现运动版	332.2
312	奇瑞捷豹路虎汽车有限公司	汽油	A	SUV	捷豹 E-PACE	341.5
313	奇瑞捷豹路虎汽车有限公司	汽油	A	SUV	揽胜极光	333.7
314	奇瑞捷豹路虎汽车有限公司	汽油	B	轿车	捷豹 XEL	292.9
315	奇瑞捷豹路虎汽车有限公司	汽油	C	轿车	捷豹 XFL	330.5
316	奇瑞汽车股份有限公司	汽油	A0	SUV	瑞虎 3X	277.8
317	奇瑞汽车股份有限公司	汽油	A	轿车	艾瑞泽 5 PLUS	275.0
318	奇瑞汽车股份有限公司	汽油	A	轿车	艾瑞泽 EX	289.6
319	奇瑞汽车股份有限公司	汽油	A	轿车	艾瑞泽 GX	289.2
320	奇瑞汽车股份有限公司	汽油	A	SUV	捷途 X70	332.6
321	奇瑞汽车股份有限公司	汽油	A	SUV	捷途 X70M	299.7
322	奇瑞汽车股份有限公司	汽油	A	SUV	瑞虎 5X	299.6
323	奇瑞汽车股份有限公司	汽油	A	SUV	瑞虎 7	285.9
324	奇瑞汽车股份有限公司	汽油	A	SUV	瑞虎 8	306.2
325	奇瑞汽车股份有限公司	汽油	A	SUV	星途 LX	285.6
326	奇瑞汽车股份有限公司	汽油	A	SUV	星途 TX	310.1
327	奇瑞汽车股份有限公司	汽油	B	SUV	捷途 X90	336.2
328	奇瑞汽车股份有限公司	汽油	B	SUV	揽月	329.6
329	奇瑞汽车股份有限公司	汽油	B	SUV	星途 TXL	310.1
330	奇瑞汽车股份有限公司	纯电动	A00	轿车	奇瑞 eQ1	117.1
331	奇瑞汽车股份有限公司	纯电动	A00	轿车	奇瑞 QQ 冰淇淋	92.1
332	奇瑞汽车股份有限公司	纯电动	A	轿车	艾瑞泽 5e	185.7
333	奇瑞汽车股份有限公司	纯电动	A	SUV	瑞虎 E	172.5
334	奇瑞汽车股份有限公司	纯电动	B	SUV	蚂蚁	196.4
335	山东梅拉德能源动力科技有限公司	纯电动	A00	轿车	雷丁芒果	116.1
336	上海汽车集团股份有限公司乘用车分公司	汽油	A0	SUV	MG ZS	269.8
337	上海汽车集团股份有限公司乘用车分公司	汽油	A	轿车	MG5	246.9

（续）

序号	企业名称	燃料种类	车型级别	车型类别	车型	单位行驶里程碳排放 /（gCO₂e/km）
338	上海汽车集团股份有限公司乘用车分公司	汽油	A	轿车	MG6	308.0
339	上海汽车集团股份有限公司乘用车分公司	汽油	A	轿车	荣威 i5	246.4
340	上海汽车集团股份有限公司乘用车分公司	汽油	A	轿车	荣威 i6	247.0
341	上海汽车集团股份有限公司乘用车分公司	汽油	A	轿车	荣威 i6 MAX	247.0
342	上海汽车集团股份有限公司乘用车分公司	汽油	A	SUV	MG HS	350.5
343	上海汽车集团股份有限公司乘用车分公司	汽油	A	SUV	MG ONE	273.0
344	上海汽车集团股份有限公司乘用车分公司	汽油	A	SUV	领航	351.2
345	上海汽车集团股份有限公司乘用车分公司	汽油	A	SUV	荣威 RX3	269.5
346	上海汽车集团股份有限公司乘用车分公司	汽油	A	SUV	荣威 RX5	329.4
347	上海汽车集团股份有限公司乘用车分公司	汽油	A	SUV	荣威 RX5 MAX	363.0
348	上海汽车集团股份有限公司乘用车分公司	汽油	B	SUV	荣威 RX8	408.1
349	上海汽车集团股份有限公司乘用车分公司	汽油	B	MPV	荣威 iMAX8	353.4
350	上海汽车集团股份有限公司乘用车分公司	插电式混合动力	A	SUV	荣威 eRX5	217.1
351	上海汽车集团股份有限公司乘用车分公司	纯电动	A00	轿车	上汽 Clever	111.5
352	上海汽车集团股份有限公司乘用车分公司	纯电动	A	轿车	荣威 Ei5	169.1
353	上海汽车集团股份有限公司乘用车分公司	纯电动	A	轿车	荣威 ER6	170.8
354	上海汽车集团股份有限公司乘用车分公司	纯电动	A	轿车	荣威 i6 MAX	166.9
355	上海汽车集团股份有限公司乘用车分公司	纯电动	B	SUV	荣威 Marvel R	207.2
356	上海蔚来汽车有限公司	纯电动	B	SUV	蔚来 EC6	227.0

（续）

序号	企业名称	燃料种类	车型级别	车型类别	车型	单位行驶里程碳排放 / (gCO₂e/km)
357	上海蔚来汽车有限公司	纯电动	B	SUV	蔚来 ES6	217.0
358	上海蔚来汽车有限公司	纯电动	C	SUV	蔚来 ES8	231.5
359	上汽大通汽车有限公司	汽油	A	MPV	上汽大通 G50	306.6
360	上汽大通汽车有限公司	汽油	B	SUV	上汽大通 D60	307.9
361	上汽大通汽车有限公司	汽油	B	MPV	上汽大通 G10	422.6
362	上汽大通汽车有限公司	汽油	B	MPV	上汽大通 G20	396.2
363	上汽大通汽车有限公司	柴油	B	MPV	上汽大通 G10	368.4
364	上汽大通汽车有限公司	柴油	B	MPV	上汽大通 G20	370.8
365	上汽大通汽车有限公司	柴油	C	SUV	上汽大通 D90	389.7
366	上汽大通汽车有限公司	纯电动	A	MPV	上汽大通 EUNIQ 5	189.4
367	上汽大众汽车有限公司	汽油	A0	轿车	大众 Polo	215.5
368	上汽大众汽车有限公司	汽油	A	轿车	朗逸	260.5
369	上汽大众汽车有限公司	汽油	A	轿车	凌渡	275.8
370	上汽大众汽车有限公司	汽油	A	轿车	明锐	252.6
371	上汽大众汽车有限公司	汽油	A	轿车	桑塔纳尚纳	228.3
372	上汽大众汽车有限公司	汽油	A	轿车	昕动	230.9
373	上汽大众汽车有限公司	汽油	A	轿车	昕锐	250.6
374	上汽大众汽车有限公司	汽油	A	SUV	柯迪亚克	333.0
375	上汽大众汽车有限公司	汽油	A	SUV	柯迪亚克 GT	327.5
376	上汽大众汽车有限公司	汽油	A	SUV	柯珞克	236.0
377	上汽大众汽车有限公司	汽油	A	SUV	柯米克	248.4
378	上汽大众汽车有限公司	汽油	A	SUV	柯米克 GT	245.2
379	上汽大众汽车有限公司	汽油	A	SUV	途铠	224.3
380	上汽大众汽车有限公司	汽油	A	SUV	途岳	293.2
381	上汽大众汽车有限公司	汽油	A	MPV	途安	269.7
382	上汽大众汽车有限公司	汽油	B	轿车	帕萨特	310.3
383	上汽大众汽车有限公司	汽油	B	轿车	速派	288.4
384	上汽大众汽车有限公司	汽油	B	SUV	途观 L	341.1
385	上汽大众汽车有限公司	汽油	B	SUV	途观 X	290.8
386	上汽大众汽车有限公司	汽油	B	MPV	威然	329.7
387	上汽大众汽车有限公司	汽油	C	轿车	辉昂	282.0
388	上汽大众汽车有限公司	汽油	C	SUV	途昂	358.0
389	上汽大众汽车有限公司	汽油	C	SUV	途昂 X	354.4
390	上汽大众汽车有限公司	纯电动	A	轿车	大众 ID.3	168.6
391	上汽大众汽车有限公司	纯电动	A	轿车	朗逸	158.5

（续）

序号	企业名称	燃料种类	车型级别	车型类别	车型	单位行驶里程碳排放 /（gCO₂e/km）
392	上汽大众汽车有限公司	纯电动	A	SUV	大众 ID.4 X	203.2
393	上汽大众汽车有限公司	纯电动	B	SUV	大众 ID.6 X	203.8
394	上汽通用汽车有限公司	汽油	A0	SUV	昂科拉	239.9
395	上汽通用汽车有限公司	汽油	A0	SUV	创酷	239.5
396	上汽通用汽车有限公司	汽油	A	轿车	凯越	299.3
397	上汽通用汽车有限公司	汽油	A	轿车	科鲁泽	241.6
398	上汽通用汽车有限公司	汽油	A	轿车	科沃兹	240.1
399	上汽通用汽车有限公司	汽油	A	轿车	威朗	252.6
400	上汽通用汽车有限公司	汽油	A	轿车	威朗 Pro	234.0
401	上汽通用汽车有限公司	汽油	A	轿车	英朗 GT	251.1
402	上汽通用汽车有限公司	汽油	A	轿车	阅朗	245.6
403	上汽通用汽车有限公司	汽油	A	SUV	昂科拉 GX	275.6
404	上汽通用汽车有限公司	汽油	A	SUV	昂科威	360.2
405	上汽通用汽车有限公司	汽油	A	SUV	创界	278.9
406	上汽通用汽车有限公司	汽油	A	SUV	探界者	340.4
407	上汽通用汽车有限公司	汽油	A	MPV	别克 GL6	276.7
408	上汽通用汽车有限公司	汽油	B	轿车	君威	332.6
409	上汽通用汽车有限公司	汽油	B	轿车	君越	312.5
410	上汽通用汽车有限公司	汽油	B	轿车	凯迪拉克 CT4	274.2
411	上汽通用汽车有限公司	汽油	B	轿车	迈锐宝 XL	280.9
412	上汽通用汽车有限公司	汽油	B	轿车	沃兰多	279.8
413	上汽通用汽车有限公司	汽油	B	SUV	昂科旗	329.2
414	上汽通用汽车有限公司	汽油	B	SUV	昂科威 Plus	300.7
415	上汽通用汽车有限公司	汽油	B	SUV	昂科威 S	311.7
416	上汽通用汽车有限公司	汽油	B	SUV	开拓者	326.8
417	上汽通用汽车有限公司	汽油	B	SUV	凯迪拉克 XT4	319.5
418	上汽通用汽车有限公司	汽油	B	SUV	凯迪拉克 XT5	360.1
419	上汽通用汽车有限公司	汽油	B	SUV	凯迪拉克 XT6	350.7
420	上汽通用汽车有限公司	汽油	B	MPV	别克 GL8	373.5
421	上汽通用汽车有限公司	汽油	C	轿车	凯迪拉克 CT5	303.4
422	上汽通用汽车有限公司	汽油	C	轿车	凯迪拉克 CT6	325.2
423	上汽通用汽车有限公司	纯电动	A	轿车	别克 Velite 6	166.2
424	上汽通用汽车有限公司	纯电动	A	轿车	畅巡	166.2
425	上汽通用汽车有限公司	纯电动	A	SUV	别克 Velite 7	167.4

（续）

序号	企业名称	燃料种类	车型级别	车型类别	车型	单位行驶里程碳排放 / (gCO$_2$e/km)
426	上汽通用五菱汽车股份有限公司	汽油	A0	轿车	宝骏 310	237.7
427	上汽通用五菱汽车股份有限公司	汽油	A0	SUV	宝骏 510	268.8
428	上汽通用五菱汽车股份有限公司	汽油	A0	SUV	宝骏 RS-3	269.2
429	上汽通用五菱汽车股份有限公司	汽油	A0	MPV	宝骏 730	324.3
430	上汽通用五菱汽车股份有限公司	汽油	A0	MPV	五菱 730	264.5
431	上汽通用五菱汽车股份有限公司	汽油	A0	MPV	五菱宏光 S	278.0
432	上汽通用五菱汽车股份有限公司	汽油	A0	MPV	五菱宏光 V	271.3
433	上汽通用五菱汽车股份有限公司	汽油	A	轿车	宝骏 310W	270.2
434	上汽通用五菱汽车股份有限公司	汽油	A	轿车	宝骏 RC-5	270.5
435	上汽通用五菱汽车股份有限公司	汽油	A	轿车	宝骏 Valli	269.7
436	上汽通用五菱汽车股份有限公司	汽油	A	SUV	宝骏 530	321.7
437	上汽通用五菱汽车股份有限公司	汽油	A	SUV	宝骏 RS-5	327.5
438	上汽通用五菱汽车股份有限公司	汽油	A	SUV	星辰	278.7
439	上汽通用五菱汽车股份有限公司	汽油	A	MPV	宝骏 360	280.9
440	上汽通用五菱汽车股份有限公司	汽油	A	MPV	宝骏 RM-5	304.5
441	上汽通用五菱汽车股份有限公司	汽油	A	MPV	凯捷	317.4
442	上汽通用五菱汽车股份有限公司	汽油	A	MPV	五菱宏光 PLUS	292.3
443	上汽通用五菱汽车股份有限公司	汽油	B	轿车	宝骏 RC-6	298.5

（续）

序号	企业名称	燃料种类	车型级别	车型类别	车型	单位行驶里程碳排放 / (gCO₂e/km)
444	上汽通用五菱汽车股份有限公司	汽油	B	SUV	五菱宏光 S3	313.5
445	上汽通用五菱汽车股份有限公司	汽油	B	MPV	五菱征程	296.7
446	上汽通用五菱汽车股份有限公司	汽油	-	交叉型乘用车	五菱荣光	287.7
447	上汽通用五菱汽车股份有限公司	汽油	-	交叉型乘用车	五菱荣光 S	263.9
448	上汽通用五菱汽车股份有限公司	汽油	-	交叉型乘用车	五菱之光	233.6
449	上汽通用五菱汽车股份有限公司	纯电动	A00	轿车	宝骏 E100	108.7
450	上汽通用五菱汽车股份有限公司	纯电动	A00	轿车	宝骏 E200	109.4
451	上汽通用五菱汽车股份有限公司	纯电动	A00	轿车	宝骏 E300	126.0
452	上汽通用五菱汽车股份有限公司	纯电动	A00	轿车	宝骏 kiwi	126.7
453	上汽通用五菱汽车股份有限公司	纯电动	A00	轿车	宏光 mini	91.9
454	上汽通用五菱汽车股份有限公司	纯电动	A00	轿车	五菱 nano	105.4
455	上汽通用五菱汽车股份有限公司	纯电动	-	交叉型乘用车	五菱荣光	164.2
456	神龙汽车有限公司	汽油	A0	SUV	标致 2008	215.6
457	神龙汽车有限公司	汽油	A0	SUV	雪铁龙 C3-XR	272.3
458	神龙汽车有限公司	汽油	A	轿车	标致 408	246.2
459	神龙汽车有限公司	汽油	A	SUV	标致 4008	270.3
460	神龙汽车有限公司	汽油	A	SUV	天逸	287.7
461	神龙汽车有限公司	汽油	B	轿车	标致 508L	261.8
462	神龙汽车有限公司	汽油	B	轿车	凡尔赛 C5X	248.4
463	神龙汽车有限公司	汽油	B	SUV	标致 5008	286.9
464	神龙汽车有限公司	汽油	C	轿车	雪铁龙 C6	282.6
465	神龙汽车有限公司	纯电动	A	轿车	e 爱丽舍	141.6
466	特斯拉（上海）有限公司	纯电动	B	轿车	特斯拉 Model 3	187.8

（续）

序号	企业名称	燃料种类	车型级别	车型类别	车型	单位行驶里程碳排放 / (gCO₂e/km)
467	特斯拉（上海）有限公司	纯电动	B	SUV	特斯拉 Model Y	206.6
468	威马汽车技术有限公司	纯电动	A	SUV	威马 EX5	169.7
469	威马汽车技术有限公司	纯电动	A	SUV	威马 W6	166.9
470	一汽 - 大众汽车有限公司	汽油	A0	SUV	奥迪 Q2L	256.7
471	一汽 - 大众汽车有限公司	汽油	A	轿车	奥迪 A3	244.8
472	一汽 - 大众汽车有限公司	汽油	A	轿车	宝来	289.2
473	一汽 - 大众汽车有限公司	汽油	A	轿车	高尔夫	256.4
474	一汽 - 大众汽车有限公司	汽油	A	轿车	捷达 VA3	222.3
475	一汽 - 大众汽车有限公司	汽油	A	轿车	速腾	273.6
476	一汽 - 大众汽车有限公司	汽油	A	轿车	蔚领	250.1
477	一汽 - 大众汽车有限公司	汽油	A	SUV	奥迪 Q3	331.5
478	一汽 - 大众汽车有限公司	汽油	A	SUV	奥迪 Q3 轿跑	305.8
479	一汽 - 大众汽车有限公司	汽油	A	SUV	捷达 VS5	277.8
480	一汽 - 大众汽车有限公司	汽油	A	SUV	捷达 VS7	277.2
481	一汽 - 大众汽车有限公司	汽油	A	SUV	探歌	290.2
482	一汽 - 大众汽车有限公司	汽油	A	SUV	探影	243.3
483	一汽 - 大众汽车有限公司	汽油	A	SUV	探岳	332.1
484	一汽 - 大众汽车有限公司	汽油	A	SUV	探岳 X	300.9
485	一汽 - 大众汽车有限公司	汽油	B	轿车	奥迪 A4L	302.8

（续）

序号	企业名称	燃料种类	车型级别	车型类别	车型	单位行驶里程碳排放 / (gCO₂e/km)
486	一汽 - 大众汽车有限公司	汽油	B	轿车	大众 CC	294.4
487	一汽 - 大众汽车有限公司	汽油	B	轿车	迈腾	337.6
488	一汽 - 大众汽车有限公司	汽油	B	SUV	奥迪 Q5L	313.3
489	一汽 - 大众汽车有限公司	汽油	B	SUV	奥迪 Q5L Sportback	309.2
490	一汽 - 大众汽车有限公司	汽油	C	轿车	奥迪 A6L	359.7
491	一汽 - 大众汽车有限公司	汽油	C	SUV	揽境	375.9
492	一汽 - 大众汽车有限公司	纯电动	A0	SUV	奥迪 Q2L	161.9
493	一汽 - 大众汽车有限公司	纯电动	A	轿车	宝来	158.6
494	一汽 - 大众汽车有限公司	纯电动	A	轿车	高尔夫	159.2
495	一汽 - 大众汽车有限公司	纯电动	A	SUV	大众 ID.4 CROZZ	217.1
496	一汽 - 大众汽车有限公司	纯电动	B	SUV	奥迪 e-tron	269.5
497	一汽 - 大众汽车有限公司	纯电动	B	SUV	大众 ID.6 CROZZ	205.9
498	一汽丰田汽车销售有限公司	汽油	A0	轿车	威驰	226.7
499	一汽丰田汽车销售有限公司	汽油	A0	轿车	威驰 FS	222.6
500	一汽丰田汽车销售有限公司	汽油	A	轿车	卡罗拉	241.9
501	一汽丰田汽车销售有限公司	汽油	A	轿车	亚洲狮	255.8
502	一汽丰田汽车销售有限公司	汽油	A	SUV	丰田 RAV4	277.2
503	一汽丰田汽车销售有限公司	汽油	A	SUV	凌放	251.4

（续）

序号	企业名称	燃料种类	车型级别	车型类别	车型	单位行驶里程碳排放 /（gCO₂e/km）
504	一汽丰田汽车销售有限公司	汽油	A	SUV	奕泽	247.6
505	一汽丰田汽车销售有限公司	汽油	B	轿车	亚洲龙	268.5
506	一汽丰田汽车销售有限公司	常规混合动力	A	轿车	卡罗拉	193.0
507	一汽丰田汽车销售有限公司	常规混合动力	A	SUV	丰田 RAV4	232.2
508	一汽丰田汽车销售有限公司	常规混合动力	A	SUV	奕泽	208.9
509	一汽丰田汽车销售有限公司	常规混合动力	B	轿车	亚洲龙	208.0
510	一汽丰田汽车销售有限公司	常规混合动力	B	SUV	皇冠陆放	268.6
511	一汽丰田汽车销售有限公司	纯电动	A	SUV	奕泽	167.3
512	一汽轿车股份有限公司	汽油	A0	SUV	奔腾 T33	287.2
513	一汽轿车股份有限公司	汽油	A	SUV	奔腾 T55	276.2
514	一汽轿车股份有限公司	汽油	A	SUV	奔腾 T77	293.7
515	一汽轿车股份有限公司	汽油	B	轿车	奔腾 B70	291.3
516	一汽轿车股份有限公司	汽油	B	轿车	红旗 H5	299.5
517	一汽轿车股份有限公司	汽油	B	SUV	奔腾 T99	329.7
518	一汽轿车股份有限公司	汽油	B	SUV	红旗 HS5	347.3
519	一汽轿车股份有限公司	汽油	C	轿车	红旗 H7	371.0
520	一汽轿车股份有限公司	汽油	C	轿车	红旗 H9	374.1
521	一汽轿车股份有限公司	汽油	C	SUV	红旗 HS7	450.0
522	一汽轿车股份有限公司	纯电动	A0	MPV	奔腾 NAT	163.5
523	一汽轿车股份有限公司	纯电动	A	轿车	奔腾 B30	157.5
524	一汽轿车股份有限公司	纯电动	A	SUV	红旗 E-HS3	191.7
525	一汽轿车股份有限公司	纯电动	C	轿车	红旗 E-QM5	174.0
526	一汽轿车股份有限公司	纯电动	C	SUV	红旗 E-HS9	272.4
527	宜宾凯翼汽车有限公司	汽油	A	SUV	炫界	274.2
528	宜宾凯翼汽车有限公司	纯电动	A	SUV	炫界	163.3
529	浙江合众新能源汽车有限公司	纯电动	A0	轿车	哪吒 V	133.0

（续）

序号	企业名称	燃料种类	车型级别	车型类别	车型	单位行驶里程碳排放 /（gCO₂e/km）
530	浙江合众新能源汽车有限公司	纯电动	A0	SUV	哪吒 N01	148.6
531	浙江合众新能源汽车有限公司	纯电动	A	SUV	哪吒 U	185.3
532	浙江吉利控股集团有限公司	汽油	A0	SUV	缤越	261.9
533	浙江吉利控股集团有限公司	汽油	A0	SUV	领克 06	264.2
534	浙江吉利控股集团有限公司	汽油	A0	SUV	远景 X3	262.3
535	浙江吉利控股集团有限公司	汽油	A	轿车	缤瑞	255.0
536	浙江吉利控股集团有限公司	汽油	A	轿车	帝豪	258.0
537	浙江吉利控股集团有限公司	汽油	A	轿车	帝豪 GL	257.5
538	浙江吉利控股集团有限公司	汽油	A	轿车	帝豪 L	246.9
539	浙江吉利控股集团有限公司	汽油	A	轿车	领克 03	307.3
540	浙江吉利控股集团有限公司	汽油	A	轿车	远景	285.4
541	浙江吉利控股集团有限公司	汽油	A	SUV	博越	322.5
542	浙江吉利控股集团有限公司	汽油	A	SUV	帝豪 GS	281.3
543	浙江吉利控股集团有限公司	汽油	A	SUV	帝豪 S	249.6
544	浙江吉利控股集团有限公司	汽油	A	SUV	吉利 icon	283.1
545	浙江吉利控股集团有限公司	汽油	A	SUV	领克 01	310.3
546	浙江吉利控股集团有限公司	汽油	A	SUV	领克 02	295.5
547	浙江吉利控股集团有限公司	汽油	A	SUV	领克 05	326.9

（续）

序号	企业名称	燃料种类	车型级别	车型类别	车型	单位行驶里程碳排放 / (gCO$_2$e/km)
548	浙江吉利控股集团有限公司	汽油	A	SUV	星越	335.0
549	浙江吉利控股集团有限公司	汽油	A	SUV	远景 SUV	297.1
550	浙江吉利控股集团有限公司	汽油	A	MPV	嘉际	323.9
551	浙江吉利控股集团有限公司	汽油	B	轿车	博瑞 GE	323.6
552	浙江吉利控股集团有限公司	汽油	B	轿车	星瑞	256.0
553	浙江吉利控股集团有限公司	汽油	B	SUV	豪越	331.9
554	浙江吉利控股集团有限公司	汽油	B	SUV	星越 L	316.9
555	浙江吉利控股集团有限公司	汽油	C	SUV	领克 09	341.0
556	浙江吉利控股集团有限公司	插电式混合动力	A	SUV	领克 01	211.0
557	浙江吉利控股集团有限公司	插电式混合动力	A	SUV	领克 05	211.8
558	浙江吉利控股集团有限公司	插电式混合动力	A	SUV	星越	200.2
559	浙江吉利控股集团有限公司	插电式混合动力	C	轿车	吉利 TX	227.2
560	浙江吉利控股集团有限公司	纯电动	A0	SUV	几何 EX3 功夫牛	142.5
561	浙江吉利控股集团有限公司	纯电动	A	轿车	帝豪	181.0
562	浙江吉利控股集团有限公司	纯电动	A	轿车	帝豪 EV Pro	165.5
563	浙江吉利控股集团有限公司	纯电动	A	轿车	几何 A	174.6
564	浙江吉利控股集团有限公司	纯电动	A	SUV	几何 C	181.8
565	浙江吉利控股集团有限公司	纯电动	C	轿车	极氪 001	243.0
566	郑州日产汽车有限公司	汽油	B	SUV	途达	391.5

附表六　2019 年我国各地区电力结构

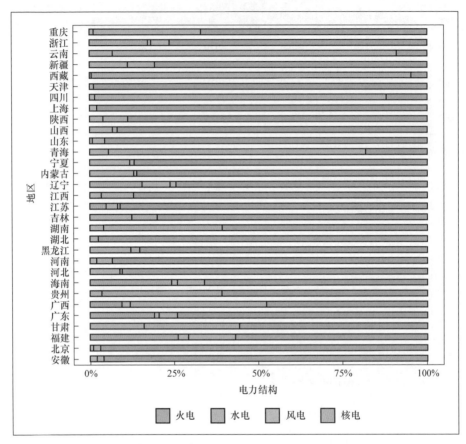

数据来源：《中国能源统计年鉴 2020》。